LOTHAR MACHTAN

Bismarcks Tod und Deutschlands Tränen

D1877256

Buch

Ein ganzes Volk trauerte, als sein Abgott Bismarck am 30. Juli 1898 verschied. Was kaum jemand wußte: Die letzten Lebensjahre Bismarcks waren ein langsames, qualvolles Sterben, das zum Bild des strahlenden Helden in krassem Gegensatz stand. Um dieses Bild, um den Mythos des größten deutschen Politikers des neunzehnten Jahrhunderts aber nicht zu beschädigen, wurde der wahre Zustand des Sterbenden durch eine geschickte Regie des Bismarck-Clans der Öffentlichkeit verheimlicht.

Vor allem der deutsche Kaiser sollte über den lange absehbaren Tod Bismarcks getäuscht werden. Denn seit der Absetzung und Verbannung Bismarcks durch Wilhelm II. standen sich beide in unversöhnlichem Haß gegenüber. Der Weg zu den Herzen der Menschen – das wußten der Kaiser und seine Berater – führte allein über Bismarck. Mit dem toten Bismarck wollten sie deshalb erreichen, was ihnen der lebendige verwehrte: Die pompöse Bestattung in der Familiengruft der Hohenzollern sollte den Ruhm Bismarcks auf den Kaiser umlenken. Bismarck, der den Kaiser für politisch unfähig hielt und zutiefst verachtete, durchkreuzte mit seinem Testament dessen Pläne.

Lothar Machtans dramatische historische Reportage enthält zudem die erste Paparazzi-Story, die wir in der deutschen Geschichte kennen.

Autor

Prof. Dr. Lothar Machtan, geboren 1949, lehrt Neue Geschichte an der Universität Bremen. Er hat zahlreiche Publikationen zur deutschen Innenpolitik in der zweiten Hälfte des neunzehnten Jahrhunderts vorgelegt, u. a. »Streiks im frühen deutschen Kaiserreich«, »Bismarcks Sozialstaat«, »Bismarck und der deutsche Nationalmythos«. Für das vorliegende Buch hat er eine Fülle bisher unbekannten Quellenmaterials verwendet.

LOTHAR MACHTAN

Bismarcks Tod und Deutschlands Tränen

Reportage einer Tragödie

GOLDMANN

Originalausgabe

Umwelthinweis:
Alle bedruckten Materialien dieses Taschenbuches
sind chlorfrei und umweltschonend

Originalausgabe August 1998
© 1998 Wilhelm Goldmann Verlag, München
in der Verlagsgruppe Bertelsmann GmbH
Umschlaggestaltung: Design Team München
unter Verwendung eines Fotos aus dem Lenbach-Nachlaß DuMont, Köln
Layout/DTP: Martin Strohkendl
Druck: Presse-Druck Augsburg
Verlagsnummer: 15013
JJ · Herstellung: Sebastian Strohmaier
Made in Germany
ISBN 3-442-15013-2

1 3 5 7 9 10 8 6 4 2

Für meinen Sohn Thies Machtan

Inhalt

Bismarck privat. Ein nicht zur Veröffentlichung bestimmtes Photo des Malers Franz von Lenbach aus dem Jahr 1896.

Bismarcks Tod als Faszinosum – eine notwendige Vorbemerkung

Am 30. Juli 1898 gegen 11 Uhr abends starb mit Otto von Bismarck der wohl bedeutendste Politiker des 19. Jahrhunderts. Er hatte am Ende seines Lebens die gekrönten Häupter in Europa an Berühmtheit weit übertroffen und erheblichen Einfluß auch bei den breiten Massen. Er war eine wahrhaft populäre, vielfach vergötterte Gestalt geworden. Und so verwundert es nicht, daß die Zeitgenossen seinen Tod als *die* Sensation überhaupt empfanden. Seine alten Feinde fühlten sich wie von einem Alp befreit, während die weit zahlreicheren Anhänger konsterniert waren. Schlagzeilen wie »Die Weltenleuchte ist erloschen« spiegeln dies überdeutlich. Selbst kühle Beobachter konnten sich der Wirkung, die dieser Jahrhunderttod hervorrief, nicht entziehen: »Ein Schauern und ein Zittern ergreift einen – auch wenn man nicht will. In dieser Sekunde, fühlt man, mag eine Art Haß die Grundempfindung gewesen sein, wie tief man ihn immer grollend geliebt hat. Ein Stück von Deutschland ist es, das in die Fluten des Weltgeschehens für alle Ewigkeit versank.«[1] Und doch geriet sein Begräbnis zu einer Trauerfeierlichkeit, wie sie einem Mann von der weltgeschichtlichen Bedeutung des Verstorbenen wohl noch niemals zuteil geworden war: »Fern vom Gewühl der Großstadt, inmitten des Waldes, in einem Heim, das sich durchaus in den Grenzen bürgerlicher Einfachheit hält, hat eine Gemeinde von kaum dreißig Personen eine Trauerrede aus dem Munde eines Geistlichen vernommen, der bei diesem Anlaß gewiß nicht anders sprach, als er es jeden Sonntag in seiner Dorfkirche zu tun pflegt.«[2]

Was hat sich im Umfeld dieses spektakulären Ereignisses vor und hinter den Kulissen abgespielt, daß es dazu kommen konnte? Wie starb eine solche Größe wirklich? Dies auszuleuchten erscheint lohnend, weil die Umstände von Bismarcks allmählichem Vergehen und seine persönliche Haltung in dieser extremen Lage der Endzeit ein integrales Kapitel seiner Biographie bilden – ein Kapitel freilich, das bisher noch nicht geschrieben wurde. Spürt man der Sache nach, so bietet sich dem Betrachter ein Bild, ja ein Trauerspiel, wie man es sich kaum dramatischer ausmalen kann.

Was die private und die politische Bühne im deutschen Sommer 1898 darbot, war eine bizarre Mischung aus Tragödie und Rührstück, aus Anteilnahme und Voyeurismus, aus Pathos und Skandal. Und wie verhielt es sich mit Deutschlands Tränen beim Sterben seines ›größten Mannes‹? Tränen der Rührung gab es, der Trauer, des Schmerzes, der Angst, gewiß; aber auch Bäche von Krokodilstränen, die sich damals in das öffentliche Leben ergossen. Die Zeitungen waren tagelang voll von Bismarck und seinem Ende; doch vieles von dem Radau war nur künstliche Mache, Gesinnungstüchtigkeit, die mit pathetischen Trauerallüren daherkam, weil sie nichts Wahres zu berichten wußte. Auch innerste Erschütterung mag es gegeben haben, aber mitnichten zerfloß die Mehrheit der Deutschen damals in Tränen der Volkstrauer. Mit einem Wort: ein Szenario der makabren Sorte – ein getreues Spiegelbild nationaldeutscher Befindlichkeit an der Wende zum 20. Jahrhundert.

Die Bismarck-Literatur, die inzwischen ganze Bibliotheken füllt, hat über all dies aus Unkenntnis, Desinteresse und absichtsvoller Ignoranz bislang wenig verbreitet. Es fehlt eine Darstellung, die die Geschichte(n) von Bismarcks Leben bis zum bitteren Ende (und darüber hinaus) erzählt. Hundert Jahre

Das sogenannte Schloß in Friedrichsruh, Bismarcks Altersruhesitz. Von hier aus wurden bis zu seinem Tod die Fäden großer Politik gezogen.

sind nun vergangen, seitdem das Trauerspiel von und um Bismarcks Tod zur Aufführung gelangte. Höchste Zeit also zu sagen, wie es – vermutlich – wirklich gewesen ist. Sich zu erinnern, ohne auf die Sentiments von Zeitgenossen noch Rücksicht nehmen zu müssen.

Bismarck ist tot. Und auch sein Mythos ist inzwischen verblichen. Aus der Distanz zu beidem ist dieses Buch geschrieben. Es handelt vom langen schweren Sterben eines *Menschen* und von den vielfältigen Versuchen seiner Mitmenschen, aus diesem Sterben Kapital zu schlagen – materielles oder politisches oder auch beides. Sein Schauplatz ist ein Deutschland, das es nicht mehr gibt. Ein Deutschland, dessen Zeitgeist man nur noch annäherungsweise rekonstruieren kann. Das erfordert eine historische Gratwanderung zwischen wissenschaftlich gesichertem und vorstellbarem Terrain. Eine Wanderung mit Fakten und Phantasien im geistigen Gepäck.

Warum diese Vorgehensweise? Es gibt zwei Gründe: Einmal ist die schriftliche Überlieferung der Vorgänge, von denen hier die Rede ist, selbst eine Mischung aus Dichtung und Wahrheit, voll von Ungereimtheiten und absichtsvollen Löchern. Davon wird noch die Rede sein. Zum anderen hängt die Schwierigkeit der Darstellung mit der eigentümlichen Beschaffenheit ihres Gegenstandes selbst zusammen. Will sagen: Für gewöhnlich bedeutet der Tod eines Menschen das definitive Ende seiner Wirksamkeit. Nicht so bei Bismarck, dem ›Übermenschen‹ in der Welt der Politik. Sein Tod im Sommer 1898 stellt – von heute aus gesehen – nur einen Markierungspunkt im Prozeß seiner Verklärung zum ›Nationalgott‹ der Deutschen dar. Dieser Prozeß war seit mehr als einem Jahrzehnt im Gange, und es war nicht zuletzt Bismarck selbst gewesen, der ihn mit der ganzen Gabe seiner Fähigkeiten zur Selbstanpreisung befeuert hatte. Stilisierungs- und Inszenierungseifer zeichneten nicht nur die Bemühungen seiner Verehrer aus. Ihr Held huldigte dieser Kunst nicht weniger: Bis zum Schluß blieb er ein Selbstdarsteller ersten Ranges. So gemein es klingen mag: Bismarck und seine Vertrauten haben auch das Sterben als Theater inszeniert, als politischen Schlußakt einer Selbstdarstellung, der den Mythos Bismarck um eine wesentliche Facette anreichern sollte. Das Drehbuch lag vor, lange bevor die Katastrophe ihren Lauf nahm. Es wies jedem der Engagierten seine feste Rolle und besondere Moral zu.

Darüber ist hier nicht zu richten. Die Erbärmlichkeit des Sterbens kann jedem Großen zum Verhängnis werden. Nirgendwo mehr als im Angesicht des Todes werden die Ohnmacht, die Hilflosigkeit und die Armut auch des Mächtigsten offenkundig. Um diese schrecklichen Dinge wußten die Eingeweihten, wußte nicht zuletzt Bismarck selbst. Deshalb sollte und wollte er vollkommen abgeschirmt von aller öffentlichen Anteilnahme einsam und verlassen nach ausgeklügelter Regie von dannen gehen. Wer läßt schon dem Tod bei der Arbeit zuschauen?

Aber noch etwas anderes kommt hier in Betracht. Und das waren die Erwartungen des großen Publikums, sein Nationalidol auch als Helden heimgehen, die »Weltenleuchte« spektakulär erlöschen zu sehen. Sie trugen das Ihrige dazu bei, Bismarck in seinem Willen zu bestärken, so achtunggebietend und stolz wie möglich in die Ewigkeit einzutauchen. Er nährte die Hoffnung seiner Verehrergemeinde, »den Ragenden werde eines Tages ein Streich aus der Fülle der Lebenskraft reißen, ein dem Blitz jäh folgender Donnerschlag mit gewaltigem Wurf entwurzelt zu Boden werfen. So hatten wirs uns erhofft, hatten wirs ihm gewünscht«.[3] Doch es kam anders: Bismarcks Ende wurde »ein langsames Absterben, ein leidvolles Verwittern«.[4] Zum Schrecken aller Eingeweihten. Es war ein sich lange hinziehender elender Tod, ein quälender Prozeß körperlicher und seelischer Demontage bei lebendigem Geiste. Aber es gab kein Zurück. Das vertrackte Verhältnis von Rolle und Person blieb Bismarcks Verhängnis: Er wollte und durfte sich trotz fortschreitenden Verfalls nicht allzusehr von dem heroischen Bild entfernen, das die Öffentlichkeit in Deutschland von ihm hatte und behalten wollte oder sollte. Das durchzustehen hatte seinen Preis: Weil er sich so tief in die Rolle verstrickt hatte, die die Welt ihm vermeintlich vorschrieb, wurde Bismarck am Ende zum tragischen Opfer der mythischen Erwartungen, die sich auf seine Person richteten. Indem das Menschliche, das Kreatürliche seines Vergehens – Einsamkeit und Kälte, geistiges Elend und körperliche Auflösung, Angst und Resignation – tabuisiert, ja verleugnet wurde, geriet sein Sterben zu einem letzten Selbstbeweis von Größe. Und damit – mit diesem sturen Ausharren in trostloser Selbstbezogenheit – hat Bismarck sich selbst und die Seinen am Ende maßlos überfordert. Überfordert waren aber auch die Deutschen, denen es angesichts dieser fatalen Umstände nicht gelingen wollte, von Bismarck ordentlich Abschied zu nehmen.

Die Wahrheit von Bismarcks Lebensende zu erzählen und zu illustrieren, ist nicht ganz einfach, denn die Überlieferung weist wie gesagt Lücken und Brüche auf – beredter Ausdruck davon, daß es von den Verantwortlichen etwas zu verbergen, zu manipulieren gab. Wenn alles ungeschönt dargestellt ist, werden die Leser wissen, warum die Hauptakteure dafür gesorgt haben, daß die Wahrheit nicht ans Tageslicht und damit auch nicht auf die Nachwelt kommen konnte. Dies mußte bei den Rekonstruktionsbemühungen in Rechnung gestellt werden. Trotzdem liegen immer noch nicht genügend Anhaltspunkte und Quellen vor, um nicht auf Spekulationen angewiesen zu sein. Liest man die Materialien genau und immer wieder, bedenkt den tieferen Sinn der vorhandenen Widersprüche und prüft das Überlieferte dann in der Zusammenschau, so ergeben sich Konturen, Farben, Motive, die schon ein einigermaßen lebensechtes Bild zu entwerfen erlauben. Ein Bild jedenfalls, das hinter den geschönten Fresken der Bismarck-Literatur wieder das Authentische erkennbar macht. Die endgültige Wahrheit über Bismarcks Heimgang mag das noch nicht sein, aber doch ein realistisches Mosaik von wahren Geschichten und begründeten Vermutungen.

Gruppenbild mit Hund. Der Bismarck-Clan 1893, drei Jahre nach der Entlassung des Kanzlers, in seinem Friedrichsruher Tuskulum.

Ein Wort noch zum Aufbau dieser Darstellung. Zunächst wird – so dicht und anschaulich es die Quellen erlauben – beschrieben, wie Bismarck seine Endzeit erlebte. Dies ist mehr ein Tagebuch, das im Herbst 1897 beginnt und im Sommer 1898 endet, eher eine dokumentarische Erzählung als eine Untersuchung. Im dann folgenden Kapitel sollen die Fragen beantwortet und die Widersprüche aufgeklärt werden, die sich aus der Lektüre des ersten Kapitels ergeben. Der Ansatz ist dabei biographisch orientiert: Aus der Perspektive einer fatalen Männerfeindschaft, genauer: des zerrütteten Verhältnisses zwischen Bismarck und seinem Kaiser, soll erläutert werden, warum bei Bismarcks Tod das geschah, *was* geschah. Sodann wird über ein heute allseits präsentes Medienphänomen berichtet, das bereits vor hundert Jahren für Furore gesorgt hat: nämlich das Auftreten der ersten ›Paparazzi‹. Es geht um zwei Photographen, die sich einige Stunden nach dem Hinscheiden des Weltberühmten Zugang zu dessen Sterbezimmer verschafft hatten und dort eine Blitzlichtaufnahme der Leiche machten. Ein Bild, für das damals eine halbe Million (nach heutigem Geld) geboten wurde und das doch nie gezeigt werden durfte! Schließlich wird in einem letzten Kapitel aufgegriffen, wie Bismarcks Tod öffentlich beweint wurde. Die Festkultur des Trauerns soll uns die nationale Befindlichkeit näherbringen, mit der die Deutschen – ihre bürgerlichen Schichten zumal – in das 20. Jahrhundert gegangen sind.

Dies Buch handelt von privaten, ja von intimen Dingen. Aber nicht allein darum, jedenfalls nicht um Indiskretion geht es hier. Die Enthüllung der Geheimnisse um Bismarcks Sterben und Tod macht vielmehr deshalb Sinn, weil sie uns hilft, die verblüffend *politische* Bedeutung dieses wahrhaft historischen Ereignisses zu verstehen: historisch im Sinne einer prägenden Einwirkung auf das, was sich als nationale Psyche der Deutschen an der Schwelle zum 20. Jahrhundert herauszubilden begann.

I.

Bismarcks Endzeit: Tagebuch eines mühseligen Sterbens

Am 21. Juli 1898 wurden Bismarcks ältester Sohn Herbert und dessen junge Gattin telegraphisch von ihrem Wohnort Schönhausen nach Friedrichsruh gerufen. »Als wir am 22. Juli abends meinen Schwiegervater nach kurzer Abwesenheit wiedersahen, wußten wir beide, was kommen mußte«, sollte die Schwiegertochter des großen Mannes sich später erinnern.[1] Und so war es auch: Am 30. Juli 1898 war Bismarck tot.

Das weltbewegende Ereignis hatte lange schon seinen Schatten vorausgeworfen; seit einem Jahr rechneten die Vertrauten des Hauses Bismarck mit dem baldigen Ende ihres Patrons. Daß sich sein Sterben noch so qualvoll lange hinzog, gehört zu den düsteren Kapiteln in diesem sonst so begnadeten Leben. Es war kein guter Tod, den Bismarck sterben mußte – ein letztes Unglück, oder Indiz für mehr?

Der Anfang vom Ende

Der Beginn dieser menschlichen Tragödie läßt sich ziemlich genau datieren. Denn den Anfang vom Ende machte im April 1897 Bismarcks Hund Rebekka. Mit dem Tier verschwand nicht nur ein Markenzeichen im populären Erscheinungsbild vom Alten im Sachsenwald, mit Rebekka starb auch ein liebgewonnener Teil von Bismarcks Selbstbild. Traurig seufzte er: »Nun sind meine Hunde weg, nun komme ich an die Reihe.«[2]

Seit jenem Frühjahrstag sind die Schatten des Todes nicht mehr wieder von Bismarcks Alterssitz in Friedrichsruh gewichen. Todesahnung sollte Bismarck fortan begleiten und bedrücken. Die nunmehr begriffene Endzeit, genauer: die Endzeit-Resignation, hat seinen Charakter berührt. Wollte Bismarck lange die abgelaufene Zeit nicht recht wahrhaben, so trat sie ihm nunmehr um so drastischer vor Augen. Für die ständigen Bewohner des Hauses begann eine betrübliche und nervenaufreibende Zeit. Neben den zwei Dienern Janocha und Pinnow, dem Kutscher bzw. Chauffeur Patzke sowie dem jungen Arzt und Privatsekretär Chrysander waren es vor allem die Eheleute Rantzau (Bismarcks Tochter und deren Mann), die sich um den Alten kümmerten. Jede zweite Woche hielt sich auch Bismarcks Leibarzt und Lebensberater Schweninger für mehrere Tage in Friedrichsruh auf, um nach dem Rechten zu sehen. Dieser Personenkreis, der schon immer einen schweren Stand gegenüber dem Eigensinn Bismarcks hatte, wurde nun stärker denn je strapaziert. Woran man im Schloß vor allem litt, das war – wie Rantzau seinem Schwager Herbert anvertraute – die Unleidlichkeit des alten Mannes: »Der Papa schimpft über alles, verlangt von allen Hilfe und Unterstützung, lehnt jeden Rat ab und sagt nicht, was er will.«[3]

Der Leibdiener Janocha hat in seinen Erinnerungen an diese Zeit an einem bezeichnenden Beispiel geschildert, wie man sich diesen häuslichen Kleinkrieg vorzustellen hat, den die Kinder, die Ärzte und das Dienstpersonal gegenüber dem störrischen Alten bestehen mußten: Schweninger versuchte, ihm bestimmte schwer verdauliche Speisen ganz zu verbieten und ihm dadurch zu besserem Schlaf zu verhelfen. Vergeblich – Bismarck sträubte sich immer wieder energisch dagegen, beim Servieren dieser Speisen übergangen zu werden: »Zum Donnerwetter, Johann, warum soll ich von dem Gericht nichts haben? Ich lasse mich

Das letzte offizielle Photo: Der greise Bismarck und der König von Siam am 2.9. 1897 in Friedrichsruh.

von niemand bevormunden! Ich weiß am besten, was mir zuträglich ist oder nicht!«[4] Die Folge war, daß Johann immer öfter in Konflikt mit den übrigen Herrschaften geriet und schließlich kündigte. Der andere Diener tröstete sich durch reichlichen Genuß von Alkohol über derlei Unzuträglichkeiten hinweg – er blieb bis zum bitteren Ende.

Eine weitere Szene beschreibt Heinrich von Poschinger, der unermüdliche Sammler und Publizist von Bismarck-Worten, der bei einem Besuch in Friedrichsruh am 8. August 1897 beobachtete: »Der Fürst trank reichlich Champagner und goß auch mir wiederholt ein, so daß die ganze Tischgesellschaft bei der gewitterschwülen Luft ziemlich rote Gesichter bekam. Zweimal sagte Schweninger: ›Wie wär's, Durchlaucht, wenn Sie in die Luft gingen, es ist draußen schöner.‹ Der Fürst beachtete aber die Mahnung seines Leibarztes nicht und setzte die Tischunterhaltung fort.«[5]

Schon drei Jahre vor der dramatischen Verschlechterung von Bismarcks Gesundheit hatte der junge Chrysander geklagt: »Mit S.D. [Kürzel für: Seine Durchlaucht – LM] steht's nicht berühmt. Gewicht nimmt nicht ab, und wenn er selbst nicht, wie gehofft, seine körperliche Regelung in die Hand nehmen will, so ist energischeres Drängen der ›Gottlosen‹, wie er uns schon genannt hat, wohl nicht zu umgehen.«[6] Im Sommer 1897 war diese Hoffnung auf Einflußnahme begraben: »Zum Gehen kommt er wenig und es ist vorauszusehen, daß bei Eintritt kühleren Wetters er sich ganz im Hause halten wird und mit heißen Getränken [gemeint ist vor allem Grog – LM] sich zu halten suchen gegen die oft starken Schmerzen und den ›Nervenverfall‹. Ich kann dagegen nicht viel thun und fühle mich durch die Ergebnislosigkeit meiner hiesigen ärztlichen Thätigkeit zu absorbirt und zu müde, als daß ich Ihnen sicher zusagen könnte, im Winter frisch auf meinem Posten zu sein.«[7]

Solche Intimitäten vertraute Schweningers Assistent natürlich nur und ausschließlich seinem Meister an; im übrigen war er verschwiegen wie ein Grab. Das wußte auch Bismarck, der von ihm sagte: »Chrysander ist eine Röhre, die nichts durchläßt.«[8] Analoges trifft auf Schweninger zu, gegen den und dessen Verschwiegenheit nach einem Bismarck-Wort »das Grab noch ein altes Waschweib« sei.[9]

Noch etwas kam hinzu. Es fiel dem 82jährigen nun zusehends schwerer, die Schwäche seines Greisenalters und die Gebresten seiner Hinfälligkeit vor der Außenwelt zu verbergen. Selbst da, wo es galt, Contenance zu wahren, zeigten sich jetzt Risse in der Fassade. Das geht jedenfalls aus den Eindrücken hervor, die die wenigen Besucher, die in Friedrichsruh noch vorgelassen wurden, von ihren Begegnungen mit Bismarck mitnahmen. Lassen wir sie selbst zu Worte kommen.

Über die Aufwartung, die Reichskanzler Hohenlohe zusammen mit dem frisch gekürten Staatssekretär des Auswärtigen Amtes, dem späteren Kanzler Bülow, am 28. Juni 1897 in Friedrichsruh machte, schrieb letzterer in seinen Erinnerungen, der alte Bismarck habe Hohenlohe »mit ausgesuchter und, wie mir schien, geflissentlicher Courtoisie« begrüßt. Er selbst habe Bismarck zwar »stark gealtert« gefunden, »aber aufrecht in seiner Haltung, geistig ganz der alte, die Augen und der Blick gleich gewaltig, die Stimme ebenso fein und leise wie früher«. Doch nun kommt's: »Gegen Ende des Essens fragte mich Fürst Bismarck, wie es meinem Vater ginge. Seine Tochter fiel ihm rasch ins Wort mit der Bemerkung, daß der Staatssekretär von Bülow [...] schon vor Jahren verstorben wäre. Ich bemerkte nach dieser Richtigstellung einen wehmütigen Zug um die Mundwinkel des Vaters. Es schien ihm peinlich, sich diese kleine Blöße gegeben zu haben. ›Es war nicht Gedächtnisschwäche‹, sagte mir nach Tisch die Gräfin Rantzau, ›es war nur Zerstreutheit.‹«[10] Tatsächlich?

Maximilian Harden, der berühmt-berüchtigte Berliner Publizist, fand Bismarck im August 1897 »etwas grämlich; in schwacher Stille ohne rechten Zeitvertreib.«[11] »Immer kehrte die

Angst wieder, elendiglich zum ›Jammermann‹ zu vergreisen. Wenn beim Aufstehen aus dem Lehnstuhl einmal die Beine ›nicht wollten‹ oder die quälenden Gesichtsschmerzen ihn zwangen, eine seidene oder wollene Mütze über den mächtigen Schädel zu ziehen, [...] dann sagte er lächelnd: ›Ja – auf dem Dache sitzt ein Greis, der sich nicht zu helfen weiß.‹«[12]

Nicht minder berührt, was der Organisator der kaiserlichen Kriegsflotte Admiral Tirpitz dem Staatssekretär Bülow über seinen Besuch in Friedrichsruh am 23. August 1897 zu berichten wußte. Tirpitz war zu Bismarck geschickt worden, um diesen zur Teilnahme an einer pompösen Schiffstaufe zu animieren. Als er in Friedrichsruh eintraf, saß die Familie schon zu Tisch. Bismarck »stand auf, kühl, aber höflich, sehr Grandseigneur, und blieb stehen, bis ich Platz genommen hatte. Er [...] konnte nur mit Mühe sprechen. Nach dem Genuß von anderthalb Flaschen Sekt wurde er lebendiger. [...] Ich sagte nun meinen Auftrag und er antwortete, er könne nicht nach Kiel kommen, Uniform anziehen und Sporen tragen, und wollte nicht als Ruine vor der Öffentlichkeit stehen.« Bei einer Ausfahrt mit der Kutsche durch den Sachsenwald, die sich an das Essen anschloß, wurde Bier aus großen Flaschen gereicht und in reichlichem Maße konsumiert: »Mit seiner Kraftnatur mitzukommen, war nicht eben leicht.« Über den Kaiser äußerte Bismarck sich »schonungslos«. Tirpitz sollte ihm sagen: »er wünsche nichts anderes, als allein gelassen zu werden (to be let alone) und in Frieden zu sterben. Seine Aufgabe sei getan, es gebe für ihn keine Zukunft und keine Hoffnungen mehr. [...] Er erzählte von seiner verstorbenen Frau, die seine Stütze gewesen wäre; die Tränen traten ihm in die Augen; es war ergreifend, wie er seinen Zustand zu schildern vermochte.«[13] – »Ich fand den Fürsten Bismarck körperlich doch so zusammengebrochen, daß der mehrfach ausgesprochene und offenbar für Seine Majestät bestimmte Wunsch für seine Person in Frieden sterben zu können mir nur glaubhaft und gerechtfertigt schien.«[14]

Bismarcks Frau Johanna (1893), ein Jahr vor ihrem Tod.
Sie hat dem Wohlergehen ihres »Ottochens« alles geopfert.

Ein kümmerliches Bild bot sich auch dem Redakteur der *Dresdener Nachrichten* Dr. Reichardt, als er am 5. September 1897 Bismarck nach sieben Jahren wiedersah: »Namentlich fiel mir auf, daß der Kopf kleiner geworden war gegen früher. Am traurigsten berührte es aber, daß ihm wegen der quälenden neuralgischen Gesichtsschmerzen das Sprechen so schwer fiel. Der Fürst entschuldigte sich zunächst, daß er mich nicht anders empfangen könne. Er trug nämlich eine dicke braune Wollkappe über den ganzen Kopf, so daß nur ein Teil des Gesichtes sichtbar war. [...] Neben seinem Teller hatte der Fürst einen mit heißem Wasser gefüllten Gummibeutel liegen, den er sich zeitweilig an die Backen hielt, namentlich, wenn sich sein Gesicht vor Schmerzen verzerrte. Unter diesen Schmerzen klang seine Sprache, als ob er eine schwere Zunge hätte. Auch das Gehör war beeinträchtigt. [...] Als ich mein Bedauern über die Leiden des Fürsten aussprach, bestätigte er, daß ihn dieselben häufig furchtbar quälten. Er habe noch sehr gute Zähne, so daß er neulich noch Nüsse damit aufgebissen habe; aber wenn er die Schmerzen bekäme, [...] könne er nur ganz weiche Speisen wie Eier oder Ostseelachs zu sich nehmen. Rheinwein, von dem er den weltberühmtesten in seinem Keller von Geschenken habe, mildere auch die Schmerzen. Aber der Alkohol störe und zeige sich nur in Verbindung mit Kohlensäure wirksam. Es sei doch recht schlimm, mit zweiundachtzig Jahren so heftige Schmerzen erleiden zu müssen, und es sei wohl sehr fraglich, ob es nicht besser sei, wenn die Sache ein Ende nehme.«[15]

Ein letztes Szenario, ausgemalt vom Schriftsteller Johannes Trojan, der am 18. September 1897 in Friedrichsruh vorgelassen wurde: »Ich war sehr erschrocken über das Aussehen des Fürsten. Wie sehr hatte er sich verändert, seit ich ihn nicht gesehen hatte. [letzte Begegnung im Mai 1893 – LM] Sein Antlitz war ohne Farbe, sein Kopf schien auffallend klein geworden zu sein, wie man es bei denen findet, die, wie der Fürst sagt, für den Einschlag gezeichnet sind. Aber seine Augen leuchteten in alter

Weise, und wenn er redete, vergaß man es völlig, daß er alt und schwach und krank war.«[16]

Wir haben nun einen ersten Eindruck gewonnen von dem Erscheinungsbild eines Mannes, in dem die Öffentlichkeit der Zeit mehr denn je einen Titanen, eine Heldengestalt sondergleichen sah und sehen wollte. Wir haben die Tür seines Altersheims ein wenig geöffnet und einen Blick auf den Verfallenden riskiert. Wenn wir nun noch weiter vorstoßen zum lebensmüden Kern dieser legendären Persönlichkeit, werden wir erkennen, warum Bismarck seinem Glanzbild am Ende gar nicht mehr zu entsprechen vermochte. Der Hauptgrund dafür war seine tödliche Erkrankung.

Diagnose: Altersbrand

»Ich vergesse nicht den 30. Juli 1897. Da sagte Schweninger traurig zu mir: In einem Jahr ist Bismarck tot.« Das erzählte die Frau von Bismarcks Hausarzt noch im Alter von 92 Jahren einem Journalisten.[17] Bereits im Sommer 1897 hatte Schweninger erste Anzeichen von Altersbrand bei Bismarck entdeckt, diese Diagnose aber den Vertrauten des Hauses noch nicht preisgegeben. Doch die Dienerschaft erahnte, was die Stunde geschlagen hatte: »Der Gesundheitszustand des Fürsten verschlimmerte sich so, daß er nachts keinen Schlaf fand und Schlafmittel mehr als früher anwenden mußte.«[18] In den Worten von Schweningers Assistent Chrysander, der als ständiger Bewohner von Friedrichsruh den vielbeschäftigten Professor über Bismarcks Gesundheitszustand auf dem laufenden hielt, stellt sich die Situation wie folgt dar: »S.D. war die letzten Tage weniger frisch, und um Sect und Grog hintanzuhalten, war ich genöthigt, ein wenig mehr M[orphium] zu geben (0,8-1 Theilstrich in der 1%-Lösung), nachdem die 8-10 Tage vorher die bisherige Methode inne gehalten war. Gestern war Besuch, […] daher mehr Getränk.«[19]

Man sortierte zwar damals in Friedrichsruh stärker als je zuvor alle Besucher aus, die auch nur entfernt im Verdacht standen, aus »Schaulust« nach Friedrichsruh zu kommen.[20] Aber da man wußte, daß Bismarcks soziale Isolation die wenig zuträgliche Lebenslage nur weiter verschlechtern würde, gab es auch hin und wieder – handverlesene – Gäste, die nicht dem engsten Kreis der verschworenen Gemeinschaft um den großen Mann angehörten. Und diesen wenigen verdanken wir einige bemerkenswerte Einblicke in das Innenleben des Friedrichsruher Schlosses. Danach hat es den Anschein, daß das ›Über-Leben‹ dort nach Schweningers furchtbarer Entdeckung zunächst weiterging wie zuvor.

Nehmen wir die Schilderung des Industriellenführers Theodor Haßler, der Bismarck am 11. Oktober 1897 besuchen durfte: »Am Bahnhof empfing mich Dr. Chrysander mit der Nachricht, der Fürst wäre gestern sehr unwohl gewesen und noch nicht aufgestanden, er werde jedoch zum Frühstück erscheinen. [...] Der Fürst empfing mich [nach einer dreiviertel Stunde – LM] auf das liebenswürdigste und auf meine Besorgnis, ihm lästig zu fallen, erwiderte er: ›Nein, nein, so alte Freunde sehe ich immer gerne wieder.‹« – Beim Frühstück war Bismarck von neuralgischen Gesichtsschmerzen geplagt, »so daß er eine Otterfellmütze aufsetzen mußte, um die Schmerzen zu lindern. Infolgedessen war die Unterhaltung anfangs ziemlich einsilbig.« Bismarck stieß aber wiederholt mit Haßler an. »Nachdem der Fürst etwas guten Bordeaux zu sich genommen hatte, ließen die Schmerzen nach und er sagte: ›Sehen Sie, jetzt wird mir viel wohler, aber ich kann doch nicht den ganzen Tag Bordeaux trinken.‹ [...] Beim Nachtisch ließ der Fürst eine Flasche Sekt kommen [...], und nach dieser Flasche kam noch eine zweite.«[21]

Am 14. Oktober wurde Rechtsanwalt Fülscher zum Fürsten bestellt. Nach Klärung geschäftlicher Dinge ließ Bismarck anspannen. An einem Waldrand ließ er halten, »der Kutscher brachte eine große Flasche Spaten aus dem Kutscherbock heraus und lederne Becher. Dann machten wir mitten im Sachsenwalde einen richtigen ›Dämmerschoppen‹ und darauf gings mit angezündeter Pfeife weiter. […] Während der Rückfahrt meinte der Fürst unter anderem auch, mit ihm werde es auf einmal vorbei sein. Er fühle sich doch recht matt«.[22]

Drei Tage später ließ sich die nahende Katastrophe schlechterdings auch familienintern nicht mehr verheimlichen. Schweninger hat die Zäsur aus der Rückschau folgendermaßen beschrieben: Nachdem in den Sommermonaten schon Schmerzanfälle in Zehen, Hacken und am Spann des linken Fußes aufgetreten waren, »meldete sich am 17. Oktober (1897) gewissermaßen unmotiviert in seinem plötzlichen Auftreten und seiner furchtbaren Stärke, im linken Bein und Fuß ein überaus heftiger Schmerz, der in mannichfachen Schattierungen, Nuancierungen und Combinationen von nun ab bis zum Lebensende währte und das Dasein oft mehr als qualvoll, ja, mitunter geradezu unerträglich machte. – Leider mußten diese Erscheinungen, bei der Lage der Sache, sofort als beginnender Greisenbrand aufgefaßt werden.« Für ihn und Chrysander habe nun »der schweigend geführte Kampf gegen das furchtbare Übel« begonnen.[23] Das Furchtbare an diesem Übel war, daß sich der örtliche Gewebstod, die sogenannte Nekrose, die ihm zugrunde lag, immer weiter ausbreiten und über kurz oder lang das befallene Bein absterben lassen würde.

Eine Amputation war aufgrund des hohen Alters und mehr noch aufgrund des großen Namens Bismarck ausgeschlossen. So steckten sich die beiden Ärzte Schweningers Angaben zufolge nurmehr folgende Ziele: »1. die äußeren Erscheinungen, namentlich die Schmerzen, nach Möglichkeit zu lindern, ohne dabei die verfügbaren Mittel in einer Weise zu erschöpfen, daß sie, bedeutend gesteigert, bei länger dauerndem Verlaufe schließlich versagten; 2. dem Leidenden trotz der Schmerzen einen ruhigen, möglichst langen und für seine Natur genügenden

Schlaf zu sichern; 3. die Kräfte durch Bewegung, Übung, Anregung und durch sorgsamere Wahl der Ernährung tunlichst zu erhalten; 4. den örtlichen Prozeß, soweit es irgend angängig war, zu beschränken, zu begrenzen und die Art des einmal vorhandenen Übels (Brandes) so günstig wie irgend möglich zu gestalten; 5. den Verlauf zu einem möglichst langsamen und schmerzlosen zu machen und schließlich 6. dem Kranken und der neugierig lauernden Außenwelt das Traurige der Lage zu verbergen.«

Das Geheimnis der tödlichen Krankheit sei sowohl der Außenwelt als auch dem Kranken gegenüber streng gewahrt worden: »Es war nicht ganz leicht, die lauschende Welt auf eine im Befinden des Fürsten eingetretene Wandlung in harmloser Weise vorzubereiten, ohne dabei die eigentliche Intensität des Leidens durchschimmern zu lassen. [...] Dank dem treuen Zusammenwirken aller Beteiligten wurde dieses Ziel trotzdem erreicht, und es blieb dem tapferen Helden erspart, sich über die eigentliche Natur seines Leidens Rechenschaft geben oder volle Klarheit verschaffen zu müssen. Allerdings –: er legte auch kein allzugroßes Gewicht darauf. Er [...] wünschte das ›Heute‹ weniger unangenehm zu verleben, ohne sich um das ›Morgen‹ besonderen Kummer zu machen. Er war in dieser Beziehung ganz ruhig. [...] Er erwartete nichts ›Eigentliches‹ mehr, erklärte sich wiederholt für ›vollständig abgefunden im Leben‹, sprach einmal sinnend: ›Nicht Euphorie wünsche ich mehr, sondern Euthanasie‹, und sah dem Kommenden mit schöner Ruhe entgegen. – Aber sein Geist, sein Humor, sein Interesse, seine Frische blieben intact bis in die letzten Tage.«[24]

Diese Darlegung des Sachverhalts ist eine Mischung aus Dichtung und Wahrheit. Wir werden später auf den tieferen Sinn und Zweck dieser Version der Dinge zurückkommen. Jetzt ist sie erst einmal durch einige Informationen zu ergänzen. Dazu gehört, daß Schweninger Ende Oktober 1897 zum ersten Mal den Bismarck-Söhnen Bill und Herbert den tödlichen Ernst der

Beinerkrankung anvertraute und sie nicht im Zweifel darüber ließ, daß die Tage ihres Vaters gezählt seien.[25] Bill Bismarck – Oberpräsident im fernen Königsberg – antwortete dem Arzt mit der lakonischen Aufforderung, »daß Sie bald zu einer bessern Auffassung über S. D. gelangen«.[26] Seinem älteren Bruder Herbert entlockte die niederschmetternde Nachricht die Ermahnung an Schweninger: »natürlich ist es jetzt wichtiger denn je, daß Sie *möglichst* viel in Friedrichsruh sind.«[27]

Nicht, daß die Kinder den Vater seinem traurigen Schicksal überlassen hätten. Aber niemand von ihnen mochte sich auf die Herausforderungen dieses Sterbens näher einlassen. So blieb der tätige Wille, dem »Papa« sein schweres Los durch spürbare Nähe erträglicher zu machen, ihm aufopfernd zur Seite zu stehen (so wie in guten erfolgreichen Tagen), nur schwach. Vor der moralischen Aufgabe hingebungsvoller Anteilnahme haben sich Bismarcks Kinder in den letzten Lebensmonaten augenscheinlich gedrückt. Dies delegierten sie lieber an die dafür engagierten Bediensteten und Mitarbeiter – und an die guten Bekannten, die sie nun als Gesellschaftsdamen und Krankenpflegerinnen zu regelmäßigen Besuchen nach Friedrichsruh beorderten: die alten Hausfreundinnen Fanny von Batocki, Marie von Kotze, Christa von Eickstedt – alles Damen um die fünfzig, die den Greis umhegen und betreuen sollten.

Man kann diese Haltung der Kinder verstehen, die auf ihr eigenes Familienleben auch im Angesicht des Todes ihres Vaters nicht verzichten wollten. Aber man kann auch begreifen, warum Bismarck unter Tränen darüber klagte, daß sich die Kinder nicht um ihn kümmerten. So wurden seine letzten Lebensmonate zu einer Kette von öden, gleichförmigen Tagen – nur noch selten unterbrochen von gesellschaftlichen Ereignissen. Seine Lebenswelt wurde immer kleiner. Hauptsächlich hielt er sich in den drei von ihm bewohnten Zimmern im Parterre des Fürstenbaues auf. Von Pinnow, seinem Kammerdiener, war diese Wohnung durch einen schmalen Korridor getrennt. Bibliothek, Arbeitszimmer und Schlafzimmer bildeten das kleine Reich des einst so mächtigen Mannes, alles außerordentlich schlicht ausgestattet und ausgesprochen altmodisch möbliert. Wenn Bismarck nicht im Bett lag oder tafelte, war er auf einem der beiden Sofas im Arbeits- bzw. Bibliothekszimmer zu finden.

Er fühle sich »ziemlich elend«, schrieb Bismarck am 17. November 1897 an seine Schwester Malle: »Chrysander hat Dir meinen Zustand doch zu rosig geschildert. Ich leide seit mehreren Wochen an vermehrtem Gesichtsreißen, und ein heftiger Podagra-Anfall [Gicht – LM] im linken Fuße verursacht mir sehr empfindliche Schmerzen, stört meine Nachtruhe und macht mich fast unbeweglich.«[28] Mehr wollte er selbst seinen Nächsten nicht preisgeben.

Wir wissen also nicht ganz genau, wie Bismarck seinen physischen Untergang subjektiv erlebte bzw. verarbeitete. An körperliche Beeinträchtigung durch Schmerzen war er ja lange gewohnt; aber was jetzt vorging, war mehr als das. Das Leben selbst ließ die Schmerzen unerträglich werden: wenig Linderung durch Medikamente, immer weniger Besuche von außerhalb, schlechter Schlaf. Und dann die Todesangst, die Befürchtung jedenfalls, daß der Tod nahe war. Da mochte Lebensfreude schlechterdings nicht mehr aufkommen. Was an Vergnügen blieb, war dieses: »Er geht täglich vor dem Frühstück um das Haus herum, das ist zwar wenig genug, und er fährt täglich mit einer der Damen – Frau von Batocki oder Gräfin Eickstedt – spazieren. [...] Appetit nicht ungünstig, Zunahme öfters 4 Pfund.«[29] Und natürlich der Alkohol: »Wir tranken wieder, wie gewöhnlich, viel, und zwar durcheinander, die Gräfin Rantzau Sekt aus einem großen Wasserglas. Der Fürst meinte, er würde viel lieber Grog trinken als Sekt, aber Schweninger sei ihm in der Diätetik jedenfalls über, und deswegen gehorcht er ihm.«[30] Bei einer der letzten Ausfahrten, am 26. Oktober 1897, äußerte Bismarck: »Ich sehe doch ein, daß es mit mir bald zuende geht. Ich habe die

Arbeit am Mythos: Der 82jährige Bismarck und seine Friedrichsruher Wohngemeinschaft machen die Honneurs beim Empfang des Großherzogs von Sachsen-Weimar.

Nacht wieder fürchterliches Reißen gehabt und heute morgen konnte ich gar nicht den Mund bewegen, ich muß immer aussehen wie ein alter Brummbär. Lächeln kann ich gar nicht mehr. Erst wenn ich meine halbe Flasche Sekt getrunken habe, dann geht es etwas besser.«[31]

Mit den Kutschfahrten war es übrigens Ende Oktober erst einmal vorbei: »Am 27. Oktober« – so notierte sein Kutscher Patzke – »blieb der Fürst zuhause nach einer sehr schlechten Nacht, der eine Fuß war ihm abgestorben. Der Fürst meinte nur: ja das ist der Anfang vom Ende.«[32] Also doch! Bismarck ahnte, daß es mehr als Gicht sein mußte, was ihn nun so quälte.

In den Briefen, die Chrysander fast täglich an Schweninger zu schreiben hatte, tritt uns diese Wirklichkeit unverstellt vor Augen. Zum Beispiel in seinem ausführlichen Bulletin vom 7. November 1897. Dort heißt es: »Die Nacht verlief folgender Maßen. Um 12 [Uhr] zu Bett, kleine M[orphium] Injection von 2 Teilstrichen der 5% Lösung, dasselbe Quantum, welches vorgestern so gewirkt hatte, daß S.D. gesagt hatte, er entsänne sich seit langer Zeit keiner so schnellen und schönen Morphium-Wirkung. Es war Alles besprochen worden, daß in dieser Nacht Morphium und kein Paraldehyd [Beruhigungsmittel – LM] gegeben werde, trotzdem klingelte S.D. um 5½ Uhr nach Pinnow, verlangte Paraldehyd. Pinnow sagte mir das und ich bat S.D., von Paraldehyd abzustehen. Er sagte aber, Morphium hülfe nicht gegen die Gesichtsschmerzen (nur über diese, nicht etwa über Fußschmerzen klagte er in dieser Nacht) und befahl Pinnow, ihm das Paraldehyd zu geben. Ich bin darauf bis jetzt (1 Uhr Mittags) noch nicht wieder drinnen gewesen, höre, daß er Pinnow um 8 Uhr sehr gescholten hat, daß er mir davon gesagt etc., sonst hat er bis 11½ [Uhr] sich im Bett befunden, ist dann aufgestanden und hat sich rasiert. – Die Schmerzen waren gestern Abend sehr gering. Aussehen und Kälte des Fußes unverändert. Fußbad hat er gestern gar nicht genommen, und wie ich schon berichtete, hat er sich im Rollstuhl durch die Zimmer fahren lassen unter dem Beifall aller der Unverständigen, die nicht sehen, daß damit ein weiterer Schritt abwärts gemacht ist. – Ich denke aber, die Beziehungen werden sich wieder einrenken und will mich gewiß der Sanftmut befleißigen. Aber Sie wünschen doch nicht, daß ich zu Allem Ja und Amen sage. […] S.D. hat sich neulich dahin ausgelassen in betreff meiner Consultation: ›O, den frag ich gar nicht‹ und ›Ach, der versteht nichts‹. (Das ist doch auch nicht das richtige ärztliche Verhältnis meine ich.)«[33]

Ein letzter Streich

Es konnte gar nicht ausbleiben, daß angesichts solcher Zeiten und Zustände Ondits in der Öffentlichkeit kursierten, wonach Bismarck ein »aufgegebener Mann« sei. Die *Hamburger Nachrichten* – Bismarcks Haus- und Hofpostille – polterten: »Wir führen diese Gerüchte auf frivole Sensationslust zeilenhungriger Reporter zurück, die mit [solchen] Notizen Geschäfte zu machen suchen.« Die Wahrheit sei: »Weder ist in dem Befinden des Fürsten Bismarck eine Verschlimmerung eingetreten, noch ist er überhaupt krank […]Der Fürst selbst ist bei bestem Humor. Er hatte kürzlich Schmerzen am Bein, die mit der alten Venenentzündung zusammenhängen, aber die Sache ist schon wieder behoben, und der Fürst dürfte bei günstiger Witterung die gewohnten Ausfahrten demnächst wieder aufnehmen.«[34]

Das war natürlich von vorne bis hinten gelogen, aber aus »guten Gründen«: Das Haus Bismarck hatte ein wohlverstandenes Interesse daran, daß die Fenster des Krankenzimmers einerseits fest verschlossen blieben, daß aber andererseits nicht der Eindruck einer völligen Nachrichtensperre aufkam. Mit ihren irreführenden Dossiers, die die bismarckloyalen Blätter ohne Umschweife als Informationen aus berufenem Munde abdruckten, konnten sie sich einbilden, das Heft in der Hand zu behalten und die Leidensgeschichte nach ihrem eigenen Drehbuch zu steuern.

Die rege Korrespondenz Chrysanders mit Hermann Hofmann, dem Redakteur aller Bismarck-Nachrichten, vermittelt einen genaueren Einblick in die Praxis dieser Ohrenbläserei. So schreibt Chrysander zu dem eben zitierten Bericht der *Hamburger Nachrichten*: »Das heutige Dementi in der Abendausgabe ist kräftig geraten! Krank ist S.D. doch etwas gewesen und auch jetzt noch nicht ganz hergestellt; ich hatte Mitteilung über den Gesundheitszustand in Aussicht gestellt zur Publikation und bitte, einstweilen bis zum Eintreffen dieser nichts weiter darüber geben zu wollen. [...] Da kommen doch verschiedene Rücksichten zur Hebung.«[35] Fünf Tage später erklärte der Arzt: »Eine Mitteilung über das Befinden Sr. D., die zur Veröffentlichung in den *Hamburger Nachrichten* bestimmt wäre, wird einstweilen nicht gewünscht und würde ja auch nach der neuerlichen Publikation z.T. rektifizierend lauten müssen. Übrigens geht es Sr. D. in den letzten Tagen in der Tat etwas besser. Das Leiden ist aber noch schlimm genug und die unablässigen Schmerzen im Bein sind quälend und Schlaf verhindernd.«[36]

Eine weitere Vorsichtsmaßnahme gegenüber der öffentlichen Neugierde war massiverer Art. Das Eisengitter, das den Eingang zum Schloß in Friedrichsruh bildete, wurde im Abstand von zehn Schritten noch durch einen hölzernen Verschlag verbarrikadiert.[37] Damit war jeder unerwünschte Zugriff auf das Privatleben des Patienten unterbunden. Das Schicksal konnte seinen Lauf nehmen, ohne daß jemand Bismarck zu Gesicht bekam.

Nicht einmal der deutsche Kaiser, der ein brennendes Interesse daran hatte, zu erfahren, wie es um seinen gefürchteten Nebenbuhler stand. Auch ihm war zu Ohren gekommen, daß Bismarck seiner Auflösung entgegengehe und nur noch durch Morphium notdürftig über Wasser gehalten werde. Was sollte er von diesem Gerücht halten? Er schickte seinen Bruder, den Prinzen Heinrich von Preußen, unter einem staatspolitischen Vorwand nach Friedrichsruh. Dieser sollte die Lage auskundschaften und zugleich Schweninger im Auftrag des Kaisers »sehr eindringlich verpflichten, ihm jede Erkrankung des Fürsten sofort telegraphisch zu melden«.[38] Am 8. Dezember traf er dort ein.

Der Prinz zog Schweninger »in ein eingehendes Gespräch über den derzeitigen Gesundheitszustand des Fürsten Bismarck und über die Aussichten einer Besserung. Die Antwort, welche Geheimrat Schweninger gab, soll ganz tröstlich gelautet haben; wenn das unbequeme und schmerzliche Leiden auch nicht von heute auf morgen zu beseitigen ist, so ist doch wohlbegründete Hoffnung auf eine völlige Wiederherstellung in absehbarer Zeit. – Nachdem der Prinz diese Auskunft erhalten hatte, öffneten sich die zum anliegenden Salon führenden Türen, und man sah den Fürsten in schwarzer Civilkleidung – langer, schwarzer Leibrock mit weißer Halsbinde – in einem Rollstuhle sitzen, über die Kniee eine Decke gebreitet«. Gemeinsames Frühstück: »Der Fürst hatte eine gute Nacht verbracht, und Geheimrat Schweninger glaubte es verantworten zu können, ihm zur Feier des Tags einen Dispens von den sonst sehr strenge eingehaltenen Diätregeln zu bewilligen, was Fürst Bismarck beim Tischgespräche mit munterer Laune selbst hervorhob.«[39] – So die Hofberichterstattung der Bismarck-Presse.

Tatsächlich aber müssen die Eindrücke, die Prinz Heinrich gewann, so beängstigend gewesen sein, daß er seinen Bruder, den Kaiser, bestürmte, sich unverzüglich selbst davon zu überzeugen: Es geht zu Ende.

Daß an dieser Einschätzung vieles richtig war, verraten uns Chrysanders Krankenberichte: »Gestern Abend« – so schrieb er am 14. Dezember 1897 an Schweninger – »Injection von 2 Teilstrichen der 5% Lösung [Morphium], um 12 Uhr. Danach zunächst kein Schlaf, aber angenehmerer Zustand. Um 3 Uhr klingelte S.D., wünschte ›Vorspann‹. Daraufhin Injection

Aquosa [Wasserlösung, die als Morphium ausgegeben wurde (Placebo-Effekt!) – LM]. Später, nachdem um 5 [Uhr] Bier genommen, trat guter Schlaf ein und S.D. bezeichnete die Nacht selber als befriedigend. […] Fuß sieht unverändert aus, war heute abend etwas kühl, die Schmerzen begannen wieder, als S.D. ins Bett kam, auch Gesichtsschmerzen an der rechten Seite bestehen. […] Bisher geht er morgens noch ganz gut, aber Besserung der Beweglichkeit ist bisher nicht zu constatiren. Er sagt, daß er meist ohne Schmerzen auftreten kann, aber das Gefühl von Pelzigkeit, von Abgestorbensein des Fußes dabei hat. – Heute Abend also Injection Aquosa Facta [Placebo – LM], da andere Mittel als Injection nicht Beifall fanden. […] S.D. ist nach 12 bald eingeschlafen, bis 2 Uhr, dann durch Schmerzen geweckt, Durst. 2 rohe Eier. Injection Aquosa. […] Im Laufe der Nacht hatte S.D. Sodbrennen (gestern Abend Suppe, Fisch, Bier, Weißsauer, Milchreis durcheinandergegessen), nahm Magnesium. *12 [Uhr]* aufgestanden. Bad. Stimmung trotz der morphiumlosen Nacht nicht ungünstig, jeden Falls nicht zu vergleichen mit vorgestern. Schmerzen heute am Tage oft da, aber nicht so heftig wie vorgestern. […] Die Haut an den Seiten des Fußes ist seit einigen Tagen empfindlicher und fühlt sich mehr wund an als sonst.«[40]

Von alledem wußten der Kaiser und seine Kamarilla natürlich nichts. Aber sie waren so unverschämt, dem Todgeweihten noch einmal das Spektakel ihrer Aufwartung zuzumuten. Wollten sie am Ende nur beschauen, ob und wie der Alte einen solchen großen Bahnhof aushalte? Der Chef des Zivilkabinetts Lucanus hatte jedenfalls schon im Vorfeld allen regierungsinternen Spekulationen über eine eventuelle politische Aufwertung des Kaiserbesuches mit den folgenden brutal-offenen Worten ein Ende bereitet: »Ach, der Kaiser will sich ja nur davon überzeugen, wie weit der Altersbrand beim Fürsten vorgeschritten und wann dessen Tod zu erwarten ist.« Um hier ganz sicher zu gehen, brachte er seinen eigenen Leibarzt mit.[41]

Am 16. Dezember morgens 10 Uhr lud sich der Kaiser telegraphisch für 19 Uhr abends mit 14 Personen bei Bismarck für eine Stunde (zum Essen) ein – eine offenkundige Überrumpelung des Friedrichsruher Krankenhauses. Doch nun kommt das eigentlich Überraschende: Der Totgesagte nahm die Provokation mit einer Selbstbeherrschung auf, die ihn noch einmal weit über seine verfallenden Kräfte hinauswachsen ließ. Er wußte sich nicht nur zu behaupten, sondern er wußte dem Monarchen und seinen Männern ein weiteres, ein letztes Mal den feinen Unterschied zwischen wahrer und eingebildeter Größe vorzuführen und entließ den Kaiser als – Düpierten.

Das aufdringliche Telegramm hatte Bismarck mit unvergleichlich feiner Ironie beantwortet: »Dankbar für die hohe Ehre des kaiserlichen Besuchs, bitte ich Eure Majestät, die Mängel in der äußeren Erscheinung, die meine Krankheit mit sich bringt, huldvoll entschuldigen zu wollen.«[42] Als Gastgeber ließ Bismarck sich auch in der Zwangslage, in die er durch den kaiserlichen Coup versetzt worden war, nicht lumpen. In den wenigen Stunden, die zwischen der Besuchsankündigung und dem Eintreffen der kaiserlichen Delegation lagen, wußte die Friedrichsruher Küche ein opulentes Menu für 18 Gedecke zu zaubern. Was sonst noch geschah, darüber hat Tirpitz als Teilnehmer der kaiserlichen Delegation folgende Aufzeichnungen hinterlassen: »Bismarck setzte sich mit fremder Unterstützung, war aber, nachdem er saß, wieder ganz frisch.« Vergeblich habe er versucht, politische Gespräche anzuspinnen, der Kaiser sei aber nicht darauf eingegangen, »sondern es wurde die an der kaiserlichen Tafel häufige Anekdötchenunterhaltung geführt. […] Moltke flüsterte mir zu: ›Es ist furchtbar‹; wir fühlten den Mangel an Ehrfurcht vor einem solchen Manne. Da sprach Bismarck aus irgendeinem Zusammenhange heraus ein Wort, das sich uns in seiner prophetischen Schwere eingrub: ›Majestät, so lange Sie dies Offizierskorps haben, können Sie sich freilich alles erlauben; sollte das nicht mehr der Fall sein, so ist das ganz anders.‹ An der scheinbaren Nonchalance, mit welcher das herauskam, als ob nichts darin läge, zeigte sich eine großartige Geistesgegenwart; daran konnte man den Meister erkennen.«[43] Stellvertretend für das gesamte kaiserliche Lager strafte Bismarck bei der Verabschiedung Lucanus, den Chef des kaiserlichen Zivilkabinetts, mit demonstrativer Ignoranz.

Bülow, ein anderer Teilnehmer der Gesellschaft, bemerkt in seinen Erinnerungen ergänzend, Bismarck habe in unveränderter geistiger Frische vom ersten Augenblick an die Unterredung gelenkt, »die er auf ernste Gegenstände zu bringen sich bemühte. Der Kaiser wich mit einer mich erbitternden Absichtlichkeit jedem politischen Thema aus und fing keinen der Bälle auf, die ihm der greise Fürst in fast graziöser Weise hinwarf. [...] Der Kaiser hörte nur zerstreut zu und erzählte seinerseits einige alte Kasernenwitze.«[44] Offenbar fühlte er sich dieser alten Bismarckschen Meisterschaft, der geistvoll bestrickenden Konversation, nicht gewachsen.

Daß Bismarck sich noch einmal zu solcher Souveränität aufzuschwingen vermochte, die den vitalen deutschen Kaiser so alt und ihn, den kranken Greis, so unverwüstlich aussehen ließ, ruft auch heute noch Erstaunen und Verwunderung hervor. Wer hätte einen Zudringlichen, der aber aufgrund seines Status für sakrosankt galt, galanter abservieren können? Der Kaiser mußte so unverrichteter Dinge von dannen ziehen, wie er gekommen war: Bismarck am Ende? »So schlimm steht es nun noch nicht, aber ein gichtbrüchiger Greis im Rollstuhl macht natürlich einen traurigen Eindruck. Geistige Frische und Appetit hielten bei Tisch vor. Im übrigen war alles sans conséquence.«[45] Mit einem Wort: Aus Friedrichsruh war nichts Neues zu vermelden. Oder in den Worten des badischen Gesandten in Berlin: »Aus dem Gefolge Seiner Majestät beim letzten Besuch in Friedrichsruh habe ich vernommen, daß S.D. gealtert und nicht mehr so frisch aussehe.«[46] Für diese banale Erkenntnis hatte sich der Aufwand

Le Petit Journal

Le Petit Journal

Le Supplément illustré

SUPPLÉMENT ILLUSTRÉ

Huit pages : CINQ centimes

ABONNEMENTS

Sixième année

DIMANCHE 14 AVRIL 1895

Numéro 230

APRÈS LA FÊTE!!!

L'anniversaire du prince de Bismarck

Die deutschfeindliche französische Presse hatte in Bismarck bereits 1895 einen todgeweihten Mann gesehen. Gegenüber den Opfern seiner Kriege erscheint das Spektakel seiner Lobpreisung zum 80. Geburtstag wie ein Bühnenstück, bei dem bald der Vorhang fällt.

wohl kaum gelohnt. Über Bismarcks wahren Gesundheitszustand tappte man in Berlin weiterhin im dunkeln.

Nachdem Bismarck seinem ganzen körperlichen Elend zum Trotze so glänzend reüssiert hatte, konnten sich seine Getreuen sogar erlauben, ihn in ihren offiziellen Bulletins etwas weniger entschieden gesundzubeten: »Die schmerzhafte Affection« – so schrieben die *Hamburger Nachrichten* am 27. Dezember 1897 – »besteht nach wie vor, verhindert den Fürst am Gehen und raubt ihm die Nachtruhe.« Und die *Leipziger Neuesten Nachrichten* ergänzten, »daß namentlich die Schlaflosigkeit, die in Folge des Mangels an Bewegung im Freien und an der Einwirkung frischer Luft den Fürsten heimsucht, fast noch unerträglicher ist, als der Schmerz am Bein. Professor Schweninger zweifelt [...] zwar nicht an der Möglichkeit, das Übel zu beseitigen, aber es liegt in der Natur der Sache, daß der Heilungsprozeß in einem so hohen Alter [...] einen sehr viel langwierigeren und schwierigeren Verlauf nimmt, als es in jüngeren Jahren der Fall sein würde. [...] Daß der Fürst in seinem jetzigen Zustande verhältnismäßig selten dazu kommt, sich mit den politischen Tagesfragen eingehender zu befassen, versteht sich von selbst.«[47]

Man kann das freilich auch als versteckten Hinweis auf eine Unpäßlichkeit der fataleren Art lesen. Gleichviel: Bezogen auf den ganzen Erfahrungshorizont seines sonst nurmehr kümmerlichen Daseins vermittelte der Kaiserbesuch dem alten Recken kein Hochgefühl, das lange anhielt. Müdigkeit und Lebensüberdruß traten alsbald wieder in den Vordergrund. Nicht nur, daß er offenkundig zugrunde ging, drückte Bismarck nieder. Mehr noch schmerzte ihn das Gefühl, überflüssig zu sein, nutzlos: nicht weil die Welt der Politik seinen Ratschlag womöglich nicht mehr brauchte oder wollte, sondern weil er am Ende keine Ratschläge mehr geben mochte. Der einst mächtige Vulkan war ausgebrannt. Und niemand wußte das besser als Bismarck selbst. Was ihm blieb, war leidenschaftliche Lethargie.

Bismarck am Ende

Natürlich waren es vor allem die unerträglichen Schmerzen, die Bismarcks Lebensmut zuletzt rapide abnehmen ließen. Er möchte gern noch leben, sagte er einmal zu Schweninger, »aber nicht mit diesen Nervenschmerzen. Sie lassen mich fast den Tod vorziehen«. Hinzu kam die nun fast vollständige Isolierung, in der er lebte. Sie wurde zum Schluß nur noch durch Schweningers Besuche durchbrochen, so daß er sich nach der Ankunft des vertrauten Arztes geradezu sehnte: »Ich bin froh, daß Sie wieder hier sind«, soll er ihm öfters gesagt haben: »Ich nehme meine Zuflucht zu andern; aber sie verstehen mich nicht. Was ich ihnen sage, ist wie Wasser, das vom Rücken eines Pelikans wieder abläuft.«[48]

Harden meint, es sei ein Trost, daß Bismarck »bis in die letzten Lebensstunden gut sah und hörte, die ganze Macht seiner unvergleichlichen Intuition sich bewahrte und in ungetrübter Klarheit des Geistes den oft gerufenen Erlöser heranschleichen fühlte«. Aber das war nur die halbe Wahrheit, und Harden beobachtete zu scharf, um nicht auch die andere Hälfte zu erkennen: »Er litt am Leben, litt unsäglich unter dem Bewußtsein, daß seinem rastlos arbeitenden Geist die Körperkräfte entglitten, seinem stürmischen Temperament die Ausdrucksmittel zu welken begannen.«[49] Das war in der Tat gut formuliert. Man kann es auch prosaischer sagen: Bismarck befiel die Angst, die alle dem Tode Geweihten nur zu oft befällt: die Angst, eines mühseligen, elenden Todes zu sterben.

»Herzschmerzen empfand man, wenn man die deutsche Rieseneiche, die mit ihrem dichten Dache das Reich uns schirmte, zum Sturz gerichtet vor sich sah.« Das war die Empfindung, die Ernst von Dryander – Seelsorger der kaiserlichen Familie – von seiner Audienz in Friedrichsruh am 27. Januar 1898 mitnahm.[50]

Dagegen klingen die offiziellen Gesundheitsbulletins aus jenem Monat wie Hohn. *Leipziger Neueste Nachrichten* vom

19. Januar 1898: Obwohl der Fürst den Rollstuhl noch nicht entbehren könne, hebe sich sein Allgemeinbefinden täglich. Von ärztlicher Seite würde versucht, daß Bismarck im Frühjahr wieder rüstig durch den Sachsenwald schreiten und nach menschlicher Voraussicht so alt werden würde wie Wilhelm I. oder Moltke. »Ein vollkommener Unsinn ist es, wenn in einzelnen Blättern angedeutet wurde, der Fürst habe ›das Wasser in den Beinen‹ und das sei le commencement de la fin. Es handelt sich um nichts weiter als das bekannte Beinleiden. [...] Überhaupt ist die Lebensweise und namentlich die Ernährung des Fürsten unverändert. Ein Unterschied findet nur insofern statt, als der Weingenuß wegen der gichtischen Beschaffenheit des Leidens eingeschränkt ist zu Gunsten des Bieres, von dem der Fürst jetzt etwas mehr genießt als früher.« Und am 28. Januar 1898: »Das Befinden des Fürsten Bismarck verbessert sich von Tag zu Tag, die Schmerzen vermindern sich allmählich und mit ihnen die schlaflosen Nächte. Der hohe Patient ist vorwiegend gut gelaunt, empfängt wieder Besuche und wendet seine Aufmerksamkeit in höherem Maße, als es in der letzten Zeit der Fall war, den politischen Begebenheiten zu.«[51]

Demgegenüber beklagte die weniger bismarckhörige Presse, »mit welch' ungeheuren Schwierigkeiten« eine wahrheitsgetreue Berichterstattung über das Befinden des Patienten »zur Zeit verbunden ist«. Und sie fragte, warum es eigentlich nicht möglich sei, »sich an einer bestimmten Stelle täglich über das Befinden des Fürsten zuverlässige Nachrichten einzuholen«.[52] Das war als Appell an die Bismarcks gemeint. Es sollte aber ein frommer Wunsch bleiben, denn für die Adressaten war so ein Ansinnen allein »durch das gewerbliche Bedürfnis der Beschaffung geldwerther Neuigkeiten veranlaßt«.[53]

Im Vorfeld der Feierlichkeiten zum 60. Militärdienstjubiläum (25. März) und zum 83. Geburtstag (1. April) veröffentlichte die *Neue Freie Presse* in Wien am 19. März 1898 ein vielfach nachgedrucktes Bulletin, in dem es hieß: Das Befinden des Fürsten

Bismarck bessere sich »langsam, aber stetig«, die Krankheitserscheinungen der letzten Wochen dürften jetzt »im allgemeinen als behoben gelten, und es ist anzunehmen, daß unter dem Einflusse des herannahenden Frühjahres der Fürst bald wieder ganz hergestellt sein wird und die lange schwer vermißten Spaziergänge und Spazierfahrten in den Sachsenwald wieder aufnehmen kann«. Bismarcks Stimmung sei »vorzüglich, sein Humor köstlich, und die nähere Umgebung weiß nicht genug über die geistige Frische des Fürsten zu berichten; sein Appetit ist vortrefflich, der Magen vollständig in Ordnung. Es kommt vor, daß der Fürst zehn bis zwölf Pfeifen an einem Tage mit Behagen raucht. Gewiß ein günstiges Zeichen«.[54]

Es gab auch ganz andere Zeichen. Wie aus einem Brief Chrysanders an den Redakteur der *Hamburger Nachrichten*, Hofmann, hervorgeht, war Bismarck nämlich im März 1898 des Kommentierens von Politik endgültig leid geworden. Er ließ Hofmann auf eine Anfrage ausrichten, daß es im Hinblick auf den bevorstehenden 83. Geburtstag »überhaupt nicht auf Festivitäten etc. ankommt, sondern darauf, daß man sich in Deutschland nach dem richtet, was der Fürst [Bismarck – LM] gesagt und getan hat. Das meiste Andre, Reden, Festesstimmung, Telegramme, sind Champagnerschaum. Damit will ich Letzteren nicht in Grund und Boden verdammen«.[55] Das war – ebenso schlicht wie ergreifend – Bismarcks politisches Testament! Und zugleich das Ende eines grandiosen politischen Kampfes um die Beeinflussung der öffentlichen Meinung. Bismarck trat von der politischen Bühne ab – für immer, und er tat dies mit Grandezza und Witz. An öffentlichen Angelegenheiten nahm er fortan keinen Anteil mehr. Mit den Journalisten war er fertig.

Drei Tage später ließ Bismarck seinen Kutscher Patzke kommen und eröffnete ihm: »mit mir will es auch immer noch nicht, der linke Fuß ist immer noch dick, und Appetit habe ich auch nicht, das einzige, was mir noch schmeckt, ist die Pfeife.«[56] Wenige Stunden später bekam Bismarck Besuch von seinem Bankier Schwabach jun., der uns folgenden Einblick in die Privatsphäre überliefert hat: »Um 2 Uhr etwa ließ mir der Fürst sagen, er erwarte mich. Mit Befangenheit trat ich zu ihm ein. – Bismarck lag auf einem Ruhebett, angetan mit einem weiten, wollenen, weiß und blauen Schlafrock; der Oberkörper war in fast senkrechter Stellung, der Eintretende schaute ihm sogleich voll ins Angesicht und fühlte, ich möchte sagen körperlich, die großen klaren Augen auf sich gerichtet. […] Wie Bismarck da vor mir lag, bot er das Bild eines alten, verwundeten Recken. […] Er sprach dann über seine Gesundheit: Die Gesichtsschmerzen seien nicht mehr so heftig wie früher, aber die schmerzfreien Pausen kürzer; am fatalsten sei das Podagra (in Wirklichkeit litt er an Altersbrand), weil es ihn im Hause festhielte, das er seit dem Oktober nicht verlassen hätte; er beneide meinen Vater um seinen schnellen Tod – was ihm wohl noch bevorstände!« […] Er spräche nicht gern lange über Politik, sonst rege er sich auf und dann meldeten sich wieder die Schmerzen. ›Da liegt der Knüppel beim Hunde‹; er ließe also die Politik ruhen und läse Romane.«

Um 20 Uhr wurde ein gemeinsames Abendessen eingenommen. »Gegen Ende der Mahlzeit befahl der Fürst, daß eine Flasche alten Weins heraufgebracht würde, und als sie auf dem Tische stand, sagte er zu mir: ›Dieser Wein ist das letzte Geschenk Ihres Vaters, darin wollen wir auf das Wohl Ihres Kindes [das vor 14 Tagen geboren war – LM] anstoßen.‹ […] – Der Fürst selbst trank mäßig – aus Rücksicht auf seine Neuralgien. ›Zwei Wünsche habe ich noch‹ – äußerte er – ›ich möchte Varzin [sein Landgut in Hinterpommern – LM] wiedersehen und mich noch einmal in kaltem Champagner berauschen.‹«[57]

Am 29. März bei der Konfirmation der beiden jüngeren Rantzau-Söhne im Friedrichsruher Schloß soll Bismarck nach dem gemeinsam eingenommenen Abendmahl dem Geistlichen gesagt haben: »Ich bin bereit zum Aufsatteln.«[58] Jedenfalls war er nach Angaben seiner Tochter »tief bewegt und hatte Tränen in den Augen«.[59] Die vielen Leidensstunden warfen immer dunklere Schatten auf Bismarcks Tage, die unverkennbar gezählt waren – und die dunkle Ahnung davon machte sich immer wieder bemerkbar.

Bismarcks 83. Geburtstag war denn auch der stillste, der jemals im Sachsenwald begangen worden war. Zwar saßen insgesamt 22 Personen beim Diner zusammen, aber der greise Jubilar im Rollstuhl war so schonungsbedürftig, daß er nicht einmal mehr das traditionelle Musikständchen der Lauenburger Jäger anhören mochte.

Eine große Hamburger Zeitung schrieb damals: »Es ist gewiß ein Gedanke, an den Herz und Phantasie nur schwer sich gewöhnen, daß auch eines Bismarck titanische Kraft den Schwächen der Zeitlichkeit und den Gebrechen des Alters unterworfen sei, aber eben dieser Gedanke bringt doch in gewissem Sinne den weltgeschichtlichen Heros seinen Zeitgenossen menschlich näher und verstärkt das Gefühl der Zusammengehörigkeit mit ihm.«[60] Eben diese Verbrüderung auf der Ebene des Menschlich-Allzumenschlichen wollten die Gralshüter von Friedrichsruh aber auf gar keinen Fall zulassen. Sie hielten an dem Trugbild fest, man könne den alten Bismarck bis zum bitteren Ende als ein Idol hinstellen, das nur Bewunderung verdiene, auf Mitleid oder Anteilnahme aber verzichten könne. So wurde in der Bismarck-Presse die Friedrichsruher Gebetsmühle weitergedreht: Der »Rekonvaleszent« – so hieß es am 31. März – sei »bei bestem Humor, und seine Umgebung kann nicht genug Erfreuliches über seine gute Laune und die Neigung zu liebenswürdig scherzhaften Aphorismen und Anekdoten berichten«. Und vier Wochen später hatte sich »der gute Humor des Altreichskanzlers nicht nur nicht vermindert, sondern eher noch gehoben. Man kann sagen, daß er eigentlich immer bei guter Laune und in vergnügter Stimmung ist«.[61]

Welche Wirklichkeit sich hinter diesem Blendwerk verbarg,

deutet sich an, wenn wir auf unzensierte Verlautbarungen zurückgreifen. Zum Beispiel auf die Aufzeichnungen des Dieners Janocha, der über diese Zeit bemerkte: »Den Fürsten überkamen öfter schlafähnliche Zustände, die ihm aber ganz gut taten. Auch sein bis dahin scharfes Gedächtnis setzte in der letzten Zeit öfter aus. An besonders schmerzvollen Tagen sagte der Fürst wohl: ›Ich habe gar keine Lust mehr zu leben.‹«[62] Auch die Briefe, die Bill und Herbert Bismarck über ihre jeweiligen Eindrücke bei den Besuchen in Friedrichsruh austauschten, zeichnen ein überaus trauriges, ja ein hoffnungsloses Bild von der Lage ihres Vaters.[63]

Selbst die Fähigkeit, gelegentlich noch einmal den liebens- und ehrwürdigen Gastgeber bei formellen Besuchen zu spielen, kam Bismarck nunmehr, wo ihn Schweninger auch noch auf strenge Diät gesetzt hatte, abhanden. »Augenscheinlich hatte er sich große Mühe gegeben, um uns gut zu empfangen«, schrieb der General Waldersee im Anschluß an seinen Abschiedsbesuch am 7. Mai. Aber was für ein Kontrast zu früheren Begegnungen: »Ich hatte ihn anderthalb Jahre nicht gesehen und war sehr berührt von der Veränderung. Sein Gesicht war kleiner als sonst, er sprach wenig, aß und trank höchst bescheiden. Während er sonst die Unterhaltung führte, alles zuhörte und nur an den Enden des Tisches leise gesprochen wurde, plauderte man jetzt allgemein und laut, nur der Fürst blieb still. [...] Im Ganzen hatte ich einen wehmütigen Eindruck und schied in der Überzeugung, den Fürsten nie wiederzusehen; es schien mir auch, als ob er ein ähnliches Gefühl hatte.«[64]

Eine andere Teilnehmerin an diesem Diner schrieb ergänzend: »Der Fürst empfing uns im Rollstuhl, sah leidend aus. Nach der Frage über sein Befinden klagte er über heftige Schmerzen in den Füßen. [...] Auch zu dem Essen wurde der Fürst von dem Kammerdiener Pinnow gefahren, und wurden ihm die Füße unter dem Tisch so bequem als möglich zurechtgelegt. [...] Der Fürst in ernstester Stimmung bei Tisch; er klagte über die Diät, die er halten mußte. Während wir ein opulentes Diner einnahmen, bekam er die denkbar leichtesten Speisen. […] Schweninger gestattete dem Fürsten, einen Schluck Sekt zu trinken, welchen er mit besonderem Behagen genoß.«[65] Champagner wurde – wie sich noch zeigen sollte – zur letzten (therapeutischen) Geheimwaffe des Medizinprofessors, eskortiert von Grog und – Morphium.

Mit Beginn des Frühlings war auf Drängen Schweningers noch einmal der Versuch gestartet worden, durch Kutschfahrten etwas Abwechslung und Erfrischung in die Tristesse des Lebensalltags zu bringen; zunächst mit Erfolg – zumal Bier und Pfeife winkten. Dann wurden Bismarck die Ausflüge doch mehr zur Last. Einmal wegen der Schaulustigen vor dem Schloßtor, denn Bismarck mochte nur noch im Schlafrock, in Unterhosen und Socken und mit umgehängtem Pelzmantel losfahren. Sodann wegen der großen Schmerzen, die ihm das Besteigen der Kutsche verursachte: »wenn ich erst jedesmal solche Schinderei durchmachen soll, dann will ich doch lieber verzichten«, soll er am 19. Mai gesagt haben; danach wurde auch dies letzte bescheidene Vergnügen eingestellt.[66]

Eine Woche später schrieb Herbert Bismarck an seinen Bruder: »Es ist zu traurig, wenn Papa so leise vor sich hinstöhnt oder gar in Weinen verfällt – natürlich macht der Schmerz ihn ganz verzagt.«[67] Die Schmerzen – so berichten andere Eingeweihte – seien »oft so arg gewesen, daß man den Armen habe am Thore jammern hören«.[68]

Aus ärztlicher Sicht stellte sich die Situation am 13. Juni folgendermaßen dar: »An den ersten beiden Tagen nach Ihrer Abreise« – schrieb Chrysander an Schweninger – »war der Zustand nicht schön und die Depression sehr betrübend. […] In der folgenden Nacht nur Injectiones aquosae. Die Wirkung des Fortlassens des Morphiums war gottlob nicht so schlimm wie erwartet: heute ist S.D. dem Schmerz nicht ganz mehr so nachgiebig. Gestern 2 Grogs, abends nach Tisch 1 Cognac (er ließ mich

Eines der letzten Vergnügungen, die dem hinfälligen Bismarck geblieben war: eine Ausfahrt mit seinem Kutscher Patzke. Am Tor zurückbleibend: der Leibwächter Pinnow.

kommen und fragte, ob er den letzteren wohl nehmen könne, ich habe natürlich nichts eingewendet). Heute nur 1 Grog; als er den 2ten bestellte, bat ich ihn, anstatt dessen Injection zu nehmen, weil heute der Morphiumtag sei. Er tat das auch und erhielt (Nachmittags 4 Uhr) eine Injection von 0,3 Teilstrich der 5%-Lösung. Dies geringe Morphium tat ihm gut, er fiel in einen tiefen Schlaf und war abends, als Herr von Brauer hier war, munterer als sonst.«[69]

Arthur von Brauer – ein alter Mitarbeiter Bismarcks, der es dann bis zum badischen Ministerpräsidenten gebracht hatte – war der letzte Politiker, den Bismarck empfing. Ganz erschüttert schreibt er in seinen Erinnerungen: »Es krampfte mir das Herz zusammen, als ich ihn, den Starken, als hinfälligen Greis hier liegen sah. Ausgestreckt auf dem Divan, in Decken gehüllt, über Schmerzen klagend im Bein und im Gesicht! – Mit schwacher dünner Stimme bietet er mir den Willkommensgruß. Mitten im Satz geht die Rede in leises Wimmern über. Seine Züge verzerren sich schmerzbewegt. Ein trauriger, trostloser Anblick, fast nicht zu ertragen! Zu Tisch zieht er sich notdürftig an. Im Rollstuhl wird er an die Tafel gefahren. Er unterhält sich lebhaft mit Herbert und mir über allerlei schwebende politische Fragen. [...] Ich fand den Fürsten geistig so frisch und regsam wie je. Als ob weder Alter noch Schmerzen seinen Geist mindern könnten! Wenn er sich lebhaft mit uns unterhielt, vergaß er wohl für kurze Zeit seine Leiden. Immer aber kehrten sie mit neuer Kraft zurück. – Kurze Zeit sprach der Fürst auch noch nach Tisch mit mir, indem er mühsam und ohne Behagen an seiner Pfeife zog. Bald aber legte er sich stille zurück, zuweilen stöhnend und seufzend. Es schnitt mir durchs Herz. [...] Im Nebenzimmer saß Gräfin Eickstedt am Flügel und spielte leise traurige Weisen. Trübe Stimmung und Todesahnen lag über dem Hause. Als ich mich vom Fürsten verabschiedete, sah er mich mit seinen großen, schönen, einst so gefürchteten Augen unsäglich traurig an und sagte schlicht, indem er mir die Hand drückte:

›Ich danke Ihnen, daß Sie noch einmal gekommen sind, und für Ihre früheren Dienste. Ich wünsche Ihnen ein langes glückliches Leben.‹ Man sah, er nahm Abschied für immer ...«[70]

»Es ist zu schmerzlich, das so hilflos mit ansehen zu müssen«, schrieb Herbert an seinen Bruder Bill.[71] Jede Woche war nun neben Schweninger auch der älteste Sohn um den gebrochenen und gepeinigten Todeskandidaten. Ob dabei auch Einzelheiten für den Fall des Ablebens besprochen worden sind? Wir wissen es nicht. Aber die optimale Pflege des siechen Bismarck war wohl nicht die alles beherrschende Sorge der Angehörigen. Denn gerade daran soll es Bismarck in seinen letzten Lebenswochen am meisten gefehlt haben. So berichtet etwa Harden seiner Frau Käthe wenige Tage nach Bismarcks Tod: »Die letzten Wochen furchtbar gelitten und – kaum ordentliche Pflege. Schweninger mußte ihn waschen usw.«[72] Dabei ging es weiter bergab, nur hier und da eine kleine Verzögerung. Chrysander an Schweninger: Die Nacht vom 30. Juni zum 1. Juli »war gut: ›über Erwarten gut‹, sagte S.D.; der Tag darauf war scheußlich. Weinkrämpfe und Schelten gegen *Alle*, auch gegen die Damen; das will etwas heißen«. Bisweilen mußte der junge Arzt dreimal am Tage und zweimal in der Nacht die Spritze setzen, um den Leidenden nicht zum Wahnsinn zu treiben ...[73]

Unterdessen wurden die Zeitungen mit Gesundheitsbulletins wie diesem versorgt, das die *Leipziger Neuesten Nachrichten* am 5. Juli veröffentlichte: »Seit einigen Tagen ist eine leichte Besserung in dem Befinden des Fürsten eingetreten; es wird gehofft, daß dieselbe anhält und namentlich, wenn das Wetter wärmer wird, zur baldigen Herstellung des Altreichskanzlers führt; aber einstweilen liegt die Sache immer noch so, daß größte Schonung des Fürsten erforderlich bleibt. [...] Der Appetit des Fürsten ist andauernd zufriedenstellend, die Lebensweise im großen Ganzen die altgewohnte geblieben. Zu den Hauptmahlzeiten, die der Fürst im Kreise der Seinigen einnimmt – gegenwärtig sind nur Graf und Gräfin Rantzau anwesend – wird er regelmäßig noch im Rollstuhl gefahren, dagegen sind sein Humor und seine Geistesfrische nach wie vor geradezu bewundernswert. Die Wenigen, die das Glück haben, jetzt noch mit ihm täglich in Berührung zu kommen, wissen nicht genug zu erzählen, wie der Fürst trotz seiner Krankheit, seiner Schlaflosigkeit und seines hohen Alters das Gespräch in alter Weise beherrscht und bald mit liebenswürdigem Scherz, bald mit Satire in allen Dingen den Nagel auf den Kopf trifft. Der Schlaf pflegt sich ihm in der Regel erst gegen Morgen hin einzustellen, wo er dann für einige Stunden wenigstens fest wird und den hohen Patienten sichtlich stärkt. Auch zur Nachtzeit, wenn er irgend welcher Hülfe oder Dienstleistung bedarf, versagt sein guter Humor nicht.«[74]

Der Tod klopft an die Tür

Kaum daß der Presse diese Schminke verabreicht war, eröffnete Schweninger den beiden Bismarck-Söhnen, daß der körperliche Verfall ihres Vaters in den letzten zehn Tagen rapider gewesen sei als in den ganzen acht Monaten davor. Mit einem Stillstand des Altersbrandes sei nicht mehr zu rechnen. »Mich haben seine Eröffnungen um so mehr niedergeschlagen, als ich Papa eigentlich besser gefunden hatte, bis auf den allerdings sehr erkennbaren Muskelschwund«, schrieb Herbert an seinen Bruder Bill, während er den Arzt wissen ließ: »Unsere gestrige Unterredung hat mich sehr erschüttert, und mein Nachdenken darüber hat mich zu der Idee gebracht, alle Reisepläne für den August aufzugeben. [...] Ich bin sehr, sehr traurig!«[75]

Wesentlich gefaßter reagierte der andere Sohn, der seinen Vater im Frühjahr das letzte Mal besucht hatte: »So betrübend wie Ihre Mittheilung war« – schrieb er am 12. Juli an Schweninger – »so trifft sie mich nach Ihren ersten klaren Nachrichten im vergangenen Herbst und nach dem, was ich selbst im April beobachtet, nicht unvorbereitet. Jedenfalls bin ich Ihnen dankbar, daß Sie uns klaren Wein eingeschenkt haben, möchte ihn nur *noch* ein wenig klarer. Ich kann mir denken, daß es schwer ist, eine genaue Prognose zu stellen, möchte aber doch Ihre Güte noch einmal in Anspruch nehmen und Sie bitten mir mitzutheilen, wie Sie sich den Verlauf denken [...]. Daß wider Erwarten eine plötzliche Entwicklung eintreten kann, ist selbstverständlich und, wahrscheinlich, daß diese nur in der schlechten Richtung liegen wird. Eine Besserung ist leider wohl ausgeschlossen. Sie sprechen vom ›Ende‹. Können Sie sich nun mit Wahrscheinlichkeit ein Bild der Entwicklung machen? Sie können Sich wohl denken, daß ich meinen Vater gern noch einmal sehn würde.« Aber er möchte jetzt nicht plötzlich in Friedrichsruh auftauchen, weil das den Vater beunruhigen würde. »Glauben Sie, daß es sich um Wochen, um Monate, um Tage handelt? Um Tage, will ich nicht hoffen. Sonst hätte ich die Absicht, in der ersten Hälfte August hinzugehen.« Er war eigentlich auf Ende September eingestellt. »Es ist eine betrübende Perspektive, der wir entgegensehen. Aber die Klarheit – wenn man sie aushalten kann – ist weniger drückend wie die Unsicherheit. [...] Weiß S.D. wohl, wie es um ihn steht? Er wird es bei sich ahnen, aber nicht darüber reden.«[76]

Wir wissen es nicht, müssen uns vielmehr an die Krankenberichte halten, die der fleißige Chrysander unermüdlich zu Papier brachte. Dort heißt es am 14. Juli: »Die Nächte sind, durch die Injectionen, recht gut gewesen. [...] Beim Aufstehen [heute – LM] um 2 Uhr [nachmittags – LM] starke Schmerzen. Später, als S.D. im Arbeitszimmer war und mehr zur Ruhe gekommen, ließen Schmerzen nach. Letztere beschreibt er als ›ischiatische‹, die im Oberschenkel und besonders im Schienbein säßen; am Knöchel herum spürt er eher Jucken, der Fuß ist taub. Über die schwarze Stelle wunderte er sich, ich sagte, es sei die schwarze Salbe, die 14 Tage säße und nicht wegzubringen sei. – Jeglichen umwickelnden Verband und dergleichen hat er energisch ver-

Bismarcks jüngster Sohn Wilhelm, genannt Bill (1851–1901), der sich, anders als sein Bruder Herbert, trotz herzlicher Zuneigung aus dem Bannkreis seines übermächtigen Vaters gelöst hatte.

weigert. Es hält schwer, ihm Pflaster auf die Stellen zu legen, in der Regel nimmt er sie bald wieder ab. Die Secretion [Absonderung] der Stellen ist sehr gering, und der Geruch bisher nicht übermäßig. [...] Somnolenz [Bewußtseinsstörung] öfters, Delirium wenig beobachtet.«[77]

Auch an Herbert Bismarck mußte Chrysander nunmehr täglich rapportieren. Am 15. Juli schrieb er: »Letzte Nacht viel Tränen und daher für den Fürsten viel Unruhe.« Die Schwäche der Muskulatur sei groß, »daher fällt Seiner Durchlaucht das Aufrichten schwer«. Auch nehme »der Zustand am Fuße langsam seinen Fortgang«.[78] »Alles, was wir können«, schrieb Schweninger zwei Tage später an Herbert, »ist vielleicht immer wieder Zeit gewinnen und das Leben leidlich zu gestalten«, aber: »die Prognose bessert sich dadurch nicht!«[79]

Aus der Feder eines Besuchers, den man im Hause Bismarck als eine Vertrauensperson ansah, nämlich Horst Kohls, haben wir folgenden Lage- und Stimmungsbericht über den 19. Juli: »Der sonst sehr pünktliche Anfang des Diners mußte hinausgeschoben werden, da Kammerdiener Pinnow meldete, daß der Fürst, der sich erst gegen 6 Uhr [abends – LM] hatte ankleiden lassen, im Rollstuhl eingeschlafen sei. Wir warteten fast eine Stunde, dann fuhr Pinnow seinen Herrn im Rollstuhl in den Empfangssalon. Ich hatte noch ganz den Eindruck vom [letzten Besuch im – LM] März im Gedächtnis, um so mehr machte mich das Aussehen des Fürsten jetzt betroffen. Der Kopf war wegen der quälenden Gesichtsschmerzen in eine Fellmütze gehüllt, die nur Augen, Nase und Kinn frei ließ, das kranke Bein, auffällig abgemagert, ruhte auf dem Knie des gesunden Beines, auf dem Gesicht lag ein Ausdruck der Müdigkeit, der mich erschreckte, weil ich ihn noch nie darauf bemerkt hatte. [...] Als Graf Rantzau ihn auf meine Anwesenheit aufmerksam machte und ich zu ihm trat, begrüßte er mich in der alten Freundlichkeit und bemerkte dann auf meine Frage nach seinem Befinden: ›Ach, wie solls gehen; Gesichtsschmerzen, Lumbago

Der alte Bismarck mit seinem jugendlichen Hausarzt und Privatsekretär Rudolf Chrysander (1865 – 1950) im Jahr 1897.

[Hexenschuß] und Podagra, alle meine alten Freunde haben sich jetzt bei mir zusammengefunden; ich lebe zu lange, das ist meine Krankheit.‹ Bei Tisch saß der Fürst nicht wie früher obenan, sondern – wegen des Rollstuhles – in der Mitte der Tafel, den Rücken dem Fenster zugekehrt. […] Obwohl wegen der Kühle des Abends Feuer im Kamin angesteckt worden war, schien ein leichter Frost über den Körper des Fürsten zu gehen, was die Gräfin Eickstedt bestimmte, Beine und Leib mit einer wollenen Decke zu umhüllen, was er dankbar gestattete. Da der Fürst erst um 6 Uhr [abends – LM] gefrühstückt hatte, so aß er nur wenig […]. Da der Fürst abgespannt erschien, war Schweigen oder doch Ruhe geboten; jeder unterhielt sich also nur halblaut mit dem Nachbar.«[80]

Der endgültige Niedergang der Kräfte war nun nicht mehr aufzuhalten, die Mattigkeit wurde größer, und Bismarck mochte sein Bett nur noch am späten Nachmittag zur Einnahme des Familiendiners verlassen.

Wie Herbert Bismarck später ergänzend aufgezeichnet hat, traten um den 20. Juli Fieberzustände ein, »verbunden mit Somnolenz, Phantasien und beschleunigter Atmung; geistig war er aber regsam und teilnehmend und sprach beim Souper, das gleich nach unserer Ankunft [am 22. Juli – LM] serviert wurde, interessant und eingehend über Napoleon I. […] Während der nächsten Tage blieb er in der Regel bis zum Abend im Bett, weil das Aufstehen ihm mühsam war; ich ging häufig zu ihm, sprach mit ihm, wenn er wach war, und saß viel in seinem Zimmer«.[81]

Jeder im Hause wußte: Bismarcks Ableben war jetzt nurmehr eine Frage von Tagen. Besonders das Fieber als Infektionszeichen ließ daran keinen Zweifel. Man brauchte kein Arzt zu sein, um zu wissen: Das ist das Ende. In den bewegenden Worten des Kutschers Patzke: »Die letzten 8 Tage vor seinem Tode waren die schrecklichsten meiner Dienstzeit. Ich hatte alle Tage Gelegenheit, alles mit anzuhören und zu sehen, weil ich alle Morgen die frisch gelegten Eier zu meinem hohen Herrn trug und selbige meinem Freund Pinnow überlieferte, woselbst ich einige Stunden verweilte. Wir wußten es ganz genau, daß es nur noch wenige Tage dauern konnte, denn die Schmerzen waren die letzten Tage furchtbarer. Der Fürst schrie so sehr, daß es durch Mark und Bein ging, und sagte oft ›Pinnow, bringen Sie mir den Revolver, ich halte es nicht länger aus‹. Und dann weinte er wieder bitterlich. Ich war mehrmals mit im Schlafzimmer, aber der Fürst sah mich nicht. Er verlangte immer nur Pinnow. Wir weinten uns mit aus, denn es war zu schwer, daß unser seelenguter Herr solche Schmerzen leiden mußte.«[82] Angesichts dieser Tortur waren wohl alle Zusehenden in dem bangen Hoffen vereint, die nächsten Tage mögen endlich Erlösung bringen.

Es war eigentlich ganz ausgeschlossen, daß Ernst Schweninger, Bismarcks hochgeschätzter Leibarzt, ja Freund – zugleich Vertrauter des ganzen Hauses –, den Sterbenden jetzt noch einmal verlassen würde. Doch das Unglaubliche geschah. Er kam zwar am 25. Juli wieder nach Friedrichsruh, blieb aber nur einige Stunden. Er half dem Patienten durch die Zufuhr von Sauerstoff über seine Atemnot hinweg, brachte ihn dann zu Bett und reiste gegen Mitternacht nach Berlin. Herbert Bismarck, dem wir diese Information verdanken, hat in seinen späteren Aufzeichnungen behauptet, Schweninger sei an jenem Abend zwar trüber Stimmung gewesen, habe aber damals noch nicht den schnellen Eintritt der Katastrophe erwartet und sogar gemeint, »es könne möglicherweise noch Wochen so fortgehen«.[83] Das klingt sehr nach Schutzbehauptung, denn selbst bis in die Berliner Tagespresse war jetzt durchgesickert, daß Bismarck mit dem Tode rang. Kodierte Telegramme holten den Hausarzt denn auch schon am folgenden Tag wieder nach Friedrichsruh zurück, wo inzwischen auch Bismarcks Sohn Bill nebst Gemahlin eingetroffen war.[84]

In der Redaktion des *Berliner Lokal-Anzeigers* trafen am Abend des 26. Juli folgende telegrafische Depeschen aus Friedrichsruh ein. Um 21.30 Uhr: »Das Befinden des Fürsten Bismarck ist schlecht; er hat seit drei Tagen das Bett nicht mehr verlassen und verbringt stets schlaflose Nächte. Essen, Trinken, Rauchen sagt ihm nicht mehr zu.« Und um 23.47 Uhr: »Der Zustand des Fürsten Bismarck hat sich verschlimmert; der Körper schwillt an.«[85] Am nächsten Morgen telegraphierte der Korrespondent nach Berlin: »Alles läßt darauf schließen, daß nur noch eher schwache Hoffnungen auf Erhaltung des Lebens gehegt werden dürfen. Die Wunde am Bein ist aufgebrochen. Die Mattigkeit ist groß. Der Fürst befindet sich fast fortwährend im Halbschlummer. Geheimrat Schweninger und Dr. Chrysander wachen abwechselnd bei ihm. Man ist auf Alles gefaßt, aber um den Patienten nicht zu beunruhigen, werden die denkbarsten Anstrengungen gemacht, die Wahrheit zu verhüllen und auch alle Besorgnisse nach außen zu zerstreuen.«[86] Die strikte Geheimhaltung des notorischen Niederganges ließ sich also zuletzt allen Vorkehrungen zum Trotz nicht mehr aufrechterhalten. Wer Gelegenheit hatte, die Dinge aus der Nähe zu beobachten, wußte, woran er war.

Tatsächlich war die Schwäche am 26. Juli besonders groß gewesen, wie wir aus einem vertraulichen Brief Herbert Bismarcks an seinen Freund Plessen wissen: »mein Vater fortwährend somnolent und zum ersten Mal den ganzen Tag im Bett. Gegen 11 Uhr p.m. kam Schweninger wieder (gab Schlafmittel, die 7 Stunden ununterbrochenen festen Schlaf brachten) und heute [am 27. – LM] ist er [Schweninger – LM] zufriedener. [...] Er hofft (sogar), den Kräftezustand etwas zu heben und meinen Vater heute oder morgen auf einige Stunden ausser Bett zu bringen.«[87]

Unterdessen erhielt Schweninger von seinem Freund Harden aus Berlin einen Brief: »Liebster Freund, [...] Herzlichen Dank für das liebe Kärtchen. Es hat mich furchtbar erschreckt und den letzten Rest von Hoffnung geraubt. Kein Auge geschlossen. Also doch! Und mein erster Gedanke: Was müssen Sie gelitten haben und noch leiden! Mein zweiter, egoistischer: ich habe ihn nicht mehr gesehen, seit August [18]97. – Nach heutigem Scherlblatt [*Berliner Lokal-Anzeiger* – LM] scheint es rapid zu Ende zu gehen. Aber vielleicht Uebertreibung. Wenn ich denke, wie lange Sie ihn gehalten haben – ! Das muß Sie trösten. Wahr, annähernd so viel hat kein Mensch für ihn gethan, selbst seine Frau nicht. – Ich Esel hatte gehofft, er würde noch Krebse essen, die ich Freitag in schöner Größe sah und schickte. Zu spät. Ich zittere vor jeder Nachricht. – Seien Sie stark wie immer und vergessen Sie im Leid nicht, daß ich mit Ihnen fühle stets! Ein Wort und ich komme heimlich, um in der schwersten Stunde in Ihrer Nähe zu sein – es braucht Keiner zu wissen. – Ergebenste Grüße der Gattin! Herzlich und treu Ihr Max. […] Auf Stichwort ›Reise unmöglich‹ würde ich, *wenn erwünscht*, kommen.«[88]

Viel Geheimniskrämerei, dennoch: Wir erfahren, daß Schweninger auf das Unabwendbare sehr wohl eingestellt war, daß er sogar seine ihm erst wenige Wochen zuvor angetraute Gattin Lena, die geschiedene Frau von Lenbach, mit nach Friedrichsruh gebracht hatte – gewiß, um ihr Gelegenheit zu geben, von dem großen alten Mann Abschied zu nehmen.

Das war das eine. Zum anderen arbeitete Schweninger fieberhaft daran, in der Öffentlichkeit ein ganz anderes Bild von der Lage im Schloß zu erzeugen. Mit Depeschen, Briefen und Pressekonferenzen war er am 27. und 28. Juli jeweils den ganzen Tag über bemüht, beunruhigende Zeitungsmeldungen über Bismarcks Gesundheitszustand zu dementieren und Optimismus zu verbreiten.

Über die *Hamburger Nachrichten* appellierte er eindringlich an die Tagespresse, sich des Abdrucks unberufener Gerüchte über den desolaten Gesundheitszustand von Bismarck zu enthalten. »Schon deshalb, weil der Fürst sehr viele Zeitungen liest und es ihn begreiflicherweise nicht angenehm berührt, wenn er sieht, daß auch bei sonst verständigen und wohlmeinenden

Preßorganen die Sensationslust die Rücksicht auf ihn überwiegt. Wir können versichern, daß jede wirklich wichtige Nachricht, die sich auf das Befinden des Fürsten bezieht, der Öffentlichkeit sofort übergeben werden wird.« Das war der Lüge erster Teil, denn Bismarck war schon seit geraumer Zeit nicht mehr willens und in der Lage, Zeitung zu lesen; seit Tagen kämpfte er mit dem Tod. Und nun der Lüge zweiter Teil: »Das Befinden des Fürsten gibt den Ärzten zur Zeit noch zu tun, aber es liegt keinerlei Grund zur Beunruhigung vor. Die Schmerzen sind zwar noch vorhanden, aber die beiden Nächte waren relativ gut, und der Appetit beginnt sich zu heben, auch die Pfeife schmeckt wieder. Der Fürst ist bei gutem Humor.«[89]

Wie besorgt Schweninger war, die Nachrichtensperre könne angesichts der dramatischen Verschlechterung von Bismarcks Gesundheit nicht mehr aufrechterhalten werden, zeigt schließlich, was er Hugo Jacobi in der *Deutschen Tages-Zeitung* an die Adresse der Reporter gerichtet schreiben ließ: nämlich doch ja darauf zu verzichten, »durch Umherhorchen und Bestechung von Lakaien, durch Combinationen und dergleichen falsche Gerüchte und Nachrichten in die Welt zu setzen«.[90]

Die Manipulation der Tagespresse funktionierte erstaunlich gut. Selbst ein Sensationsblatt wie der *Berliner Lokal-Anzeiger*, der nach eigenen Angaben im Besitz von sicheren Meldungen über den hoffnungslosen Zustand Bismarcks war, hielt sich an die von Schweninger erwirkte Sprachregelung: »Nur die Rücksicht auf den greisen Patienten, der bekanntlich bis in die letzten Tage hinein die Zeitungen aufmerksam zu verfolgen pflegte, hielt uns von der Veröffentlichung der betrübenden Nachrichten in ihrem ganzen Umfange zurück.«[91]

Am 28. Juli griff Schweninger dann zu seinem letzten Mittel. Es gelang ihm, Bismarck abends zu überreden, das Bett, das geordnet werden mußte, zu verlassen und sich in den Rollstuhl zu setzen. »Es war nicht leicht, ihn dazu zu bewegen«, schreibt Herbert Bismarck, »und beim Aufrichten, das ich mit Kissen und Handreichungen unterstützte, beklagte er sich laut über die ihm zugemutete Anstrengung. Diese Klage setzte er anfänglich fort, als wir ihn in den Salon geschoben hatten, wo die anderen auf das Essen warteten. Bevor wir uns in das Eßzimmer begaben, brachte ihm Schweninger ein Glas Champagner, den er wochenlang nicht getrunken hatte. Als wir uns gesetzt hatten, sah er zunächst die Tischgesellschaft prüfend an, und sprach dann einige Worte, wie im Traum in Anknüpfung an sein Hinüberfahren. Schweninger schenkte ihm Champagner ein, den er gern und mit gutem Erfolg trank. Der Wein stimmte ihn bald behaglich.«[92] Näher an der Wahrheit scheint wohl das, was Herberts Gattin über dieses Szenario zu Papier gebracht hat. Sie schreibt: »Schweninger hatte immer das Bedürfnis, wenn er abreiste, einen guten Eindruck zu hinterlassen. Daß er Papa mehr als ein Glas Champagner gab, war entschieden ein Fehler.« Sie werde das Essen »nie vergessen. Papas Augen waren groß und ganz schwarz, er sah sich fragend nach uns allen um, als ob er uns nicht genau erkenne. Bills [gemeint sind Bismarcks jüngerer Sohn nebst Frau Sybille – LM] redeten laut und viel wie gewöhnlich und das beunruhigte ihn. Mein Schwiegervater sprach über die Fahrt vom Schlafzimmer ins Eßzimmer, und es war ihm alles nicht ganz klar, er meinte, er wäre durch den Garten gefahren und der Sand sei zu tief gewesen, man müsse den Weg bessern lassen. Dann plötzlich merkte er, daß er phantasierte, und ein so kindlich erschrockener Ausdruck kam über sein liebes Gesicht, daß es einem das Herz zerriß. Er schwieg plötzlich still und sah vor sich hin. Ich wußte, daß er nie wieder bei uns sitzen würde«.[93]

Mit Hilfe von anderthalb Flaschen Sekt – auf fast leeren Magen genossen – hatte der Arzt, der um die wunderbare Wirkung gerade dieses Mittels wußte, Bismarck noch einmal in einen Rauschzustand versetzt, der Ungeahntes möglich machte: So soll er an diesem Abend ein letztes Mal zur legendären Pfeife gegriffen haben, und er sprach, wenn er aus vorübergehendem

Schlummer, in den er gelegentlich verfiel, erwachte, wiederholt mit den Anwesenden. Trotz dieses erfolgreichen Aufputschmanövers fürchtete auch Schweninger vertraulichen Angaben zufolge nach wie vor, »es könne sich bei ihm nur noch um Tage handeln«.[94]

Erst später fabulierte er: Bismarck sei an diesem Tag »wie durch ein Wunder noch einmal erstanden«.[95] Diese Legende wollte er jedenfalls öffentlichkeitswirksam in Umlauf bringen – und zwar noch am gleichen Tag. Er tat dies mit Aplomb, indem er demonstrativ aus Friedrichsruh abreiste, nachdem er den sekterfrischten Sterbenden mit Hilfe von Herbert Bismarck zu Bett gebracht hatte. Dieser Coup täuschte alle über den Todernst der Lage hinweg: »Also ist's nicht ganz so schlimm, wie es in den Zeitungen steht«, dachte selbst sein Intimfreund Harden, als Schweninger am 29. Juli ganz unerwartet bei ihm in Berlin auftauchte. »Aber – ! [...] Lange wird er nicht mehr leben.« Schweninger verriet ihm noch etwas: »Eine große Komödie wird bei Bismarcks Tod anheben. Entsetzlich, daran zu denken. Er [Wilhelm II. – LM] telegraphiert schon beständig aus Norwegen« [wo er an Bord der kaiserlichen Yacht seinen Sommerurlaub verbrachte]. Sollte das der tiefere Grund für Schweningers demonstrativen Aufbruch vom Totenlager seines berühmten Patienten gewesen sein? Harden kam das nicht in den Sinn. Sein Fazit: »Sehr traurig dieses langsame Sterben. Ich werde schon (von Wien) um Nekrolog gebeten. So weit sind wir zum Glück noch nicht.«[96]

»Alles aus!«

Harden konnte nicht wissen, daß man in Friedrichsruh durchaus schon »so weit« war. »Wir hatten nach dem Verlauf des Abends Hoffnung auf eine günstige Nacht und besseres Ergehen am nächsten Tag«, schreibt Herbert Bismarck. Doch »die Nacht verlief leider unbefriedigend, am 29. nahmen Somnolenz, Phantasieren und schnelles, schweres Atmen überhand«. Bismarck lag den ganzen Tag über »unruhig im Bett, hatte viel Atemnot und aß nichts, außer Eis und zwei rohe Eigelb«. Es gab aber noch »längere wache Zwischenräume, in denen mein Vater mit uns, wie wir gerade bei ihm standen, sprach«.[97]

Dann kam der 30. Juli. Als der Kutscher Patzke am Morgen wie gewöhnlich Bismarcks Leibdiener die frischen Eier brachte, sagte Pinnow: »›nun komm mit, wenn Du unseren Herrn noch mal lebend sehen willst, denn es geht heute zuende.‹ Der Fürst sprach gerade im Fieberwahn, wachte aber gerade auf und sagte ›Pinnow, Wasser‹, was ihm Pinnow sofort reicht. [Der labende Trank war nach Schweningers Anweisung Mineralwasser mit Champagner – LM] Er goß aber das Glas nicht voll, denn er hatte die Instruktion vom Arzt. Als der Fürst das sah, sagte er: ›So gießen Sie doch voll, ich habe Durscht. Sind Sie je in Ihren jungen Jahren einmal durstig gewesen, oder wissen Sie nicht, was Durscht heißt? Literweise will ich es trinken, in langen Zügen.‹ Pinnow: ›Durchlaucht, ich wollte nicht voll gießen, weil Durchlaucht sich gestern begossen haben. Ich kann ja dann mehr einschenken.‹ ›Ach was, gießen Sie nur voll‹, was er dann auch tat. Ich blieb den ganzen Tag bei Pinnow, um ihm bei irgendeiner Handreichung beizustehen.«[98]

Als Bismarcks Sohn Herbert dann bald nach 10 Uhr in das Schlafzimmer kam, »war mein Vater wach, aber sehr unruhig und schwer atmend, fast röchelnd: wir sagten uns ›Guten Morgen‹, er reichte mir die Hand, sprach aber nur gelegentlich einzelne Worte oder im Fieber. Pinnow sagte mir, die Nacht sei schlecht gewesen, er habe ungemein viel Flüssigkeit zu sich genommen und davon sei der Leib stark aufgetrieben; er hob die Bettdecke, um es mir zu zeigen, und ich sah mit Schrecken, wie geschwollen der Leib nach oben zu war. [...] Der Zustand schien so bedenklich, daß an Schweninger telegraphiert wurde, doch mit Extrazug zu kommen«.[99]

Der Arzt war seit seiner Abreise über chiffrierte Telegramme auf dem laufenden gehalten worden und hatte seinerseits über Depeschen versucht, sich in die Behandlung des Sterbenden einzuschalten. Trotz der akuten Notlage machte sich Schweninger noch am 30. Juli von Berlin aus zu einem Patientenbesuch nach Schloß Seußlitz bei Riesa in Sachsen auf. Er hatte dafür Sorge getragen, daß die Telegramme aus Friedrichsruh ihn bahnlagernd erreichen konnten. Gegen 14 Uhr wurde er von dort dringend gebeten, »sich sogleich einen Extrazug auf unsere Rechnung zu bestellen«.[100] Das war offenbar das verabredete Zeichen, mit dem Schweninger bedeutet wurde: Die Todesstunde naht! »Die Vergeßlichkeit eines sächsischen Schaffners« – erzählte Schweninger später einem Journalisten – »ließ mich den Anschluß verschlafen. Seit Tagen war ich nicht mehr aus den Kleidern gekommen. Qualvolle Stunden folgten für mich. Für einen Sonderzug von Berlin aus reichte die Zeit nicht mehr bis zum fahrplanmäßigen D-Zug. Telegraphisch hatte ich das Erforderliche angeordnet: heiße Handbäder und heiße Schwämme auf den äußeren Kehlkopf.«[101] In Berlin sah Harden Schweninger, wie er nachmittags »totenblaß dem Eisenbahnwagen entstieg, die Depeschen in der Hand, die ihn an das Lager seines Fürsten riefen. […] Ohne des strömenden Regens zu achten, jagten wir auf den [Lehrter] Bahnhof, – umsonst: auch mit einem Extrazug war das Ziel seines Sehnens nicht um eine Sekunde früher zu erreichen. Wir saßen im leeren Wartesaal.« Erst um 19.20 Uhr ging es los.[102]

Dem Telegramm aus Friedrichsruh war eine dramatische Zuspitzung der Lage vorangegangen. In den Worten Herbert Bismarcks: »Kurz vor 1 Uhr machte ich mit Bill einen kleinen Spaziergang im Garten: als wir gegen 1½ [Uhr] in das Mantelzimmer traten, ging Bill nach dem Eßzimmer, während ich ihm sagte, daß ich erst mal bei meinem Vater nachsehen wolle: ich war gerade bis über die 3 Stufen gekommen, als mir Rantzau aus dem Schlafzimmer hastig entgegentrat mit den Worten ›komm schnell, Chrysander fürchtet, es geht zu Ende‹. Mir stockte der Atem, bis ich die wenigen Schritte in das Schlafzimmer zurückgelegt hatte. Da stand Chrysander am Kopfende, tätig mit Belebungsmitteln, nickte mir leicht zu und sagte ›der Anfall ist momentan behoben‹.«

Chrysander hat später zu erkennen gegeben, daß dieser Wiederbelebungsversuch eigentlich ziemlich sinnlos war: »Ich hätte ihn sollen sterben lassen; es war ein Fehler, aber ein überlegter.« Vermutlich wollte er Schweninger, der auf dem Weg war, einen Gefallen tun.

Herberts »Vater lag wie am Morgen mit geschlossenen Augen, man hörte den röchelnden Atemzug im Nebenzimmer. Marie sagte mir voll Schrecken, vor 10 Minuten habe er die Augen geöffnet, man habe nur das Weiße gesehen, der Kopf sei gefallen, als sei es zu Ende! Bald nach 2 Uhr ging ich in das Arbeitszimmer, wo Margerite und Sibylle saßen; kurz darauf erschien Chrysander in der Türe und bat uns, nicht fortzugehen, die Schwäche sei groß. Gegen 3 [Uhr] erklärte Chrysander, es sei eine Ruhepause eingetreten, für die nächste Stunde befürchte er nichts: ich entfernte mich darauf, um ein wenig zu essen, [nur Pinnow blieb am Bett sitzend zurück – LM] kam bald zurück und verließ die Flügelzimmer dann nicht wieder«.[103]

Obwohl er aus dem Ohnmachtsanfall noch einmal erwachte, blieb Bismarck nun bis zum Abend »müde hingestreckt« liegen. Ab und an überfiel ihn ein starker Husten. Erst gegen sechs Uhr schwand sein Bewußtsein.[104] Was er zuvor noch geäußert hat, darüber ist viel spekuliert und noch mehr fabuliert worden. Erwähnenswert erscheint von alledem nur das, was Bismarcks Schwiegertochter Marguerite dem Historiker Arnold Oskar Meyer anvertraut hat. »Als er die Augen aufschlug und seine Tochter mit tieftraurigem Ausdruck an seinem Bette stehen sah, fragte er Herbert: ›Warum ist Marie so traurig?‹ Herbert antwortete: ›Weil Du so krank bist, Papa.‹ Da blickte Bismarck seine Tochter freundlich an und pfiff ganz schwach und leise: ›La donna è mobile‹« – ein neapolitanisches Canzone, das damals recht populär war und von Marie womöglich auch öfters gesungen wurde.[105] Herbert hat noch dieses festgehalten: »Wir hörten meinen Vater mit geschlossenen Augen häufig sprechen, meist leider unverständlich: klar waren einmal die Worte ›ich bin zum Sterben bereit und bitte nicht um mein Leben‹, etwas über den Kaiser und die Frage ›ist es schon lange her, daß Sultl (sein schwarzer Hund) todt ist?‹ – Als Marie ihm die Stirne trocknete, sagte er ›Danke Marguerite.‹«[106] Von eben dieser Marguerite erfahren wir Jahre später, wie Bismarcks Ausspruch über Wilhelm II. wörtlich lautete: »Der Kaiser wird immer ein dummer Junge bleiben.«[107]

Kurz nach 18 Uhr fragte Herbert Bismarck den Arzt Chrysander, ob dieser seinem Vater »nicht etwas einflößen wollte, die Schwäche müsse bei der mangelhaften Ernährung doch groß sein; seit drei bis vier Tagen hatte er an consistenter Nahrung kaum das Volumen eines Eßlöffels zu sich genommen. Chrysander stimmte zu und bereitete in einem Glase Eigelb und Cognac; wir richteten den Kopf mit Hilfe von Kissen etwas auf, Chrysander brachte das Glas an den Mund und löffelte ein wenig hinein, indem er das Getränk nannte: mein Vater öffnete die Augen, schob den Löffel weg, rief ›vorwärts‹, ergriff das Glas und trank den Inhalt: das war das letzte Wort, das er gesprochen; dann legte er den Kopf zurück mit geschlossenen Augen und atmete wie vorhin. Das war kurz nach 6.30 [Uhr]. […] Um 8 [Uhr] gingen wir kurze Zeit zum Essen; es war wohl schon vor 7 [Uhr] Bewußtlosigkeit eingetreten«.[108]

Medizinische Fachleute haben damals erklärt, daß Bismarck ohne Todeskampf und auch ohne Schmerzgefühl hinübergedämmert sei. »Es liegt die Annahme nahe« – schrieb ein Experte in der *Kölnischen Zeitung*, »daß infolge der längeren Bettruhe, zu welcher der Fürst in der letzten Zeit gezwungen war, eine bei so hohem Alter stets verhängnisvolle Kongestion [Blutüberfül-

Das im Jahre 1888 von J. Koppay gemalte Doppelportrait zeigt Herbert von Bismarck als treuen und hingebungsvollen Mitarbeiter seines großen Vaters.

lung] der Lungen mit Ausschwitzungen von Flüssigkeit in den Lungenbläschen eingetreten ist. Die stetig sich steigernde Altersschwäche vermochte dem überhand nehmenden Lungenödem [Flüssigkeitsansammlung] keinen Widerstand entgegenzusetzen, und so folgte die unvermeidliche Lungen- und Herzlähmung.«[109]

Das letzte Telegramm vom Todeslager erreichte Schweninger um 10 Uhr abends auf der Bahnstation Wittenberge: »Puls 112, Athmung 26, behindert durch Schleim. Soporos.«[110] Dieser starken Bewußtseinsstörung versuchte Chrysander noch einmal durch Äthereinspritzungen entgegenzuwirken, um Bismarcks schwache Lebenskräfte wenigstens bis zu Schweningers Ankunft zu erhalten. »Doch die Einführung der Spritze« – schreibt Herbert Bismarck – »hatte einen Schmerzenslaut und, soweit dies noch möglich war, Entziehungsbewegungen zur Folge, so daß ich bat, diese Injectionen, die nichts nutzen konnten und scheinbar Schmerz hervorriefen, womöglich nicht fortzusetzen. Um 10 [Uhr] gab Chrysander eine starke Morphium Injection, es trat alsbald gleichmäßigeres langsameres Atmen und vollkommene Ruhe des Körpers ein: wir erwärmten die erkalteten Hände mit heißen Gummiflaschen.«[111]

Um 22.35 Uhr telegraphierte der Reporter des *Berliner Lokal-Anzeigers* aus Friedrichsruh nach Berlin: Soeben komme Schweninger an. »Mit einem Sprunge, in fliegender Hast, war er vom Wagen herunter. Ihm nach die beiden jungen Grafen Rantzau, welche ihn erwartet hatten. Einen Moment später saßen die Herren in der Equipage und jagten, was die Pferde laufen konnten, dem nur eine Minute entfernten Schlosse zu. Es besteht kein Zweifel, daß der neue Anfall, welcher den Fürsten darniedergeworfen hat, ernst, sehr ernst ist. Die Kunde läuft hier von Mund zu Mund, wenn auch noch immer offiziell alles dementiert wird. […] Die Tore des Schlosses sind geschlossen. Niemand außer der Familie findet Zutritt.«[112]

Schweninger selbst erzählt: »Als ich ankam, war er im Sterben, aber es war ein ruhiges Sterben. Ich glaube, er erkannte mich noch; er sprach nicht mehr, aber er gab mir die Hand, die ich bis zuletzt behielt. Vierzig Minuten stand ich ihm noch bei. Den beschwerlichen Schleim entfernte ich mit dem Finger. Das gab große Erleichterung und ruhiges Ausatmen.«[113] Die Atemzüge wurden nun immer seltener: »Er hob das linke Augenlid, das Auge erschien nicht gebrochen, aber wie weit in die Ferne schauend, um 10.57 [Uhr] erfolgte der letzte Atemzug, nach langer Pause.«[114] So war wenigstens das letzte Ende für die Angehörigen, die das Sterbelager umstanden, »sanft und friedlich: wunderbar feierlich die letzten immer seltener werdenden Atemzüge – gegen 11 war Alles für uns aus«.[115] Auch für die Leibdiener: »Als um 11 Uhr das Schrecklichste geschehen war«, schreibt Patzke, »rief mich Pinnow herein und führte mich zu dem hohen Entschlafenen, und ich mußte bitterlich weinen. Die Herrschaften reichten mir die Hand und weinten alle bitterlich.«[116] Es wurden nun »die Fenster des Schlafzimmers, die ins Freie hinausgehen, geöffnet, und die im Garten versammelte Dienerschaft konnte ihren entschlafenen Herrn auf seinem Bette liegen sehen. Ein weißes Laken war über seine Gestalt gebreitet«.[117] Chrysander erhielt die Order, dafür zu sorgen, daß niemand ohne die Erlaubnis des nunmehrigen Fürsten Herbert von Bismarck das Sterbezimmer betreten durfte. Bismarcks Kutscher Patzke hatte nach eigenem Bekunden »die hohe Ehre, an der Leiche die erste Wache zu tun. Geheimrat Schweninger kam noch mehrere Male ins Sterbezimmer und streichelte dem hohen Entschlafenen die Hände. Das letzte Mal um ¾2 [Uhr], als er das Tuch um die hohe Leiche band. Als er damit fertig war, drehte er sich um und weinte bitterlich«.[118]

Damit fiel der letzte Vorhang. Der leibliche Bismarck verschwand für immer. Bis auf ein Dutzend handverlesener Freunde des Hauses bekam ihn nie wieder jemand zu Gesicht. Vor allem der politischen Prominenz in Berlin mit dem Kaiser an der Spitze sollte es nicht vergönnt sein, das Antlitz des Toten zu schauen. Die Enttäuschung darüber war groß. Als Wilhelm II. am frühen Morgen des 31. Juli die Todesnachricht auf der Hohenzollernyacht vor Bergen erreichte, telegraphierte er umgehend an den Reichskanzler Hohenlohe, er sei »tief betrübt«: »Ich hatte die Absicht, als am 27ten plötzlich ungünstige Nachrichten durch Zeitungsdepeschen Uns erreichten, direct nach Kiel weiter zu fahren. Leider erhielt ich an demselben Tage eine telegraphische Meldung von Schweninger Mir mitteilend die Nachrichten sein alle aus der Luft gegriffen, dem Fürst ginge es so wie immer! [...] Leider ist das eine Lüge gewesen!« [119] – Der Kaiser fühlte sich offenkundig düpiert. Wir werden darauf zurückkommen.

Totenbilder

Wilhelm II. sollte nicht der einzige unter den vom Hause Bismarck tief Enttäuschten bleiben. Reinhold Begas, einer der ersten Bildhauer im Deutschen Reich, wäre hier noch zu nennen: Ihm hatte der Kaiser die Gestaltung der Totenmaske zugedacht, was ihm aber verwehrt wurde. Sehr zum Leidwesen des Malerfürsten Franz von Lenbach, der in einem Interview gesagt haben soll, der von Begas nach einer Totenmaske geformte Schädel Bismarcks hätte ein »Denkmal für alle Zeiten« [120] sein können. Er mußte es wissen, denn Lenbach hatte den Verstorbenen noch auf dem Totenbett sehen dürfen: »Der Tote lag im weißen Nachthemd auf dem Rücken, den Kopf seitwärts geneigt und den Mund ein wenig geöffnet, als sollte er jeden Augenblick aufwachen und sprechen. Die schöne rechte Hand lag auf dem Schoße, leicht vorgestreckt. Bismarck sah durchaus nicht entstellt aus, und im warmen Lichte, das durch die Fenster hereinquoll, in den Farben der Bilder und Möbel sah das Ganze so lebendig aus, daß die Schauer des Gefühls, hier sei der Tod eingezogen, doppelt erschütternd wirkten.«[121] Um so schwerer muß es Lenbach getroffen haben, daß nicht einmal er – der alte Freund des Hauses und Bismarck-Maler sans phrase – die Erlaubnis erhielt, ein Totenbild zu malen. Aber zur Inszenierung der Unsterblichkeit gehörte eben auch die strikte Weigerung, als Toter zu posieren; nicht einmal für wohlmeinende Künstler wie Lenbach und Begas, die der Familie auch persönlich nahestanden. Bismarck wollte auf gar keinen Fall als Toter in der Öffentlichkeit erscheinen.

Doch nun passierte das Unglaubliche. In mehreren Berliner Blättern erschien zwei Tage nach Bismarcks Ableben folgende Annonce: »Für das einzig existierende Bild Bismarcks auf dem Sterbebette, Aufnahme einige Stunden nach dem Tode, wird ein Käufer resp. ein Verleger gesucht.«[122]

Was war geschehen? Tatsächlich wurde etwa fünf Stunden nach Bismarcks Tod die erste und einzige authentische Photographie von seinem Leidens- und Sterbelager aufgenommen. Wie dieses skandalöse Bild am Rande des Sterbegeschehens zustande kam – davon später. Werfen wir zunächst einen genaueren Blick auf die Aufnahme, die ein Dokument von historischer Bedeutung ist.

Bismarcks Sterbestätte ist vom Fußende des Bettes aus ganz entlang des Lagers photographiert. Ziemlich hochgelagert auf einem Meer von Kopf- und Paradekissen ruht der Tote in seinem Nachthemd unter einer bis zur Brust hochgezogenen Bettdecke. Das Bild zeigt den Leichnam halb aufgerichtet, die rechte Hand auf der Bettdecke ausgestreckt. Der Kopf, tief ins Kissen gedrückt, neigt sich ein wenig auf die linke Seite, das Gesicht ist stark abgemagert. Das Haupt erscheint verkleinert und ist mit einem Tuch umwunden, um das Herabfallen der Kinnlade zu verhindern. Das Antlitz ist kaum entstellt; das charakteristische Profil des »klassischen« Bismarck-Schädels bleibt trotz der geschlossenen Lider gut erkennbar. Die Züge tragen den Ausdruck eines ruhig Schlafenden. Sie wirken wie erlöst; ganz friedlich unspektakulär liegt der eben Verstorbene da.

Interieur und Ambiente lassen das grell erhellte Totenlager allerdings ziemlich profan erscheinen. Die unter dem Haupt liegenden Kissen sind nicht zurechtgeschoben, sondern hinterlassen ebenso wie die nächste Umgebung der Bettstelle den Eindruck, daß die Familie nach Eintritt des Todes zunächst nichts geändert hat. Meublement, Wandbilder und Tapeten sind ganz gewöhnlicher Art, und durch das deutlich sichtbare Nachtgeschirr bekommt das Bild sogar eine vulgäre Note. Von der majestätischen Aura eines weltgeschichtlichen Sterbens ist jedenfalls nicht viel zu spüren. Im Gegenteil, die Aufnahme verleiht diesem Sterben einen geradezu hausbackenen Anstrich. Das Photo war zwar nicht schamlos, ehrverletzend oder häßlich, und als echte Wiedergabe einer historischen Szene war es sogar wohlgelungen. Aber gerade weil es authentisch war, hatte es auch keine Aura, weder Schönheit noch Mythos. Alles war purer Realismus!

In dem Bild vom Totenlager lag für die Bismarcks bzw. den Bismarck-Mythos eine tödliche Gefahr: die Banalisierung und Trivialisierung des Endes eines großen Lebens. Das scheinbar Übermenschliche war auf die Paßform des Menschlich-Allzumenschlichen zurückgeschnitten worden. Eine Ausnahmeerscheinung wie Bismarck durfte aber nicht als gewöhnlicher Sterblicher in die Ewigkeit eingehen. Seine Vorbildhaftigkeit mußte selbst im Tod noch zum Ausdruck kommen. Was allerdings das Bild erahnen ließ, war kein bismarckgerechtes Sterben.

Hinzu kam wohl auch noch das schlechte Gewissen der Kinder. Wie der Rechtsanwalt des Hauses Bismarck später vor Gericht erklärte, haben »die Leiche des Fürsten und deren Umgebung damals sich nicht in einem, zu einer würdevollen Aufnahme geeigneten Zustand befunden«.[123] Das ist milde formuliert. Gleichviel, ein solches Manko vor aller Welt zu dokumen-

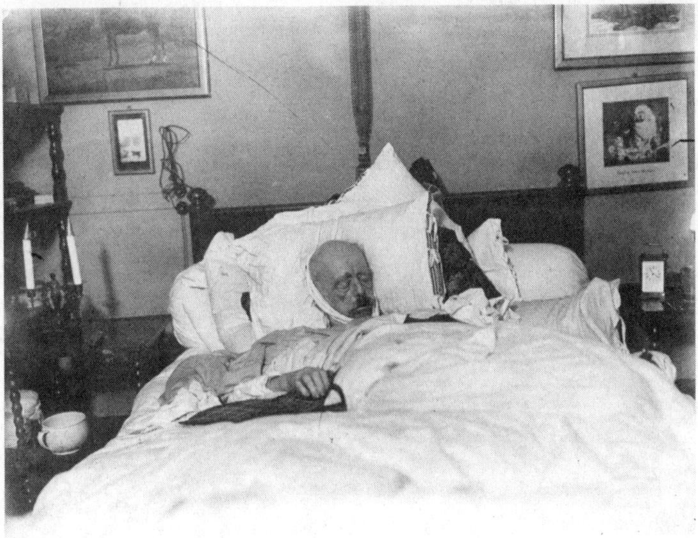

Bismarck auf dem Totenbett.

tieren, war den Bismarcks peinlich, ja unerträglich. So haben sie alles darangesetzt, eine Veröffentlichung dieser Aufnahme zu verhindern. Mit Erfolg: Erst 1953 – fast 55 Jahre nach seiner Entstehung – ist das Bild zum ersten Mal in einer Zeitschrift publiziert worden.

II.

Bismarcks Kaiser, oder: Finale einer Männerfeindschaft

Für die gut acht Jahre, die Bismarck nach seiner Entlassung noch gegeben waren, erwies sich eines nachgerade als sein Lebenselixier: der unstillbare Haß auf Kaiser Wilhelm II. Noch auf dem Sterbebett hat der Reichsgründer den obersten Repräsentanten seiner staatspolitischen Schöpfung als »dummen Jungen« verhöhnt.

Vom Haß getrieben: Der Kanzler ohne Amt

Von Schweninger und anderen Vertrauten wissen wir um Bismarcks eigentümliche Fähigkeit zum Haß: ein Haß, »den er mit einer gewissen Zärtlichkeit hegte, und den er als einen mächtigen Antrieb des Lebens verfocht«.[1] Aus diesem Haß sog er Lebenskraft, und das kam ihm gerade nach seiner Entlassung sehr zugute. Keine Leidenschaft wurde durch die schnöde Verbannung mehr gereizt als gerade diese. Sie weckte in dem Alten noch einmal eine Kampfeslust, die nachgerade jugendliche Züge aufweist.

Die notorischen Charakterschwächen des ungestümen Kaisers hatte er ja seit langem erkannt und damit auch seine eigene Chance, aus diesen Schwächen Gewinn zu ziehen. Bismarck wußte um des Kaisers Rücksichtslosigkeit und Kälte, um dessen Eitelkeit und Eifersucht, Herrschsucht und Selbstgefälligkeit. Was ihn aber am meisten an seinem Kaiser wurmte, das war Wilhelms »Sucht nach Ruhm und [danach,] allein zu glänzen«.[2] Und genau an dieser Schwachstelle setzte er nun an. So wurde die aus unversöhnlichem Haß geborene Obsession, dem Kaiser zu schaden, ihn jedenfalls in der öffentlichen Meinung herabzusetzen, zum schieren Lebenszweck des alten Bismarck. Diese Rankünehat in ihm ganz offensichtlich neue Willenskraft mobilisiert. Bismarck kämpfte mit großem Risiko und mit ebenso großer Leidenschaft. Der starke Strom von Haß und Verbitterung gab diesem Ringen von Anfang an ein sehr persönliches Gepräge.

Dafür lassen sich viele Belege erbringen. So hatte etwa sein Berliner Pfarrer Pank bei seinem Besuch in Friedrichsruh am 11. Juli 1890 vom nunmehrigen Kanzler ohne Amt »den Eindruck eines tief verwundeten Löwen, der aber auch im Grollen ob seiner Verwundung eben ein Löwe blieb«.[3] Anderen erschien er als grollender Ajax. Seine Entlassung hatte ihn zutiefst gekränkt, und er machte auch in größeren Gesellschaften keinen Hehl daraus, »seine volle Verbitterung (darüber) ohne jeden Rückhalt auszuschütten«. »Er müsse vor der Geschichte gerechtfertigt werden« und wisse, »was er zu tun habe.«[4] Wie das gemeint war, erläuterte Bismarck Anfang 1891 ganz ungeniert der Baronin von Spitzemberg: »Der Kaiser hat mich wie einen Bedienten weggejagt; ich habe zeitlebens einen Edelmann in mir gespürt, den man nicht ungestraft beleidigt.« – Wilhelm II. gegenüber könne er keine Genugtuung fordern; so bleibe ihm »nur das Gefühl des Götz von Berlichingen am Fenster in Möckmühl«. – »Ich bin der dicke Schatten, der zwischen ihm [dem Kaiser – LM] und der Ruhmessonne steht.« – »Aber ich tue ihm den Gefallen nicht, zu sterben, mundtot lasse ich mich auch nicht machen, und je mehr sie mir drohen, desto mehr sollen sie sehen, mit wem sie es zu tun haben.«[5]

Bismarck gefiel sich also geradezu darin, die »Ruhmessonne« zu verdunkeln, von der sich der junge Kaiser so liebend gern bescheinen lassen wollte. Und Bismarck wollte sich selbst den Platz in der Ruhmeshalle der deutschen Geschichte zuweisen, der ihm seiner Meinung nach gebührte. Vor Bonner Studenten bekannte er noch Anfang April 1893, was ihn seit seiner Entlassung umtrieb: »Ich bin satt an Ehren und Auszeichnungen, welche die Menschen im Leben erstreben können, aber ich bin nicht gleichgültig gegen das, was man nach meinem Tode von mir sagt.«[6]

Seine Memoiren, die Bismarck seit Herbst 1890 zu diktieren begann, dienten diesen Zwecken der eigenen Heiligsprechung. Wie denn die polemischen Pressekampagnen gegen die Politik der Reichsregierung, die er mit Hilfe befreundeter Blätter entfachte, umgekehrt Wilhelm II. diskreditieren sollten. Für Bismarck war der Kaiser ein posierender Dynast und politisierender Dilettant. Er führte seinen Feldzug als Kampf des Genies gegen einen wichtigtuerischen Staatsschauspieler, und er führte diesen Kampf eben sehr gehässig: ganz erfüllt von der Absicht, seinem Kontrahenten politische und womöglich moralische Niederlagen zuzufügen, ihn zu blamieren, jedenfalls zu verunsichern. Dabei war der alte Bismarck nicht weniger profilsüchtig und rechthaberisch als der junge Monarch, aber wesentlich erfahrener und – nicht ganz so eitel.

Bismarcks Waffen: Popularität und Selbsterfindung

Natürlich hat sich auch der alte Bismarck mit wachsender Begeisterung eines Mittels zur Sicherung seines Ruhmes bedient, das man nach heutigem Sprachgebrauch ›Selbstinszenierung‹ nennen würde. Dafür brauchte er sich nicht einmal sonderlich anzustrengen, denn die bewundernde Verehrung seiner Person schien ihm auch nach seinem Ausscheiden aus der Regierung ziemlich sicher. Seine Aufgabe bestand nurmehr darin, die vielerorts sich ergießenden Ströme der Bismarck-Schwärmerei auf seine Mühlen zu leiten, in der Absicht, als *der* Held der deutschen Nation konkurrenzlos im politischen Geschäft dazustehen und somit ewigen Nachruhm zu erringen.

Schon die ersten Berührungen mit der Öffentlichkeit nach seiner Entlassung machten Bismarck klar, daß sein Ansehen keinerlei Schaden erlitten hatte, ja daß sich seine Popularität mit dem Abgang von der politischen Bühne sogar im Aufwind befand. Vielleicht war es gerade sein grandioser Sturz, der Bismarck zum idealen Helden machte. Das Schauspiel seiner glänzenden politischen Erfolge wurde in den Augen des Publikums durch den Akt der Entlassungstragödie dramaturgisch perfekt abgerundet. Somit hatte sich – unglaublich, aber wahr – Bismarcks indirekter Einfluß auf die deutsche Volksseele eher noch erweitert. Er war jetzt der mit Abstand populärste und zugleich respektabelste Mann im öffentlichen Leben Deutschlands – ein Mann, der nun noch mehr als zuvor nach sentimentalen Gesichtspunkten beurteilt wurde. Niemand erfaßte diesen Verwandlungsprozeß schneller und klarer als Bismarck selbst. Und mit der ihm eigenen Zielsicherheit hat er die Chancen, die darin lagen, weidlich genutzt. Den Mut, sich als schärfster Kritiker der kaiserlichen Politik so weit aus dem Fenster zu lehnen, hätte er ohne diesen Rückhalt kaum aufgebracht. Auch mit diesem ›Gegen-den-Stachel-löcken‹ verstärkte Bismarck den Effekt, daß sich das Publikum nun erst recht nach ihm ausstreckte. Anders ausgedrückt: Das ›Faszinosum Bismarck‹, das sich Anfang der 1890er Jahre in ganz Deutschland aufbaute, wurzelte nicht zuletzt darin, daß Bismarck es wagte, mit seinen politischen Allüren sozusagen aus der ihm zwangsverordneten Rolle des Privatmannes zu fallen. Er trotzte seinem obersten Herrn mit einer Ungeniertheit, die im kaiserlichen Deutschland bis dahin unbekannt und unerhört war. Dieses Unbotmäßige, diese Unbe-

Seite 8 • Nr. 31 ULK 4. August 1893

Proteus in Friedrichsruh.

Gegenüber dem deputirten Bürger und Bauersmann.

Vor den Handelskammer-Sekretären.

Bei der Studenten-Pauke.

Zur Künstler-Deputation.

Speech an die Schuljugend.

Gegen den „Neuen Kurs".

Redakteur in Vertretung: R. Schmidt-Cabanis in Berlin. Druck und Verlag von Rudolf Mosse in Berlin.

Zum populärsten Mann in Deutschland wurde der Altreichskanzler nicht zuletzt durch seine Fähigkeit, sich den unterschiedlichen Milieus seiner immensen Verehrerschaft perfekt anzuverwandeln. Mutigen Karikaturisten ist das nicht verborgen geblieben.

irrbarkeit, unerschrocken auf Pfaden jenseits der allgemein akzeptierten Normen einer Untertanengesellschaft zu wandeln, hoben ihn auf den Schild jener Hyper-Prominenz, die Sensation und Eindruck machte.

Schon im Sommer 1890, als ihn in Bad Kissingen nicht enden wollende Ovationen empfingen und dann wochenlang begleiteten, wußte der Abgetretene die Gunst dieses Klimas zu nutzen. Er ließ sein publizistisches Sprachrohr, die *Hamburger Nachrichten*, euphorisch über die allgemeine Begeisterung berichten, mit der er in Kissingen gefeiert wurde: »Geben Sie's mit einer solchen Floskel,« – schrieb sein Sekretär Chrysander am 26. August 1890 an den Redakteur Hofmann – »daß jedenfalls nicht geahnt wird, von wo Sie die Nachrichten haben.«[7] Auch die Verabschiedung Bismarcks bei seinem kurzen Besuch in Frankfurt a. M. am 6. September 1890 wollte Chrysander so gewertet wissen, »daß ein solcher Ausdruck der Begeisterung wohl kaum wieder, es sei denn vor Ausbruch eines neuen Verteidigungskrieges, erlebt werden wird, und daß reine Liebe und Verehrung, einem Einzigen dargebracht, einen so großartigen Ausdruck seit Menschengedenken selten gefunden haben«.[8]

Das Jahr 1891 sah trotz der offiziellen Verbannung Bismarcks Ruhm in weiterem Steigen begriffen. Die Ovationen und Huldigungen bei seinen öffentlichen Auftritten rissen nicht mehr ab; sie nahmen im Gegenteil an Umfang und Intensität noch zu. »Kein Kaiser hätte einen großartigeren Einzug halten können«, schrieb Chrysander nach Bismarcks Ankunft im Kurbad Kissingen am 20. Juli 1891 an Hofmann.[9] Er hatte vermutlich recht.

Den Höhepunkt dieser Bismarck-Begeisterung und -Schwärmerei brachte dann das Jahr 1892. Die gewaltigen, ja enthusiastischen Beifallsstürme, die Bismarck während seiner Reise durch Deutschland im Sommer 1892 entfachte, waren für ihn selbst von großer psychologischer und letztlich auch gesundheitsfördernder Wirkung. Bismarck durfte erleben und erfahren, daß große Teile des deutschen Volkes ihm Dank, ja tatsächlich so etwas wie verehrende Liebe entgegenbrachten. Diese ›Volkserhebung‹ zur Ehrenrettung des Reichsgründers war dem Menschenverächter eine angenehm überraschende Erfahrung. Sie mag ihn gar beschämt haben. Er sprach selbst von »wohltuender und tröstlicher Befriedigung«.[10] Auch seine Frau Johanna bestätigte in einem Brief an ihren jüngsten Sohn Bill, wie Bismarck dies unaufhörliche »Feiern und Lieben« goutierte: »Es freute Papachen sehr – umsomehr tat's ihm wohl, weil die letzten Berliner Hetzereien und Nichtswürdigkeiten [gemeint sind die bismarckfeindlichen Verlautbarungen der Regierung Caprivi – LM] ihn sehr erbittert, mehr wie er's ausspricht.« Und eine Woche später, nachdem Bismarck beim Empfang zahlreicher Deputationen weitere Zeugnisse von »Volksliebe« erfahren durfte: »Man freut sich ihrer Begeisterung und Hochverehrung in dieser traurigen Zeit der Lüge, Intrige, Bosheit, Feigheit, Schlappheit. Wäre nicht das brave Volk […], so möchte man verzweifeln und verzagen.«[11]

Bismarck hatte schon immer großen Wert darauf gelegt, geliebt zu werden. Aber diese Art von Anhimmelung war ihm so noch nicht begegnet. Sie bereitete ihm große innere Genugtuung und Freude, war beglückend und erhebend. »Daß ich hier und in den meisten deutschen Staaten so geehrt werde«, erklärte er am 29. Juli 1893 in Hannover, »tut mir wohl und ich werde darauf bis ans Ende meiner Tage mit Befriedigung zurückblicken.« Es sei »ein wohltuendes Gefühl«, das Wohlwollen und die Liebe, die er überall finde, »mit hinüber zu nehmen«.[12]

Mehr noch: In ihm wuchs das Gefühl, daß aus all diesen Manifestationen eine nationale Bewegung hervorwachsen werde, die vielleicht als ein heilsames Gegengewicht zur verderbenbringenden Politik des Kaisers noch einmal machtpolitische Wirkung zeitigen könne. Es war eine große Versuchung, die ihm da begegnete. Er schloß jedenfalls bis 1893 nicht aus, sich politisch als Speerspitze einer oppositionellen Bewegung zu engagieren. Deshalb gab er sich auch so große Mühe, die Herbeiströmenden

So wollte der alte Bismarck gern in das Bildgedächtnis der Deutschen eingehen – für alle Zeiten: souverän, kraftvoll, genial. Photographiert von Jacques Pilartz am 29.8.1890 in Bad Kissingen.

in ihrem Verehrungsbedürfnis zu bedienen, sich ihnen ein Stück weit preiszugeben. Er überwand jenen Nimbus der Unnahbarkeit, mit dem er sich als leitender Staatsmann und Aristokrat noch umgeben hatte, und suchte nun bewußt das Bad in der Menge. Zur großen Überraschung des dortigen Pfarrers ging Bismarck 1890 in Kissingen sogar in den Sonntagsgottesdienst. Als Volksredner und Agitator in eigener Sache hat der alte Bismarck zu Beginn der 1890er Jahre tatsächlich noch einmal ein erstaunliches Talent entfaltet. Vielleicht glaubte er wirklich, das hohe Prestige, das er augenscheinlich genoß, demnächst in reale Macht umsetzen zu können. Auf die neuen Wirkungsmöglichkeiten reagierte er jedenfalls mit neuem Wirkenwollen. Zwischen 1890 und 1893 stand er mehr als hundertmal für mehr oder weniger große Huldigungsspektakel zur Verfügung – eine erstaunliche körperliche Leistung. Wie alle alternden Größen träumte er offenbar noch einmal von großer Tat und neuem Ruhm. Und er dachte natürlich auch an den Schrecken, den er damit dem Kaiser und dessen Lager einjagen würde.

Schon im Herbst 1892, nach seinem Triumphzug durch Deutschland anläßlich der Hochzeit seines Sohnes Herbert, durfte sich Bismarck seines schließlichen Sieges im Ringen mit dem Kaiser um die Gunst des deutschen Volkes ziemlich sicher sein. Es war, als habe er einen Eroberungsfeldzug geführt, bei dem ihm die Herzen des Volkes nur so zuflogen. Er fühlte sich als Identifikationsfigur der Deutschen bestätigt und spürte, daß er sich tiefer in die Volksseele eingeprägt hatte, als es der Kaiser jemals vermocht hätte. Bismarck hatte erlebt, daß er das Gemüt vieler Menschen zu ergreifen vermochte. Das bestärkte ihn im Gefühl seiner Überlegenheit gegenüber Wilhelm II. Sein ohnehin starkes Bewußtsein der eigenen Persönlichkeit erhielt dadurch noch einmal einen ihn selbst erregenden Zuwachs. Aber in seinem Haß blieb er unversöhnlich. Bismarck blickte nun nur noch tiefer auf den Kaiser herab, den er seinem ganzen Wesen nach mehr denn je verachtete.

Und der Kaiser selbst? Wie mag ihm das alles vorgekommen sein?

Der Kaiser: Zwischen Mißtrauen und Schadensbegrenzung

Wilhelms Einstellung gegenüber Bismarck war seit der Entlassungskrise von zutiefst neurotischen Ressentiments geprägt. Der Schriftsteller Emil Ludwig spricht vollkommen zurecht davon, des Kaisers Verhaltensweisen seien »geboren aus einem Nebel von Wunsch, Haß, Eifersucht, von Ehrgeiz, Fieber, Furcht, von Ungeduld und Laune, aus einem unentwirrbaren Netz von Reizen, deren sich niemand bewußt war, am wenigsten der Herr dieser Seele«.[13] Daß ihm Bismarck die Stirn geboten hatte, bevor er ihn entließ, konnte er schon schwer verwinden. Aber noch mehr brachte ihn auf, daß der Entlassene sich ihm erst recht nicht beugte: »Er fühlt sich durch diesen hartnäckigen Widerstand teils in seiner Eigenliebe und in seinem Machtgefühl verletzt, teils bereitet ihm das Gefühl, daß der große Mann seiner Tätigkeit Hindernisse entgegenstellt und gewissermaßen als ein Machtfaktor von nicht zu unterschätzender Bedeutung ihm gegenübertritt, ein ernstliches Unbehagen.«[14]

Aus dieser verärgerten Haltung heraus ließ sich schwerlich klug reagieren. Und überhaupt: Der Kaiser und zum Teil auch seine Umgebung schätzten Bismarcks letzten Kampf um die Rettung seiner Ehre und um seine Rechtfertigung vor der Geschichte in seinen desaströsen Auswirkungen auf das Ansehen der Monarchie völlig falsch ein. Sie wähnten sich in dem Glauben, der Reichsgründer würde dabei seinem Ruf am meisten schaden, während doch das Gegenteil der Fall war. Sie glaubten, der Kaiser sitze am längeren Hebel, während er doch mit seinen Affronts gegen Bismarck nur an dem Ast sägte, auf dem er mitsamt seinem Hofstaat saß. Erst als der Kaiser sich im Juni 1891 öffentlich zu der Äußerung verstieg, Bismarck werde eines

Tages in der Festung Spandau endigen, wurde selbst seiner Kamarilla mulmig zumute: »Mein Gott, auf welche Irrwege wird der Kaiser durch seine verblendete Rachsucht geführt«, stöhnte sein Generaladjutant Wedel auf: »Bismarck in Spandau, das wäre ein Peitschenhieb in das Gesicht des deutschen Volkes, das wäre der Todesstoß gegen die Popularität des Kaisers!«[15]

1892 war der letzte Versuch des kaiserlichen Lagers, Bismarck politisch und gesellschaftlich zu isolieren, ja zu ächten, kläglich gescheitert. Den Kampf um Volkstümlichkeit und Popularität hatte Wilhelm nach Bismarcks Deutschland-Tournee 1892 definitiv verloren. Gegen den Nimbus des Alten war einfach nicht anzukommen. Das muß dem Monarchen einen schweren Schlag versetzt haben. Das Charisma der Bismarckschen Persönlichkeit war mächtiger als die Ehrfurcht vor dem Kaiserthron. Und von der Ausstrahlungskraft seiner kaiserlichen Persönlichkeit durfte sich Wilhelm nun erst recht keinen Vorteil mehr im Konkurrenzkampf um das öffentliche Ansehen versprechen. Es dauerte, bis Wilhelm diese schmerzliche Erkenntis zuließ. Und es dauerte noch länger, bis er begriff, daß ihm diese Konstellation unangenehme, ja peinliche Pflichten auferlegte. Aber es führte schließlich kein Weg an der Einsicht vorbei, den Schaden begrenzen zu müssen, um nicht noch mehr Terrain in der öffentlichen Meinung zu verlieren. Wilhelm II. war auf die Volksgunst, um die er so eifrig warb, angewiesen. Sein Ehrgeiz war es, Kaiser der Deutschen und nicht nur deutscher Kaiser zu sein. Das ging nach 1892 nicht mehr gegen Bismarck, sondern nur noch mit ihm oder jedenfalls durch Beweise ›aufrichtiger‹ Anteilnahme an Bismarcks Wohlergehen. Dazu mußte der Kaiser ihn aber erst einmal aus der ›Reichsacht‹ befreien, die die Regierung 1892 über ihn verhängt hatte.

Die Einsicht in diese Notwendigkeit wurde durch den Druck einer höchst unangenehmen Erfahrung erzeugt: Bismarck war im Spätsommer 1893 in Kissingen so schwer erkrankt, daß ernste Zweifel an seiner Genesung aufkamen. Der Kaiser geriet

7. Oktober 1893: Bismarck verläßt Bad Kissingen, wo er während seines Kuraufenthaltes lebensgefährlich erkrankt war. Erst nach Wochen konnte er die Rückreise nach Friedrichsruh antreten.

in eine Zwangslage, die ein Zeitgenosse ganz richtig so einschätzte: »Wenn nun ein schwarzes Verhängnis gewollt hätte, daß Bismarck aus der bösen Kissinger Krankheit [...] nicht erstanden, inmitten der Reichsacht dahingegangen wäre! Welch ein in der Vorstellung gar nicht zu ertragendes Geschick, durch einen solchen Abschluß über unser ganzes Volk vom Kaiser an ihm verhängt, welch ein in aller Weltgeschichte nicht wieder auszutilgender Brandfleck des deutschen Gewissens!«[16] Mit anderen Worten: Eine solche Denkmalsschändung wäre dem Kaiser vom Volke niemals verziehen worden. Sie hätte womöglich seinen Rücktritt bedeutet.

Aber was konnte Wilhelm tun? Von seinen Ratgebern wurde ihm damals hintertragen, daß die Familie Bismarck eine absolute Nachrichtensperre bezüglich der schweren Erkrankung verhängt habe, »um dem Kaiser die günstige Chance einer gütigen Anfrage zu zerstören. [...] Parole der Familie ist: keine Versöhnung und ›das Blut des Alten komme über den Kaiser und seine Kinder‹«.[17] Wilhelm glaubte das natürlich aufs Wort. Noch Wochen nach der Krisis erzählte er seinem früheren Generaladjutanten von Wedel: »Man habe ihm die damalige Krankheit des Fürsten absichtlich verheimlicht, weil man ihm mit dem toten Bismarck hätte entgegentreten wollen, und das sei vor allem das Werk beider Söhne des Fürsten. Auch Bill sei ein niederträchtiger Kerl, denn dieser sei mit seiner Frau gerade im Augenblick der schwersten Krankheit seines Vaters drei Tage in München gewesen, und letztere habe dort auf einem Volksfest sogar getanzt, damit alle Welt glaube, es gehe dem Fürsten sehr gut. Als er, der Kaiser von dem wirklichen Sachverhalt Kenntnis erlangt habe, habe er der bayerischen Regierung durch Eulenburg sagen lassen, er mache sie dafür verantwortlich, wenn der Fürst auf ihrem Gebiete, ohne daß man vorher etwas davon wisse, sterben sollte. Dann erst habe man festgestellt, wie schlimm es stehe und darauf erst habe er das Telegramm abgelassen.«[18] In dem besagten Telegramm bot der Kaiser Bismarck zur Rekonvaleszenz eines seiner mitteldeutschen Schlösser als Winterwohnsitz an. Bismarck lehnte dankend ab: Die vertraute Umgebung in den Herrenhäusern von Friedrichsruh oder Varzin sei seinem Wohlbefinden und seiner Gesundheit zuträglicher.

So blieb die Grundeinstellung des Kaisers weiterhin von Mißtrauen und Beleidigtsein durchsetzt: »Von einer versöhnlichen Stimmung fand ich keine Spur«, notierte Hohenlohe am 14. September 1893 in sein Tagebuch, nachdem der Kaiser ihn privatim über sein Verhältnis zu Bismarck aufgeklärt hatte.[19] Und die Randbemerkungen, die Wilhelm II. zu dem von Schweninger eingeforderten ärztlichen Bulletin am 25. September 1893 machte, lassen unschwer erkennen, wie sehr den Monarchen die wachsende Popularität des Altreichskanzlers ärgerte, die er offenbar genauestens, d.h. eifersüchtig beobachtete. Er monierte die vielen Empfänge, die Bismarck in Kissingen gegeben, und die politischen Reden, die er dort gehalten habe, und meinte: »ein stilles Schloß von mir ist weniger Risico, als die Saline in Kissingen mit ihrem ganzen Trubel.«[20]

Dennoch kam es zu dem besagten Telegramm vom 19. September 1893, dennoch wurde im Laufe von Herbst und Winter 1893 kaiserlicherseits die Möglichkeit einer zumindest optischen bzw. klimatischen Verbesserung der Beziehungen zum Hause Bismarck lebhaft ventiliert. Zunächst war die Sache unter rein taktischen Gesichtspunkten angegangen worden. Das zeigt die regierungsinterne Diskussion über den Depeschenwechsel aus Anlaß der Bismarckschen Erkrankung, der erst Ende September 1893 veröffentlicht wurde. Nach außen war man bemüht, alles zu vermeiden, »den Depeschenwechsel als Staatsaktion erscheinen zu lassen, vielmehr als Ausfluß gutherziger Teilnahme Seiner Majestät am persönlichen Geschick des Fürsten«.[21]

Doch dann trafen beim Auswärtigen Amt in Berlin Gesandtschaftsberichte aus allen deutschen Bundesstaaten ein, die nicht müde wurden zu betonen, auf welch freudige Resonanz die Offerte Wilhelms gegenüber dem alten kranken Kanzler überall gestoßen sei, wie dankbar die politische Öffentlichkeit dem Kaiser für diese großherzige Geste sei. Ja, die gesamte nationale Presse rief nun nach Versöhnung, die ein Herzensanliegen des deutschen Patriotismus sei.[22] Auch ausländische Blätter stimmten in den Chor ein. So schrieb die *Neue Zürcher Zeitung*: »Durch eine Versöhnung mit dem großen Diener seines Hauses, dem Abgott seines Volkes, schafft sich der Kaiser keine neue Schwierigkeit, er entfernt bestehende Schwierigkeiten aus dem Wege, und das freundliche Abendrot, das in das Leben des alten Ministers scheint, fällt verschönend auf das Haupt des Herrschers zurück.«[23]

Diese Zeichen begeisterter Zustimmung zu einer zunächst nur als Winkelzug geplanten Offerte setzte die Regierung in Zugzwang. Auch Wilhelm mochte wohl jetzt den enormen Nutzen erkennen, den er aus solchen Gesten für sein Prestige ziehen konnte. Kurzum: Es gab nun kein Zurück mehr. Als Wedel dem Kaiser den »ungeheuren Eindruck« entgegenhielt, den sein Telegrammwechsel mit dem Fürsten »nicht nur in Deutschland, sondern in ganz Europa gemacht habe«, mußte dieser zähneknirschend zugeben, »daß er das wohl wisse. Aber die Söhne des Fürsten arbeiteten hauptsächlich gegen ihn«.[24]

Verstärkt wurde Wilhelm nun aber auf die verheerenden Auswirkungen aufmerksam gemacht, die eine Fortdauer seiner öffentlich zur Schau gestellten Aversion gegen Bismarck auf seine eigene Reputation haben würde. Zeremonienmeister Bodo von dem Knesebeck warnte den Kaiser-Intimus Eulenburg am 9. Dezember 1893 eindringlich, daß ohne Versöhnung »der Gewaltige« einmal Millionen Herzen mit in sein Grab nehmen werde, »die aufhören werden, für unseren Kaiser zu schlagen«.[25] – So wurde von Berlin aus im Dezember 1893 eifrigst erörtert und erwogen, wie denn der Kaiser seine Beziehung zum Hause Bismarck alsbald zum Besseren wenden könne.

Versöhnung und Verhöhnung

Auch Bismarck mußte damals erkennen, daß die Stimmung im Land auf ›Versöhnung‹ eingestellt war. So versuchte jeder der Kontrahenten sein Süppchen auf der Flamme populärer Versöhnungssehnsucht zu kochen. Mit einem offiziösen Versöhnungsspektakel in Berlin hoffte der Monarch, seinem augenscheinlichen Absinken in der Beliebtheitsskala des Volkes entgegenwirken zu können. Seine Rehabilitierung des alten Bismarck sollte dessen nach Millionen zählende Verehrergemeinde zur Raison bringen, sie jedenfalls dem Kaiser nicht weiter entfremden. Bismarck mochte testen wollen, was er in der Metropole ›seines‹ Reiches noch wert war – ein seit langem gehegtes Vorhaben. Beider Rechnungen schienen aufzugehen, als sich Bismarck im Januar 1894 tatsächlich zu einer Reise nach Berlin bequemte, um dem Kaiser persönlich für die Flasche alten Rheinweins zu danken, die der Monarch ihm durch einen Adjutanten am 22. Januar 1894 hatte überbringen lassen.

Der enorme Widerhall, den Bismarcks Berlin-Besuch am 26. Januar 1894 in der Öffentlichkeit fand, zeigt, wie sehr man im Volk auf ein solches Rührstück gewartet hatte. Das Publikum war aus dem Häuschen. Wellen von Ovationen schlugen sowohl dem greisen Kanzler als auch dem jungen Monarchen entgegen. Zeitungen sprachen von einer »Begeisterung«, wie sie seit den Siegesnachrichten von 1870/71 im öffentlichen Leben der Stadt nicht mehr aufgetreten sei: Bismarcks Erscheinen, sein glanzvoller Einzug habe in den Seelen des Publikums einen Begeisterungssturm entfesselt.

Natürlich gab es in Wirklichkeit gar keine Aussöhnung, nicht einmal einen Waffenstillstand. Aber das Berliner Theaterstück gab eine schöne Kulisse ab, vor der sich der Kampf zwischen Kanzler und Kaiser nun weit weniger problematisch ausnahm. Das führte sogar zu einer Festigung der Börsenkurse. Diese In-

So wie auf diesem Auftragsbild wollte Kaiser Wilhelm II. seine (in Wahrheit nie erfolgte) Aussöhnung mit Bismarck im Januar 1894 seinen Untertanen nahebringen.

szenierung von Aussöhnung erleichterte vor allem das Gewissen vieler Vaterlandsfreunde – das wußte nicht zuletzt Bismarck. Den Schein an die Stelle des Seins treten zu lassen war ihm niemals anrüchig vorgekommen, solange es ihm selbst nützlich erschien. Denn die Schaufensterpolitik beherrschte er nicht weniger geschickt als der Kaiser. So nutzte er den Berliner Auftritt nicht zuletzt auch, um der Welt zu zeigen, wie wenig hinfällig er war und was er noch alles vermochte.

Aber das war nicht alles: Denn es handelte sich für Bismarck um eine Art Wiedergutmachung für den wenig ruhmvollen Abgang von der politischen Bühne, den er im Frühjahr 1890 hatte vollziehen müssen. Nun gab es Gelegenheit zu einer nachträglichen Abschiedsvorstellung, zu einem letzten glänzenden Auftritt vor dem Einzug in Walhalla. Bismarck wollte mit dieser Darbietung zu Herzen gehen und sich so im Nationalgefühl der Deutschen fest verankern – womöglich für die Ewigkeit. Schließlich mußte er sich auch selbst etwas beweisen. Daß der Kaiser ihn bei dieser Gelegenheit mehrfach auf beide Wangen küßte, konnte er als kleineres Übel sehr wohl in Kauf nehmen. Denn er zog wie ein Sieger in die ihn umjubelnde Hauptstadt ein. Die *Magdeburger Zeitung* schrieb damals: »Welch einen ungeheuren Faktor in unserem öffentlichen Leben dieser eiserne Mann bildet, das wird jedem unwiderleglich klar, der diese gewaltigen Erregungen in der Volksseele beobachtet und zu deuten weiß. In dieser bewundernden Hingabe der Massen an einen Helden liegt die untrügliche Gewähr dafür, daß der Sinn für die heroischen Kräfte der Geschichte, die allein noch die Menschheit vorwärts zwingen, nicht verblaßt ist.«[26]

Der Kaiser und seine Mannen konstruierten sich freilich ein etwas anderes Bild von der Lage. Noch anderthalb Jahre nach der Berliner Komödie schrieb Phili Eulenburg an einen Vertrauten: »Der Kaiser machte die sogenannte ›Versöhnung‹ mit Bismarck als Schachzug gegen einen Gegner. Er trug damit Beruhigung in den Zwiespalt deutscher Seelen, welche den Gründer des deutschen Kaisertums nicht in Hader mit diesem begriffen. Es war nicht eine Kapitulation, sondern ein Sieg über den Gegner und wird von diesem auch so empfunden.«[27]

Jeder legte sich eben die Dinge so zurecht, wie es ihm am besten paßte. Bismarck wiederum sorgte auf seine Art dafür, daß sich das kaiserliche Wohlbehagen über diesen »Sieg« in Grenzen hielt: Ungeniert lancierte er das Gerücht in der Tagespresse, er habe den vom Kaiser kredenzten alten Rheinwein mit Maximilian Harden getrunken – dem scharfzüngigen Journalisten, der es immer wieder verstand, Wilhelm II. das politische Leben mit Enthüllungen und Anwürfen so schwer wie möglich zu machen: »Sie meinen's doch ebenso gut mit dem Kaiser wie ich«, soll Bismarck zu Harden gesagt haben. Man sieht: Wilhelms Verbiegungen halfen nicht sonderlich viel; auch jetzt wieder wurde der Kaiser von Bismarck höhnisch vor- und damit abgeführt. Denn in seinem Dankschreiben für den Rheinwein hatte Bismarck am 22. Januar 1894 den Schenker noch wissen lassen, er werde »den huldreichstigen Trank aus Eurer Majestät Keller am 27. [Wilhelms Geburtstag – LM] im Kreise der Meinigen auf Allerhöchstdero Gesundheit trinken«.[28]

Sterbevorkehrungen im Hause Bismarck

Bei der Betrachtung dieser Szenen gerät eine Sache leicht aus dem Blickfeld: nämlich daß das Gespenst des Todes die Drehbücher für die jeweiligen Auftritte mitinspiriert hatte. Anders gesagt: Jenseits aller taktischen Manöver gab es für alle Beteiligten seit der Erfahrung von Kissingen ein ebenso heikles wie echtes Problem: Wie sollte mit der Möglichkeit eines plötzlichen Todes des Reichsgründers umgegangen werden?

Bismarck hat sich mit der Frage seines Ablebens vor 1893 – soweit erkennbar – kaum auseinandergesetzt. Er fühlte sich auch als Endsiebziger gut und machte sich um seine Gesundheit

Der stille Zecher daheim

„Een Glas hebe ick uff ihn, eens uff mir . . ., nu noch eens uff uns beede." Der Kaiser hatte dem Fürsten Bismarck nach seiner Erkrankung eine Flasche Steinberger Kabinett gesandt. („Der Floh", 4. Februar 1894)

Die Wiener Satire-Zeitschrift Der Floh *hat das Aussöhnungs-Spektakel, mit dem Kaiser und Altkanzler im Winter 1894 um die öffentliche Gunst buhlten, als Farce der besonderen Art entlarvt.*

zunächst wenig Sorgen. Sein opulenter Lebensstil blieb unverändert: Er aß und trank wie in alten Tagen. Seine Umgebung tat das Ihrige, ihn in seiner Auffassung zu bestärken, daß er sich auf seine gute Konstitution verlassen könne. Endzeitresignation und geistiges Elend fochten ihn jedenfalls in diesen Jahren nicht an. Das vermitteln auch die Photographien und Bilder der Jahre 1890 bis 1892, die uns einen ungebeugten Recken zeigen, souverän und genial wie eh und je. Freilich, das war der ›innere Bismarck‹, wie er sich selbst und wie vor allem sein Maler Lenbach ihn gerne sehen wollten. Und die bemühten Photographen haben nichts anderes getan, als das mit ihren Techniken zu reproduzieren.

Doch darf man sich mit Blick auf diese Stilisierungen keine Illusionen darüber machen, daß Bismarck auch in den Jahren relativ guter Gesundheit ein alter Mann war, der den Verfall seines Körpers nicht weniger spürte als seine Altersgenossen. Unbefangene scharfäugige Beobachter haben daran in ihren Aufzeichnungen auch keinen Zweifel gelassen. So etwa Harry Graf Kessler, der als junger Student Bismarck im August 1891 bei bester Laune in Kissingen traf und für mehrere Stunden intensiv beobachten konnte. »Schwer und steif auf seinen Knüppel gestützt« habe sich Bismarck damals bewegt, und dennoch war Kessler tief beeindruckt von der »Romantik seiner Erscheinung: seines tief gefurchten, wie von tausend Stürmen zerrissenen Gesichts«. Solange er noch tadellos in das Bild paßte, »das in Hunderten von Illustrationen und vielen Panoptikumsgruppen populär war«, empfand man diese Verwüstungen der Zeit offenbar nicht als Makel, sondern als romantisch.[29]

Schon weniger euphorisch deutete der Bildhauer Adolf von Hildebrand, der Bismarck im Juni 1892 in München im Lenbach-Garten aus großer Nähe betrachtete, das Erscheinungsbild des Greises: »Er ist alt, hält sich schwer auf den Beinen und seine Bewegungen sind eckig und automatisch. Hinter ihm stand Schweninger, der ihm sagt, was er tun oder lassen soll –

von Minute zu Minute, als wär Bismarck ein Trottel. […] Seine kleine platte Nase läßt ihn etwas wie einen Totenkopf wirken, das läßt ihn auch so vergangen erscheinen, wie nicht mehr ganz gegenwärtig.«[30]

Auch mit Bismarcks Gesundheit war es in Wahrheit schon damals nicht zum Besten bestellt. Ansonsten hätten seine Getreuen nicht die von ihnen beeinflußten Blätter bereits im Frühjahr 1892 nachdrücklich instruiert, Meldungen über das Befinden Bismarcks nur zu bringen, »nachdem ich sie gesehen. Ich telegraphiere dann gleich Ja oder Nein«.[31] An diese Sprachregelung hat sich die Bismarck-Presse fortan strikt gehalten. Berichtet wurde nur das, was Chrysander oder Schweninger ausdrücklich autorisierten. So erhielt Hofmann im Frühjahr 1893 in dieser Frage folgende Weisungen: »S.D. ist nicht ganz wohlauf schon seit einiger Zeit. Bitte hierüber keine Mitteilung ins Blatt, die nicht direkt von hier kommt« (2. März). Und am 17. März wiederholte Chrysander diese Bitte eindringlich, »welche ich soweit es mir möglich, an alle Freunde des Fürsten zu richten habe: keine Nachricht über sein Befinden in die Presse gelangen zu lassen, es sei denn, daß dazu hier ein besonderer Wunsch besteht«.[32]

Im Frühjahr 1893 war es Bismarck in der Tat zum ersten Mal seit seiner Entlassung richtig schlecht gegangen. Fiebrige Erkältungen, Rheuma sowie Venenentzündungen suchten ihn heim und stimmten ihn resigniert. Als sein Bruder Bernhard am 8. Mai 1893 starb, schrieb Bismarck an seine Schwester Malle, er sei nun »etwas lebensmüde« und trübsinnig: »Mich verlangt nach einem Wohnraum, den ich nur im Sarge zu verlassen brauche, und nach Einsamkeit.«[33] Solche Worte hatte man vorher von ihm nicht gehört.

Bei dieser gelegentlichen Äußerung ist es nicht geblieben. Am 20. Juni 1893 versuchte sein früherer Berliner Pfarrer Pank anläßlich eines Besuches in Friedrichsruh, Bismarck zu mehr Versöhnlichkeit gegenüber dem Kaiser zu bewegen: »Ich appellierte an seinen vaterländischen Opfersinn, und es ließ ihn offenbar nicht unberührt, als ich stark bewegt ihm sagte, welch schrecklicher Gedanke es mir sei, daß, wenn er einmal aus dem Leben schiede, ohne daß sein Verhältnis zum Kaiser eine Heilung erfahren, dem deutschen Volke eine tiefe Wunde bliebe, die niemals sich schlösse, der deutschen Geschichte ein schwarzes Blatt, das niemals wieder herausgerissen werden könnte.« Bei dieser Unterredung sagte Bismarck den denkwürdigen Satz: »Ich bin ein alter Mann und beschäftige mich oft, zumal in schlaflosen Nächten, mit meinem Tode; und da erfaßt mich immer wieder – ich weiß nicht, woher es kommt – der Gedanke und erregt mich: wenn das Ende nahe ist und ich vor meinen Gott zu treten habe – kommt der Kaiser.«[34]

Hier sprach Bismarck zum ersten Mal deutlich aus, was ihn fortan wie ein Alp verfolgte: den Kaiser an seinem Sterbelager erdulden zu müssen! Gegen diesen Gedanken hat sich alles in ihm gesträubt. Gegen diese Eventualität wollte er unbedingt Vorsorge treffen. In welche Richtung sich seine Gedanken diesbezüglich bewegten, hat Maximilian Harden überliefert, der Bismarck bei einem seiner Besuche in Friedrichsruh sagen hörte: »›Gestorben muß einmal sein, trotz Schweninger, und ich will wenigstens rechtzeitig dafür sorgen, daß mit meinem Leichnam kein Unfug getrieben wird. Ich möchte nicht, wie die Berliner sagen, eine schöne Leiche sein; und eine von der bekannten Aufrichtigkeit, die heimlich ›Uff!‹ macht, inszenierte Trauerkomödie, so zwischen Vogelwiese und Prozession, wäre so ziemlich das Einzige, was mich noch schrecken könnte.‹ Die Freunde des Hauses wissen, wie oft der Große dann später noch diesen Gedanken ausgesprochen und mit der ihm allein eigenen graziösen Laune beleuchtet hat.«[35] Die Botschaft dieser Worte ist eindeutig: Mein Tod, so Bismarck, gehört mir ganz allein, der Kaiser soll und wird von diesem Ereignis in keinster Weise profitieren können. Schon gar nicht darf ihm mein Tod Gelegenheit geben, sich zu profilieren.

Ob und inwieweit die lebensgefährliche Erkrankung in Kissingen bereits dazu führte, konkrete Vorkehrungen in dieser Richtung zu treffen, ist nicht mit Bestimmtheit zu sagen. Fest steht allerdings, daß nur ein sehr kleiner Kreis von Personen über den bedenklichen Charakter der Krankheit in jenen kritischen Tagen unterrichtet und daß diesem Zirkel Stillschweigen auferlegt war.[36] Möglicherweise trifft auch zu, was der schwäbische Diplomat und Kaiser-Vertraute Kiderlen-Wächter damals »nach authentischen Nachrichten aus Kissingen« erfahren haben wollte, nämlich: Die Familie Bismarck hätte »in der letzten Woche sich auf die Eventualität des Todes vorbereitet und alle bezüglichen Eventualitäten durchgesprochen«. Der kranke Bismarck hätte »gegen seine sonstige Abneigung selbst darüber gesprochen«.[37] Ganz gleich, wie man den Wahrheitsgehalt dieser Zuträgerei beurteilt – der Kaiser sollte jedenfalls nicht im Bilde sein über die Krise, die der alte Bismarck in den Septembertagen 1893 durchzumachen hatte. Damit war er auch in keiner Weise vorbereitet und darauf eingestellt, einem so welterschütternden Ereignis wie Bismarcks Tod gegenüber so achtunggebietend zu reagieren, wie dies schon die gespannte Erwartungshaltung der Öffentlichkeit verlangte.

Daß dies eine fatale Situation heraufbeschwören konnte, haben Wilhelms Berater sofort erkannt. Schon am 11. September 1893 bestürmte Kiderlen-Wächter den Kaiser-Intimus Eulenburg, nach seiner entschiedenen Auffassung müsse Bismarck »nicht bloß mit allerlei äußerlichem Pomp beerdigt werden, sondern auch praesente imperatore«, also in Anwesenheit des deutschen Kaisers. Gleich bei der Nachricht des Todes müßte eine schon im voraus bestimmte Persönlichkeit zu den Bismarcks eilen und mit der Familie das Erforderliche ordnen.[38]

Nun, Bismarck überlebte, und Schweninger suggerierte dem Kaiser in seinem befohlenen Bericht über Bismarcks Gesundheitszustand sogar, »daß eine baldige definitive Heilung und damit Wiederkehr der früheren Kraft und Leistungsfähigkeit zu erwarten steht«.[39]

Kaiserliche Trauerallüren

Dennoch hat es damals in Berlin intensive geheime Beratungen darüber gegeben, was Wilhelm II. im Falle eines Ablebens des Reichsgründers tun solle. Alle wichtigen Personen im Arkanbereich der Macht waren daran beteiligt: die Kaiser-Freunde August und Phili Eulenburg, Reichskanzler Caprivi, die Verantwortlichen im Innenressort, Rottenburg und Boetticher, sowie Kiderlen-Wächter als Vertreter des Auswärtigen Amtes.[40] Umrisse eines offiziellen Trauerszenarios wurden hier entworfen, die ganz auf der Linie dessen lagen, was Kiderlen-Wächter vorgeschlagen hatte. Der Kaiser war's zufrieden. Ihm stand nun deutlich vor Augen, daß eine Haupt- und Staatsaktion von ihm erwartet wurde, vor der er sich nicht drücken durfte. Fortan war er nolens volens auf den Tod des großen Kanzlers und persönlichen Widersachers eingestellt.

Warum war dies für den Kaiser so wichtig? Bismarcks über kurz oder lang zu gewärtigender Tod hatte für den jungen Monarchen deshalb eine so enorme Bedeutung, weil er sehr genau wußte, daß er erst mit dem Ableben des Gründers seines Reiches seine volle Herrschaft würde antreten können. Wilhelm II. war spätestens seit 1892 klar, daß er Bismarcks Popularitätsvorsprung niemals würde einholen können. Ihm war bewußt geworden, daß er nur durch Anleihen bei Bismarcks Popularität seine eigene steigern konnte. Nur auf dem Feld der Bismarck-Verehrung konnte er Pluspunkte bei der Bevölkerung sammeln. Er hat diese Erkenntnis in den Jahren 1893 bis 1897 immer wieder – zögerlich – in die Tat umzusetzen versucht. Doch großen Eindruck konnte er damit nicht schinden. Also mußte er alles auf das bevorstehende Ende Bismarcks setzen. Er mußte den Kanzler glanzvoll zu Grabe tragen, wenn er ihn beerben wollte. Insofern mußte das Ende Bismarcks wie eine Verheißung wirken – die Verheißung der Befreiung von einem Alptraum.

Aber der Zugewinn an psychologischer Sicherheit konnte nur in politisches Kapital, sprich: in Reputationsgewinn, umgemünzt werden, wenn Wilhelm II. bei diesem Ereignis im Rampenlicht der Öffentlichkeit das Gegenteil dessen kundtat, was er innerlich empfand. Er mußte nicht nur Aussöhnung simulieren. Er mußte sich sogar dem Geist des Verstorbenen demonstrativ anverwandeln, um den eventuellen Verlust an Identität, den Bismarcks Tod im Bewußtsein der Nation bewirken konnte, aufzufangen und – mehr noch – durch eine patriotische Inszenierung der eigenen Person wettzumachen.

Dazu bedurfte es eines theatralischen Szenarios: möglichst an Bismarcks Sterbebett, traurig und ergreifend. Bismarcks letzte Worte zu hören, so erzählte Bülow später, war ein »Segenswunsch« des Kaisers.[41] Dies zu erleben hätte seiner Majestät erst die rechte Salbung, seinem persönlichen Regiment die höhere Weihe verliehen – und ihm womöglich die Herzen vieler Patrioten weit aufgeschlossen. Wenn er Bismarck wirklich begraben und damit endlich loswerden wollte, mußte er außerdem als die personifizierte Germania an seinen Sarg treten und sich dort möglichst schmerzerfüllt vor seiner historischen Größe verneigen. Nur durch solch eine monströse Schaustellung konnte er sich vor der Nation als legitimer Erbe, ja als *einzig* legitimer Nachfolger des großen Toten ins Bild setzen. Die visuelle Selbstdarstellung zum Zwecke der emotionalen Vereinnahmung war also der Hauptzweck des seit 1893 geplanten Trauerszenarios.

Hintersinnige Überlegungen wie diese waren das eine, die komplexe Wirklichkeit der Überwindung innerer Widerstände und der Wahrung von Contenance gegenüber Bismarckschen Provokationen das andere. Wilhelm hat sich bemüht – mit mehr und mit weniger Erfolg.

Jedenfalls wurde erst einmal die Farce einer sukzessiven Aussöhnung der beiden Todfeinde weiter angereichert. Auf besonders spektakuläre Weise geschah dies bei Bismarcks 80. Ge-

Ein Mißverhältnis.

Die offizielle und offiziöse Berliner Welt rüstet Bismarcks Totenfeier.

Deutliche Kritik an den pompösen Begräbnis-Szenarien, wie sie dem deutschen Kaiser vorschwebten.

burtstag im April 1895, als der Kaiser in Friedrichsruh persönlich zur Gratulation erschien und öffentlich dagegen protestierte, daß die Reichstagsmehrheit dem Altreichskanzler ein Glückwunschtelegramm verweigert hatte. Aber: »Die Reizbarkeit S.M.'s gegen Friedrichsruh ist sehr groß«, schreibt Phili Eulenburg schon ein halbes Jahr später wieder an Holstein. Und gegenüber Bülow versicherte er am 12. November desselben Jahres, eine »innerliche Versöhnung« zwischen dem Kaiser und Bismarck sei »nicht zu erwarten«.[42] Eulenburg und seine Schranzen taten auch das Mögliche, um eine solche Stimmung zu hintertreiben. Das Eis blieb also dünn, auf dem sich der Kaiser bewegte, und auch durch die sich fortsetzenden Aufmerksamkeiten gegenüber Bismarck wurde es nicht dicker. Dennoch wußte man sehr wohl im kaiserlichen Heerlager, daß alles zu tun war, »um einen modus vivendi aufrechtzuerhalten zwischen Kaiser und Fürst«, denn »wenn wir nicht daran arbeiten, Ihn [also Wilhelm II. – LM] als die Personifikation Deutschlands zu betrachten,« – seufzte Phili Eulenburg – »dann ist alles verloren«.[43]

So kam es am 16. Dezember 1895 bei einem Besuch des Kaisers in Friedrichsruh sogar zu einer Aussprache unter vier Augen, die dem einflußreichen General von Waldersee die Überzeugung eingab, »daß eine wirkliche Versöhnung erfolgt ist«. In den Berliner Regierungskreisen sorgte diese Begegnung erneut für höchste Aufregung.[44] Doch der Kaiser hatte alles andere im Sinn, als Bismarck zu reaktivieren: »Bülow soll mein Bismarck werden«, schrieb er eine Woche später an seinen Intimfreund Phili, »und wie der mit Großpapa nach außen Deutschland zusammenschmetterte, so wollen wir beide im Innern den Wust von Parlamentarismus und Parteischablone reinigen!«[45] Den Inhalt seiner Unterredung mit Bismarck behielt Wilhelm aber wohl für sich.[46] Zur 25-Jahr-Feier der Reichsgründung im Januar 1896 lud er den Reichsgründer sogar »allerhöchstselbst« ein und befahl seinem Hausminister, »gleichzeitig an den Fürsten zu schreiben und Wohnung im königlichen Schloß und königliche Equipagen anzubieten«. Zwar würde Bismarck wohl kaum der Einladung folgen, meinte dieser vertraulich zu seinem Vetter, »aber bezeichnend bleibt diese Art des allerhöchsten Entgegenkommens doch und wird wenigstens den einen Zweck nicht verfehlen, ›die anderen‹ zu ärgern«.[47] Er könne und wolle dem deutschen Volk nicht sein Ideal stören, meinte Wilhelm.[48] Die Betonung ist wohl auf »könne« zu legen.

Immer wieder wurde der Kaiser nun bei seinen falschen Bemühungen um Bismarck durch Nachrichten vom bevorstehenden Tod seines Widersachers elektrisiert. Am 4. August 1896 schickte er aus Kassel folgendes chiffriertes Telegramm an Phili Eulenburg: »Erfahre soeben auf privatem Wege, daß Symptome bei Bismarck sich gezeigt haben, woher zu ersehen, daß er seiner Auflösung entgegengehe und Arzt sei besorgt. Dies Fürst Hohenlohe mitteilen. Also jetzt ist wohl nicht geeignete Zeit zur Kanzlerkrisis, wenn durch Bismarcks Tod ganzes Reich in Aufregung geraten auf lange Zeit.« Eulenburg antwortete postwendend, auf die gerade überstandene Ohrenoperation des Kaisers anspielend: »Wenn nur der alte Fürst Bismarck nicht jetzt stirbt und Ew. Majestät entweder verhindert sind zu der Feier zu gehen oder sich der Gefahr aussetzen zu erkranken. Gott schütze Ew. Majestät!«[49] Auch in diesem Stoßseufzer kommt noch einmal zum Ausdruck, welch herausragende Bedeutung die kaiserliche Kamarilla Bismarcks Ableben zumaß. Nur der Tod und eine probate Totenehrung konnten den Alp wegrollen, der den Hof traumatisierte.

Anfang Oktober 1896 zitierte der Kaiser Bill Bismarck, den Kanzlersohn, zu sich nach Rominten, um Verläßliches über Bismarcks Gesundheitszustand zu erfahren.[50] Doch mit Schnüffeleien wie diesen machte sich Wilhelm im Hause Bismarck natürlich nur verdächtig; er erreichte das Gegenteil von dem, was er eigentlich erstrebte. Der alte Bismarck ahnte nun, was der Kaiser mit Blick auf sein Ende im Schilde führte, und in Absprache mit seinen Vertrauten setzte er seinen geballten Ehrgeiz daran, diese Profilierungspläne unbedingt zu vereiteln. So kam es zu einem grotesken Ringen um die politische Plazierung des toten Bismarck, noch bevor dieser die Augen geschlossen hatte.

Wie hat sich Bismarck für diese Auseinandersetzung gewappnet?

Bismarckgerechtes Hinscheiden

Während der kritischen Krankheitswochen in Kissingen hatte Schweninger Bismarcks Sohn Herbert vertraulich folgendes wissen lassen: Des Vaters »ganz ungesunde[s] Leben der letzten Monate (viele starke Alkoholika, kaum und nur ungenügende Bewegung, immer Schlafmittel etc.)« habe die Lebensgefahr heraufbeschworen; »daß wir darüber hinwegkommen«, grenze an »ein Wunder«. Ein anderes Mal »wird es nicht so glimpflich abgehen und es wäre dreifach nothwendig, einmal nach meinen wohlgemeinten Ratschlägen zu leben. Nach den gemachten Erfahrungen fehlt mir aber der Glaube, daß ich es durchsetze«. Einige Tage später berichtete der Arzt dann aber doch, daß er Bismarck »wieder vollkommen in der Hand habe«. »Gebe Gott, daß es so bleibe! Dann habe ich nach so vielen Kämpfen und Sorgen bei der längst vorausgesehenen Heimsuchung die Überzeugung, daß der Fürst wieder völlig gesunden [...] kann, wogegen im Rückfall ins alte Leben vorauszusehen ist, daß solche Attaquen wie die neuliche nicht mehr überwunden würden.«[51]

Nach der glücklich überstandenen Gefahr war der Gesundheitszustand Bismarcks zunächst noch wochenlang äußerst kritisch geblieben. Seine Umgebung setzte jetzt alles daran, Berührungen mit der Öffentlichkeit tunlichst zu vermeiden und ihn vor Zudringlichkeiten aller Art abzuschirmen. »Über sein Befinden«, schrieb Chrysander am 18. Oktober 1893 an den Redakteur der *Hamburger Nachrichten*, »ist Seiner Durchlaucht Absicht einstweilen nicht, etwas veröffentlichen zu lassen.«[52]

Mitte Januar 1894 erholte sich Bismarck dann wieder, und so konnte er Ende Januar 1894 den großen Auftritt in Berlin wagen. Auf Bismarcks Gesundheit wirkte sich diese Erfahrung seiner ungebrochenen Popularität sehr positiv aus. Im Februar 1894 schien er die schwere Kissinger Erkrankung halbwegs auskuriert zu haben. Jedenfalls meldete Schweningers Assistent Chrysander am 4. Februar 1894 seinem Meister aus Friedrichsruh: »Hier wird gegessen und getrunken, daß es ein Jammer ist anzusehen.«[53] Das war den Ärzten natürlich gar nicht recht, denn Bismarcks Zusammenbruch in Kissingen war von ihnen ja nicht zuletzt auf den ruinösen Lebenswandel ihres Patienten zurückgeführt worden. So wundert es nicht, wenn Chrysander am 11. März 1894 Schweninger gegenüber stöhnte: »Dieser Schlendrian ist nicht mehr auszuhalten.«[54]

Bismarck, der Ende 1893 stark abgenommen hatte und auf 185 Pfund abgemagert war, setzte im Frühjahr 1894 wieder so stark zu, daß er im März stolze 205 Pfund auf die Waage brachte.[55] Bei diesem Lebenswandel war ein erneuter – womöglich endgültiger – Zusammenbruch nurmehr eine Frage der Zeit. Das hatte Schweninger Bismarcks ältestem Sohn schon im Herbst 1893 eindringlich vor Augen geführt. Herbert war seitdem »sehr ernst und ängstlich für die Zukunft, in die ich nach unseren letzten Gesprächen und Erfahrungen sehr kummervoll blicke. – Nach längerer Überlegung weiß ich als einziges, möglicherweise wirkendes Mittel nur, daß Sie unter dem unmittelbaren Eindruck der eben überstandenen Gefahr meiner Mutter die volle Wahrheit mit Ernst und Ruhe sagen, und sie bitten, daß *sie* meinen Vater bestürmt, er möchte um *ihretwillen* Ihren Rath befolgen, weil sie sich unter der steten Lebensgefahr, die die jetzige Lebensweise bedinge, schier zu Tode grämen müßte: sie müßte ihn dabei besonders bitten, dic [alkoholischen – LM] Flüssigkeiten einzuschränken. Denn mein Vater erwartet in allen Lebenslagen ein bestimmtes petitum: da er sich leider in die Stimmung gesetzt hat, daß ihm am Leben garnichts mehr liege

Mit gutem Essen und noch besserem Trinken hat sich Bismarck bis ins hohe Alter hinein erfolgreich bei Laune gehalten. Hier eine Aufnahme seiner Friedrichsruher »Frühstückstafel« aus dem Jahre 1894.

und daß er nur um meiner Mutter willen bereit sei, es fortzusetzen, kann nur von *ihr* aus ein Einfluß zum Besseren geübt werden. Wir sind dabei ja zu meinem tiefen Schmerze alle machtlos, und dies Gefühl sowie die Empfindung, mit der ich den fraglichen willkürlichen Ruin mitansehe, vergällt mir jeden Aufenthalt bei meinen Eltern, wo ich sonst doch am liebsten auf der Welt weile!«[56]

Das war nicht nur deutlich, sondern der resignative Grundton des Lamentos nimmt auch vorweg, was dann Faktum wurde: daß der alte Bismarck trotz ärztlicher und familiärer Ermahnungen nicht mehr die Kraft aufbrachte, seiner Gesundheit zu leben. Er wollte vielmehr an den wenigen Genüssen festhalten, die ihm noch geblieben waren: Essen und Trinken, Imponieren und Politisieren. Und um seinen notorisch schlechten Schlaf nicht gar zu gräßlich zu spüren, griff er zu Paraldehyd oder – wenn's ganz schlimm kam – zu Morphium. Seine Parole war: »Ich will die Zeit, die ich noch habe, wahrnehmen, und nachher kommt Schweninger.«[57]

Daß er dabei nach außen durchaus noch eine beeindruckende Figur machte, ist vielfach überliefert. Greifen wir als ein Beispiel die Beobachtungen von Alfred Kerr heraus, der im Sommer 1894 bei einem Empfang Gelegenheit hatte, eine Viertelstunde neben Bismarck zu stehen: »Die Hand zitterte zwar auf der Krücke und die zwei Hunde inkommodierten ihn an den Beinen, aber er sprach, indem er den Kopf hoch hielt (er war größer als wir alle), mit einer so hinreißenden, jugendlich-lachenden Leidenschaftlichkeit, daß ich staunend und entzückt in diesem Augenblicke ihn und den Kern seines Wesens mehr begriff, als ich ihn vorher aus hundert gedruckten Reden und zwanzig Charakteristiken hatte begreifen können. [...] Alles an dem Mann war Leidenschaftlichkeit, und es war seltsam zu beobachten, wie die sprudelnden Worte dieses Achtzigers etwas von Übermut und Unüberlegtheit und Studententum hatten.«[58]

Maximilian Harden hat allerdings beobachtet, daß das humoristische Element nach 1894 in Bismarcks Wesen nicht mehr so wie davor hervorgetreten sei. »Er litt unendlich unter dem Gefühl des Alters. Es war sein Thema, wie fürchterlich es sei, dieses langsame Abbröckeln, dieses Bewußtsein, daß jeder Tag ihm ein Stückchen raubte von dem, was er besaß, und daß er nicht mehr ›Dandy‹ sei, wie man im Parlament so oft sagt: Er litt so sehr darunter, daß er in den allerletzten Jahren mit Neid und Bewunderung von der Art sprach, wie in der antiken Welt große Geister ihrem Leben ein Ende gemacht, weil sie nicht dem Alter verfallen wollten. Er rühmte es und sagte, es sei bedauerlich, daß man bei uns zu anderer Anschauung gekommen sei; derartiges müsse doch jedermann gestattet sein. Wenn er fühle, daß es um ihn herum kälter und dunkler werde, dann müsse er sich sachte wegstehlen. Freilich war diese Stimmung nicht beständig.«[59]

Mag sein, daß diese Lebensmüdigkeit auf den Schicksalsschlag zurückgeht, der Bismarck im November 1894 mit dem Tod seiner Gattin traf. Er verstärkte in ihm das Gefühl der Öde und Leere, unter dem er bisweilen schon gelitten hatte. Nahezu unverändert dagegen blieben seine Lebensgewohnheiten: Von Kaffee – so berichtet Chrysander am 30. Dezember 1894 – habe Bismarck jetzt zwar »etwas mehr Abstand genommen, Alkoholika dagegen mehr genommen. Neulich z.B., als er 11 Uhr aufstand und Reißen empfand, erst 3 Eier mit Cognac, dann – Champagner, dann 1 Glas Grog, Alles vor dem Frühstück, das um 12 [Uhr] beginnt und zehn verschiedene Sachen bringt«.[60]

Seinen 80. Geburtstag im Frühjahr 1895 hat Bismarck nach einem Wort seiner Schwiegertochter »in alter, ich möchte beinahe sagen, in trotziger Frische, durchlebt, aber die, welche ihm nahestanden, wußten, daß seine Lebensfreude mit dem Tod der Gattin dahin war«.[61] Und dennoch – das großartige Jubiläum, als die Bismarck-Begeisterung der Deutschen landesweit so hohe Wellen schlug wie nie zuvor, riß den Alten noch einmal für einige Wochen aus seiner Lethargie. Schweninger hatte sogar

Dem Achtziger.

Waffenruhe einen Tag, Ihr Streiter:
Heut beglückwünscht ihn — kämpft morgen weiter!

Verantwortlicher Redakteur: R. Schmidt-Cabanis in Berlin. Druck und Verlag von Rudolf Mosse in Berlin.

Wie politisch umstritten Bismarck auch noch als 80jähriger Jubilar gewesen ist, signalisiert diese Karikatur aus dem Jahre 1895.

geraten, den Geburtstag in Berlin zu feiern, wohl weil er sich davon einen noch wirkungsvolleren Stimmungsaufschwung versprach. Der Kaiser, der eine weitere moralische Niederlage erahnte, wußte dies zu verhindern. Doch auch das, was Bismarck dann von März bis Juni 1895 in Friedrichsruh an nationalen Stimmungen und Regungen, an Verehrung und Begeisterung für seine Person erleben durfte, war einfach überwältigend. Es tat ihm so gut, daß er alle Anstrengungen und Beschwernisse bereitwillig auf sich nahm, die ihm diese Feier auferlegte. Ein letztes Mal machte er sich und sein Haus der bewundernden Öffentlichkeit zugänglich, versuchte er dem Bild zu entsprechen, das all die Verehrer und Verehrerinnen von ihm hatten, als sie die Wallfahrt nach Friedrichsruh antraten. Die Zeitgenossen waren sich sicher: Bismarck hatte 1895 eine Popularität erreicht, »wie sie nie ein Deutscher gehabt hat«[62].

Doch gerade darin lag für die Bismarck noch verbleibende Lebensspanne auch eine Gefahr: Nach diesem Höhepunkt war für Bismarck de facto kein Ziel mehr zu erreichen. Er war vollständig rehabilitiert, saturiert und schon fast sakralisiert. Die innere Erhebung aufgrund der nationalen Huldigung mochte ihn gesundheitlich noch einige Monate getragen haben. Doch er spürte wohl auch selbst: Nun konnte es nur noch bergab gehen.

Sogar dem verhaßten deutschen Kaiser gegenüber machte Bismarck aus der defaitistischen Stimmungslage, die ihn im Spätherbst 1895 ergriffen hatte, keinen Hehl. Als jener am ersten Jahrestag von Johannas Tod des traurigen Ereignisses gedachte, antwortete Bismarck: Er empfinde »die Vereinsamung des Überlebenden als Einleitung zum eigenen Abscheiden, und als eine Minderung des Bedürfnisses weiter zu leben«.[63] Der Maler Franz von Lenbach, ein alter Freund des Hauses, der den Alten im Dezember 1895 besuchte, machte folgende Beobachtung, die in die gleiche Richtung weist: »Was sein Befinden betrifft, so fand ich äußerlich keine Veränderung, rosig und frisch, und der alte Glanz vom August. Aber ganz lebensüberdrüssig und todmüde, wie er sagt. Gestern abend sprach er weitläufig von seinem verfehlten Leben, welches nur Kummer und Sorgen und Enttäuschung war, und er sehne sich nach gänzlicher Ruhe. Der Kaiser hätte ihn umgebracht. Mündlich mehr von diesem rührend traurigen Gespräch. Auch letzte Nacht schlief er nicht, die Gedanken ließen ihm keine Ruhe, wie er sagt. Aber in Wahrheit trinkt und ißt er zuviel, liegt den ganzen Nachmittag am Sopha und macht sich gar keine Bewegung mehr, für was, wozu? ist seine Rede, auch Schweninger kann nichts mehr machen.«[64] Einige Wochen später sagte Bismarck dem Malerfürsten: »Für mich gibt es nur noch einen glücklichen Tag. Und das ist der Tag, an dem ich nicht wieder aufwachen werde.«[65]

War Bismarck nicht mehr zu retten? Mit Blick auf die Portraitaufnahmen, die uns von Bismarck aus jenen Monaten überliefert sind, ist die Frage nicht eindeutig zu beantworten. Wir sehen ein von Schmerzen, Bitterkeit und Leiden durchfurchtes Gesicht, mit einem eher unglücklichen Ausdruck. Es ist ein enttäuschter alter Mann, der uns hier anblickt: alt, matt und ein wenig verdrießlich. Man erkennt deutlich, welch hohen Zoll er den Gebresten des fortgeschrittenen Alters entrichtet hat. Aber wir erblicken auch einen Mann, der noch nicht ganz mit dem Leben abgeschlossen hat.

Einen ähnlichen Eindruck hinterläßt auch das letzte Gemälde, das Lenbach nach einer Photographie gemalt hat. Darauf erscheint Bismarck als ein müder kranker Löwe, der weiß, daß er sich nicht einmal mehr drohend und furchterregend aufrichten kann. Auch sind seine Welt- und Menschenverachtung nunmehr unverkennbar. Doch achtunggebietend bleibt seine Pose allemal. Immer noch war die verbliebene Energie auf Image und Präsentation gerichtet.

Dennoch: Im Laufe des Jahres 1896 brachen die letzten Dämme des Widerstands gegen die Übermacht seiner körperlichen Gebrechen. Statt dessen therapierte Bismarck sich selbst, und zwar am 12. September 1896 beispielsweise so: »3 Uhr [nachts] Bier. In Nacht wenig Grütze. Trotz Morphium erst von 5 [Uhr] an geschlafen. 2 Uhr Nachmittags: Lachs. 3 Uhr: 1/2 Sekt. 4 Uhr: Bier, Rebhuhn. 4 1/2 Uhr: Bier. 2 Stunden ausgefahren. Mittag: *reichlich* Krebssuppe, Hummer, Kartoffeln mit Butter, Rebhuhn, Nüsse, Obst, wenig Bier, Sekt, Cognac.«[66]

»Wenn Sie nicht das Opfer bringen können, *längere* Tage da [gemeint ist in Friedrichsruh – LM] zu bleiben, so fürchte ich, daß in das bergab gehende Rad nicht mehr mit Erfolg wird eingegriffen werden können.« Das schrieb Herbert Bismarck am 18. Juni 1896 an Schweninger, und er fuhr fort: »Ich glaube meinen Vater darin zu kennen, daß Ihre kurzen Anwesenheiten der letzten Monate in ihm die Meinung erwecken, daß Sie an energische Einwirkungen nicht mehr glauben. Ich [...] habe die Empfindung, daß wir jetzt an einem Standpunkt stehen, bei dem die Lebensfrage schärfer in den Vordergrund rücken kann, als vor 3 Jahren in Kissingen.«[67]

Je banger die Sorge wurde, die nun auf den Gemütern seiner Getreuen lastete, um so strikter wurden der Außenwelt Nachrichten über diese Entwicklung vorenthalten und als Besucher nur noch enge und verläßliche Freunde des Hauses vorgelassen. Diese Nachrichten- und Besuchersperre hat freilich den Umlauf von beunruhigenden Gerüchten nicht verhindern können – von Gerüchten, die selbst den Kaiser alarmierten. Daß Bismarck gerade um diese Zeit geheime Bestimmungen über seine Beisetzung auf der kleinen Anhöhe gegenüber dem Herrenhaus traf, verdeutlicht ebenfalls den Ernst der Lage.[68]

Während Bismarck so auch subjektiv seinem Ende entgegenschritt, blieben seine Empfindungen gegenüber der Welt der Politik doch die gleichen wie zuvor. Für den badischen Politiker und Journalisten Dr. Jolly, den Bismarck Ende Januar 1897 in Friedrichsruh empfing, war der Eindruck, den er dort gewann, »kein erfreulicher«. Und zwar insofern, »als der Gedankengang, in dem der Fürst sich bewegt, sich durch den Spruch kennzeichnet, er sei jeden Morgen im Zweifel, ob er sich darüber grämen solle, wie vor seinen Augen noch das Werk seiner Lebensarbeit zusammenbrechen werde, oder ob er sich der Rache freuen solle als eine Folge und Strafe für seine Entlassung. Tief schmerzlich ist es, daß der Fürst ganz von Rachsucht durchdrungen scheint und daß er den Kaiser [...] für geisteskrank erklärte«.[69] Der Bismarck-Biograph Arnold Oskar Meyer hat von der Schwiegertochter des Kanzlers (Marguerite) folgende Begebenheit aus eben dieser Zeit gehört: »Bei seinen Spaziergängen und Ausfahrten im Sachsenwald pflegte der Fürst eine Anzahl Fünfmarkstücke bei sich zu tragen, um den Einen oder Anderen seiner Leute, denen er etwa begegnete, zu beschenken. Als ihm eines Abends gegen Ende seines Lebens Herbert beim Auskleiden behilflich war, legte Bismarck die Geldstücke vor sich auf den Tisch und drehte sie dann so um, daß sie mit dem Reichsadler nach oben lagen. ›Warum tust Du das?‹ fragte Herbert. Antwort: ›Ich mag das falsche Gesicht nicht sehen.‹«[70]

Ohnmächtiger Wilhelm

Bismarcks Rachedurst blieb also bis zuletzt ungestillt. Noch im Oktober 1896 hatte er mit der Veröffentlichung des geheimen Rückversicherungsvertrages mit Rußland den Kaiser so brüskiert und gereizt, daß dieser – außer sich vor Ärger – von Hochverrat, Staatsanwalt und Festungshaft sprach. Aber schließlich mußte das Staatsoberhaupt doch wieder klein beigeben. Die Angst vor einem Bumerangeffekt aller gegen Bismarck gerichteten Aktionen besiegte abermals seine tief empfundene Empörung über die erneute Düpierung. Selbst Reichskanzler Hohenlohe, obwohl nicht minder entrüstet, schrieb dem Kaiser ins Gewissen, an der Parole festzuhalten, dem deutschen Volk nicht das Bild vom Fürsten Bismarck zu verdunkeln.[71] Bülow ergänzt in seinen Erinnerungen, Hohenlohe habe dem Kaiser gesagt, den 80jährigen Bismarck könne »im Arrest in Erregung und Zorn der Schlag treffen. Dann entstünde die Frage der Beisetzung. Der Kaiser würde sie natürlich feierlich gestalten und selbstverständlich an ihr teilnehmen wollen. Wäre es eines so großen Monarchen würdig, in einer Festung zweiten Ranges den Leichenkondukt seines ersten und berühmtesten Kanzlers vor sich gehen zu lassen? Allmählich beruhigte sich Wilhelm II.«.[72]

Gleichwohl erklärte Wilhelm in einer privaten Unterredung mit Eulenburg am 8. November 1896, »daß das Band zwischen ihm und dem Fürsten jetzt gerissen sei, daß es kein Zeichen des Zusammenhanges jemals mehr geben werde.« »Ich schwieg dazu«, schreibt Eulenburg an Bülow, »die Zeit heilt viele Wunden. Gott bewahre uns nur vor *Verschärfung* der Gegensätze.« In einem Brief an Wilhelm II. fügte der Kaiser-Freund jedoch zwei Wochen später bezeichnenderweise hinzu, der Monarch und er seien doch damals bei ihrem Gespräch zu dem Resultat gekommen, »daß bei der fieberhaften Erregung im Lande und dem bornierten Fanatismus der Menge, welche den Alten anbetet wie Baal, eine peinlich gehütete Ruhe innerhalb der Regierung und gegenüber dem Reichstage eine zwingende Notwendigkeit sei, um nicht die vorhandene Unruhe und Nervosität bis zu einem Krach zu steigern, bei dem Euere Majestät jetzt in *ungünstigster* Lage wären«.[73] Wiederum mußte sich Wilhelm dem Druck der öffentlichen Meinung beugen und sich nach der Gunst der Menge richten

Aber er hatte sich bei dieser erneuten Verzichtleistung letztlich nicht unter Kontrolle. Das brachte ihn immer wieder ins Schlingern. So am 26. Februar 1897 in einer seiner Stegreifreden, auf dem Festmahl des Brandenburgischen Provinziallandtages. Da hob er die Verdienste seines Großvaters Wilhelm I. in den Himmel und degradierte dessen »Ratgeber«, also vor allem Bismarck, zu »Handlangern« und »Werkzeugen«. Für diese Entgleisung erntete er einen Sturm der Entrüstung in der Öf-

Herrscherpose: Wilhelm II. läßt Respekt gebieten - Bismarck läßt das kalt.

Am 25.9.1897 hatte Wilhelm II. Bismarck ein Modell des Panzerkreuzers »Fürst Bismarck« überreichen lassen. Der so Geehrte antwortete mit hintersinnig-devotem Dankes-Telegramm.

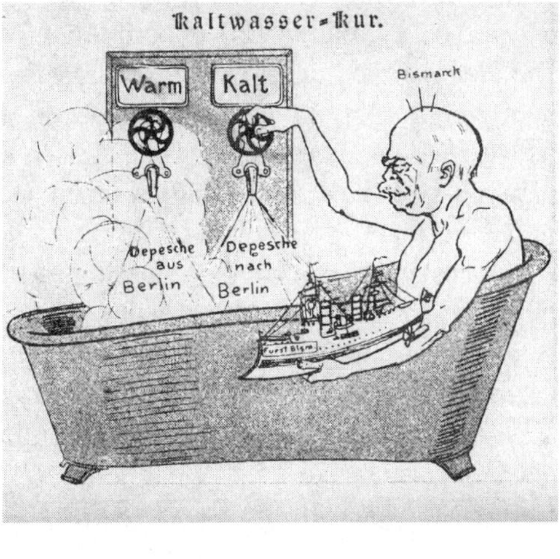

fentlichkeit, der auch seinen eigenen Handlangern Tränen heller Verzweiflung in die Augen trieb.[74] Wilhelm II. geriet nicht nur zur Spottfigur, weil er sich mit seinen plumpen Geschichtsfälschungen unsterblich blamierte. Man zweifelte jetzt sogar ganz offen an seiner Zurechnungsfähigkeit. Bismarck mag das gefreut haben. Daß auch bei diesem neuerlichen Fehltritt Wilhelms Bismarck-Neurose die treibende Kraft war, zeigt eine vertrauliche Bemerkung Eulenburgs gegenüber Bülow, dem er am 8. März 1897 zu dieser Affaire schrieb: »Wollte uns Gott nur von dem deutschen Baal befreien! Sein Leben ist nach den letzten Enthüllungen [des Rückversicherungsvertrages – LM] eine stete Quelle der Erbitterung für unsern lieben Herren. Auch hemmt sein [Bismarcks – LM] Leben jedwede vernünftige Aktion im Innern.«[75] Auch Bülow sah das so und verhehlte sich nicht, daß die Kaiserrede »die Bismarckische Strömung wieder gestärkt und gehoben hat«.[76]

Das tat mit hoher Wahrscheinlichkeit auch die Unterlassung eines Glückwunschtelegramms zu Bismarcks 82. Geburtstag am 1. April 1897, die nicht nur in der Presse als völlig deplazierte Mißfallensäußerung kritisiert wurde. Der badische Gesandte in Berlin Jagemann meinte stellvertretend für die Bundesratskreise, »daß auch aus politischen Gründen das öffentliche Hervortreten des Abbruchs der Beziehungen um so mehr unerwünscht sei, als der Fürst an Alterserscheinungen leidet, welche dessen Lebensdauer beeinflussen können; derselbe hat nämlich bereits Wasseransammlungen in den unteren Extremitäten«.[77]

Gegensteuern war nun wieder angesagt, und das ging eben nur durch ostentative Gesten neuer kaiserlicher Huld. Vor diesem Hintergrund entstand der Plan, den ersten großen Panzerkreuzer, der für die deutsche Reichsmarine gebaut wurde, auf den Namen »Bismarck« zu taufen. Admiral Tirpitz durfte bei der Schiffstaufe am 25. September 1897 in Kiel sagen: »Auf Befehl Sr. Majestät des Kaisers sollst Du, stolzes Schiff, den

Namen des größten Staatsmannes dieses Jahrhunderts führen, der untrennbar mit der Wiederaufrichtung des Deutschen Reiches verbunden ist.«[78] Und Wilhelm II. telegraphierte entsprechend schmeichlerisch nach Friedrichsruh. Mit dieser Hommage war abermals ein modus vivendi hergestellt. Der Kaiser konnte wieder gefaßter dem heftig herbeigesehnten Ende seines Widersachers entgegensehen.

Er ließ nunmehr nichts unversucht, um verläßliche Informationen über Bismarcks Zustand zu erlangen. Sogar an Privatbriefe von Schweninger wußte er heranzukommen, wie sein Telegramm an das Auswärtige Amt vom 13. November 1897 beweist: »Ein unvermutet soeben an mich gelangter Brief des Geheimrats Schweninger« – heißt es dort – »gibt zu verstehen, daß das Befinden des Fürsten von Bismarck eine ungünstige Wendung nimmt. Von schweren Schmerzen geplagt, bringt der Fürst den größten Teil des Tages zu Bett zu, nur hin und wieder zu den Mahlzeiten aufstehend. Die Milderung der Leiden wird durch Morphium erreicht, die Größe der Dosen desselben dürfte nicht unbeträchtlich sein. Wilhelm II. R.«[79] Welche Bedeutung man in der Wilhelmstraße solchen Äußerungen zumaß, geht daraus hervor, daß eine Abschrift des Telegramms auch an den designierten Außenminister Bülow nach Rom ging. Sogar der Reichskanzler Hohenlohe selbst wurde aktiv und wollte sogleich vom preußischen Innenminister »über das Befinden des Fürsten Bismarck Sicheres erfahren«.[80]

Dem Aktivismus der Regierungsvertreter begegnete das Haus Bismarck mit konsequenter Auskunftsverweigerung und Irreführung der Öffentlichkeit – wie bereits im vorigen Kapitel berichtet. Man ahnte im kaiserlichen Lager damals sehr wohl, daß es um den alten Bismarck alles andere als gut stand. Aber wie ernst war nun die Lage in Friedrichsruh? Worauf hatte der Kaiser sich gefaßt zu machen? Würde Bismarck den Winter überleben? Da von Friedrichsruh nichts mehr nach außen drang, mußte Wilhelm zur Klärung dieser für ihn so unendlich wichtigen Fragen selbst in die Höhle des Löwen – oder seine Vertrauensmänner dorthin schicken. Zunächst entsandte er seinen Bruder, dann wagte er sich selbst hinein. Wir haben gesehen, mit welchem Erfolg. So war der Kaiser auch mit Beginn von Bismarcks Todesjahr so schlau wie zuvor und wußte nicht, woran er war. Schweninger, dem er regelmäßige Bulletins befohlen hatte, ließ ihn natürlich auch mit nichtssagenden Formulierungen im dunkeln tappen. Was blieb Wilhelm anderes übrig, als den Dingen ihren Lauf zu lassen. So kam Bismarcks letzter Sommer heran.

Der Kaiser wollte mit seiner Yacht zu einer Norwegen-Kreuzfahrt aufbrechen. Kurz vor der Abreise empfing er am 22. Juni an Bord der »Hohenzollern« den General von Waldersee, der dem Kaiser von seinem letzten Besuch in Friedrichsruh Anfang Mai berichtete. Er, Waldersee, hätte von dort den Eindruck mitgebracht, daß Bismarck den Winter nicht erleben würde. Der Kaiser tat »ganz überrascht und sagte: ›Ich habe von Schweninger auch nicht eine Andeutung davon; der Mann hat mich immer zu belügen versucht.‹ Als ich mit Leuthold [Wilhelms Leibarzt – LM] darüber sprach, bestätigte dieser mir, daß alle Berichte völlig nichtssagend seien und nicht entfernt auf erheblichen Rückgang hindeuteten«. Der Kaiser, meinte Waldersee, »wird es der Familie mit Recht übel nehmen, daß sie ihn nicht vorbereitet hat«.[81]

Es kann sein, daß Schweninger nach den beunruhigenden Mitteilungen des Generals vom Kaiser noch einmal eindringlich instruiert wurde, jedes Anzeichen einer Verschlechterung von Bismarcks Gesundheitszustand unverzüglich mitzuteilen. Aber das nützte wenig, denn Schweninger war fest in Bismarcks Hand – und Schuld.

Bismarcks Leibarzt Schweninger

Hier ist nun der Ort, den Mann, der in Bismarcks letzten Lebenswochen stellvertretend und zugleich treu ergeben des Alten allerletzten Streich gegen den Kaiser führte, vorzustellen.

In seinen *Blättern aus meiner Erinnerung* hat Ernst Schweninger 1915 sein persönliches Verhältnis zu Bismarck folgendermaßen beschrieben: »Bismarck war an sich ohne Zweifel ein sehr verschlossener Mann. Man würde fehlgehen, wollte man ihn sich als offenherzig vorstellen. [...] Manchen hat er gelegentlich, gleichwohl immer vorsichtig, zurückhaltend und abwägend, einen flüchtigen Einblick gestattet. Vergleichsweise wenigen – ich darf mich vielleicht dazu rechnen – war ein tieferer Einblick vergönnt.«[82] – »Ich habe nie einen verbindlicheren, höflicheren, zuvorkommenderen, erfreulicheren Patienten gehabt.« Und schon bei der ersten Begegnung sei bei ihm, Schweninger, »der Grund jenes Verhältnisses der Hingebung an ihn gelegt worden, das sich später immer mehr verstärkt hat, und das noch heute andauert und immer andauern wird«.[83] Noch 1915, also gut anderthalb Jahrzehnte nach dem Ableben seines Patienten, war Schweninger voll von »Ehrfurcht und Dankbarkeit«, wenn er über seine Jahre mit Bismarck sprach – jene »herrliche Zeit«, die ihm »wie ein glänzender Traum« vorkam.[84]

In diesen wenigen Worten hat Schweninger eigentlich selbst alles gesagt, was sein Verhältnis zu Bismarck ausmachte; man muß es nur noch in die angemessenen Begriffe fassen: schwärmerische, übertriebene Bewunderung und Wertschätzung, bedingungslose Ergebenheit und unbedingte Unterordnung unter den Willen des Vergötterten. Schweninger hat an diesem Credo bis an sein Lebensende festgehalten und auch nicht einen dunklen Flecken an seiner Ikone zugelassen. Von Beginn an war er ganz von dem Zauber, den er Bismarck zuschrieb, gefangen. Er liebte ihn, fühlte sich zu unbedingter Treue verpflichtet. Die Folge war eine Art von Idealisierung, die in ihrem Idol nur Gutes sehen wollte und dabei die Schattenseiten stets zu rechtfertigen wußte. So entwickelte sich eine Beziehung, die vor allem psychologisch zu bestimmen ist – und zwar in beiden Richtungen.

Schweninger muß die Begegnung mit Bismarck wie ein unbeschreiblicher Glücksfall erschienen sein. Seine unbedingte Ergebenheit liegt zum großen Teil darin begründet. Will sagen: 1880 hatte des jungen Münchener Arztes hoffnungsvolle akademische Karriere als medizinischer Gelehrter aufgrund eines skandalösen Sittlichkeitsdeliktes ein plötzliches Ende gefunden. Der Dreißigjährige stand ziemlich dumm da, als ihm das Schicksal mit Bill Bismarck, dem jüngsten Kanzlersohn, einen Patienten zuführte, der seinem Leben erneut eine kühne Wende zum Guten gab. Schon 1882 bestand zwischen den fast Gleichaltrigen ein Freundschaftsverhältnis, nachdem Schweninger den stark übergewichtigen und von Gicht geplagten Bill kuriert und ihm zu neuer Lebensfreude verholfen hatte. Dieser Verbindung verdankte Schweninger 1883 eine Einladung nach Varzin, wo er dann an Bismarck selbst geriet. Erhalt und Pflege von dessen arg lädierter Gesundheit wurden nun für anderthalb Jahrzehnte seine Lebensaufgabe, die er mit verblüffendem Erfolg meistern sollte.

Schweninger ging Bismarcks Krankheiten vor allem diätetisch an. Er erweiterte die Behandlung aber zu einer umfassenden Hygiene des körperlichen und geistigen Lebens. Die gesamte Lebensweise des Fürsten: Essen, Trinken, Bewegung, Ruhe, Arbeit, Schlaf, alles wurde aufs genaueste geregelt, und Schweninger überwachte als strenger ›Gesundheitspolizist‹ jede Lebensäußerung seines Patienten. Schon nach kurzer Zeit konnte er eine entscheidende Besserung im ganzen Krankheitsbild verzeichnen. Seine Hauptleistung lag dabei sicherlich auf psychologisch-therapeutischem Gebiete. Erfolgreich war er als

Der von Bismarck so genannte »schwarze Tyrann«: Professor Ernst Schweninger (1850 - 1927), Leibarzt des Fürsten seit 1883.

»Dämon in ärztlicher Spielart«. Dabei ging er von folgender Überzeugung aus und setzte alles auf diese Karte: Nicht nur die körperliche Not, sondern vielmehr die seelische Bedrängnis von einsamen Menschen ist die Ursache des Grundbedürfnisses der menschlichen Gesellschaft nach Ärzten. Der Patient opfert dem Arzt seine letzte Freiheit, um nicht einsam sein zu müssen. Darin liegt die Chance, die der Arzt energisch ergreifen soll. Schweningers Parole war deshalb: »Tritt dir der Leidende gegenüber, im einen Auge die Abwehr, im anderen die Sehnsucht, so überrenne die Abwehr, laß ihn ganz Sehnsucht werden und nimm ihm die leidvolle Gebärde des Alleinseins!«[85]

Das scheint tatsächlich Schweningers Erfolgsgeheimnis bei seiner Behandlung von Bismarck gewesen zu sein: Indem er ihm ein Gefühl von Obhut, Geborgenheit, Zuwendung vermittelte, nahm er dem einsamen Mann etwas von der seelischen Not des Alleinseins. Und indem er sein körperliches Wohlbefinden steigerte, verhalf er ihm wieder zu Lebensgenüssen, auf die Bismarck durch die Schweninger-Kur nur teilweise verzichtete: Mosel statt Rheinwein, Heringe statt Bücklinge, Äpfel statt Marzipan, Wärmflasche statt Schlafpulver. Bismarck bedurfte eines individuellen Arztes, der ganz auf seine Bedürfnisse eingehen konnte, weil dieser sie selbst ein wenig in sich spürte. Denn Schweninger lebte ebenso wie Bismarck aus dem Vollen. Er aß und trank in dionysischer Lebensfreude, rauchte schwere Zigarren und gab sich selbstsicher bis selbstherrlich: eine Mischung aus Grandseigneur und bayerischem Dorfpatriarchen.

Bismarck bezeugte Schweninger für die unerwartete Steigerung seines subjektiven Wohlbefindens große Dankbarkeit – und wollte den Arzt dauerhaft verpflichten. Er machte ihn in einem politischen Kraftakt sondergleichen zum Berliner Universitätsprofessor und schützte ihn zugleich vor den wütenden Angriffen von Medizinerkollegen, die Schweninger diesen mächtigen Karrieresprung mißgönnten. Bismarck lobte Schweninger, wo er nur konnte, verschaffte ihm Dekorationen und das Entreebillet für höchste und allerhöchste Kreise, die dem jungen Arzt weiteren Ruhm und wohl auch einiges Geld einbrachten. Schon mit 35 Jahren war Schweninger ein gemachter Mann – und mehr: Der kleine, körperlich zart gebaute Mensch mit dem schwarzen Bart und den pechschwarzen stechenden Augen wurde zum gefeierten Star am reichsdeutschen Gesellschaftshimmel. Was später »Hollywood-Kur« genannt wurde, ist damals als »das Schweningern« in den Sprachgebrauch der Oberen eingegangen. Das Geheimnis dieser Therapie war die Anwendung physikalisch-diätetischer Mittel zur Ermunterung des Kreislaufes und Stoffwechsels. Mit Sonne, Luft, Licht und Wasser sowie einer einfachen Ernährung ohne gleichzeitige Flüssigkeitszufuhr und mit regelmäßigem Schlaf sollten der natürliche Ablauf der Selbstheilung gestützt und die Patienten von den gesundheitswidrigen Lebensgewohnheiten ihrer feudalen Lebenswelt abgebracht werden. Der Erfolg war oft durchschlagend und beeindruckend.

Natürlich war und blieb Bismarcks Verhältnis zu Schweninger ambivalent; oft war er froh, der Tyrannei des Arztes entkommen zu sein und sich ungebremst dem reichlichen Genuß von Champagner hingeben zu können.[86] Aber bisweilen hielt er sich auch aus freien Stücken an Schweningers Anweisung, etwa nach dem Essen eine Stunde lang gar nichts – insbesondere kein Bier – zu trinken. Schweninger sei ein sympathischer Teufel, meinte Bismarck, und spielte damit sowohl auf Schweningers Äußeres – kohlschwarze Augen, schwarzer kurzgeschnittener Vollbart, energischer Mund – als auch auf Schweningers Besessenheit von seinem ärztlichen Priestertum an.[87] Bismarck spürte die geheimnisvolle Kraft, die von Schweningers Persönlichkeit ausging, und ihm imponierte, daß sich Schweninger bei seinen mehr oder weniger originellen Heilmethoden weniger an herrschenden Schulmeinungen der Medizin als an der Suggestivkraft eines Medizinmannes orientierte. Es war seine originelle Persönlichkeit, die Schweninger über das Normalmaß hinaushob, nicht sein fachliches Können. Eine gewisse Seelenverwandtschaft machte sich hier wohl bemerkbar, weil Bismarck auf ähnliche Weise Politik wie Schweninger Medizin betrieb. Wahrscheinlich haben ihn auch der Sarkasmus und die Ironie angesprochen, die Schweninger in so reichem Maße zu Gebote standen und von denen er wohl auch gegenüber Bismarck ausgiebig Gebrauch machte.

Bismarck war jedenfalls bald von der absoluten Zuverlässigkeit, der Treue, Ergebenheit und Diskretion seines Leibarztes überzeugt. Er durfte deshalb ganz sicher sein, wenn er sich dem Mann anvertraute, sich gar offenbarte. So gelangte Schweninger schon bald in die Vertrauensstellung eines intimen Freundes des Kanzlerhauses, der der Familie Bismarck umso wertvoller war, als mit ihm auch meist gute Laune in ihr Heim einzog.

Bismarcks Entlassung im Frühjahr 1890 tat der herausragenden Bedeutung des Leibarztes keinen Abbruch – im Gegenteil: Schweninger wurde nun auch noch zu einer Art Oberhofmarschall des Hauses Bismarck, zuständig für Öffentlichkeitsarbeit, und wichtige Kontaktperson zur großen Welt von Politik und Kultur.

Wilhelm II. hatte damals, als Bismarck gehen mußte, versucht, Schweninger zu korrumpieren und zugleich in die Pflicht zu nehmen. Er erbot sich, den Leibarzt des abgetretenen Kanzlers nunmehr aus seiner Schatulle zu bezahlen, damit dieser – wie es hieß – »den Fürsten überwache und das internationale Kapital, das in dem Fürsten ruhe, intakt halte«.[88] Auch soll Schweninger für seine Dienste das Adelsprädikat angeboten worden sein.[89] Die Bismarcks hatten dieses Ansinnen aber empört abgelehnt: »Der Kaiser« – so Herbert Bismarck gegenüber dem kaiserlichen Adjutanten Wedel am 1. April 1890 in Friedrichsruh – »könne Schweninger nicht kommandieren, denn dieser sei ein unabhängiger Mann. [...] Es sei ein Irrtum des Kaisers, wenn er glaube, allen befehlen zu können, und im Grunde laufe das ganze nur wieder darauf hinaus, die Sache in die Zeitungen zu bringen und die Welt über die seinem Vater angetane Behandlung zu täuschen.«[90] Der Gedanke, sich mit Schweninger vielleicht ein Ohr zu erkaufen, mit dem sich Friedrichsruher Arcana aushorchen ließen, erscheint in der Tat geradezu naiv. Zu so etwas hätte sich Schweninger bei seinen inneren und äußeren Verpflichtungen gegenüber Bismarck nie hergegeben. So fügte der Professor von Bismarcks Gnaden seinen sieben Dienstjahren am Reichskanzler weitere acht am Kanzler ohne Amt hinzu. Und diese acht Jahre haben dem deutschen Kaiser und dessen Absichten zum Nachteil gereicht.

Er habe sich »gleich völlig zur Verfügung gestellt« – erklärte Schweninger am 4. April 1890 Bismarcks Anwalt Philipp, denn »er halte das für seine Lebensaufgabe und sei bereit, alles andere aufzugeben«.[91] Und so war es. Sehr zur Freude von Bismarck, der Schweninger wirklich gern mochte und sich stets beglückt zeigte, wenn der Arzt zu Besuch kam. »Was konnte mir erfreulicher sein?« schreibt Schweninger zurecht.[92] Das Vertrauens- und Freundschaftsverhältnis blieb bis zum Schluß intakt. Noch auf einer seiner letzten Ausfahrten hat Bismarck Schweninger als einen sehr liebenswürdigen Mann bezeichnet, den er besonders schätze, weil er immer vergnügt sei – »und sehr für mich eingenommen«.[93]

So wurde der schwarzbärtige Bayer trotz der schwierigen ärztlichen Aufgaben, die ihm vor allem ab 1893 oblagen, nachgerade zu einer Einrichtung des öffentlichen Lebens im kaiserlichen Deutschland – ein vielumworbener Gesprächspartner, der sich in seiner wichtigen Rolle durchaus gefiel. Der Schriftsteller Emil Ludwig, der Schweninger 1896 im Hause seines Vaters kennenlernte, berichtet in seinen Memoiren: Schweninger habe immerfort erzählt und dabei beinahe nur von Bismarck gesprochen, »den er ›mein Fürst‹ nannte, und aus dessen letzten Lebensjahren sich ein so plastisches Bild in meine Seele einsenkte, wie ich es nirgends hätte finden können. Schweninger, den wir den Fliegenden Holländer nannten, lang, schwarz,

Der berühmte Patient mit seinem »berühmten« Arzt und Berater in allen Lebenslagen, Ernst Schweninger, am 1. Juli 1897.

bleich, mit wehendem Bart und Kohlenaugen, wie ein Salonheld in einem Roman der Marlitt, ganz Schauspieler und homme à femme, glänzend und übertreibend wie Münchhausen, kam in seinen Geschichten keineswegs zu kurz«. So ließ er Bismarck »Königsberger Klopse über das Speisezimmer vom Teller weg seinen Doggen zuwerfen«. Und über den Toast, den Wilhelm II. 1894 in Friedrichsruh auf ihn ausgebracht hatte, erzählte Schweninger: »Darauf trank mir die ganze Tafelrunde zu. Ich ließ mir einschenken und trank zunächst jedem der 12 Herren das Glas nach, wie er mir vorgekommen war; dann trank ich jedem, außer dem Kaiser und meinem Fürsten, ein Glas vor, macht 22 Gläser und 3 Flaschen.«[94]

Schweningers Anekdote bezog sich auf den Besuch, den Wilhelm II. am 19. Februar 1894 dem greisen Bismarck in Friedrichsruh abgestattet hatte. Dem Arzt war bei dieser Gelegenheit der Titel »Geheimer Medizinalrat« verliehen worden – und der Kaiser hatte höchstpersönlich auf ihn als »den jüngsten Geheimrat« der Tafelrunde einen Toast ausgebracht.[95] Mit solchen Gesten wollte er nicht nur Bismarck schmeicheln, mehr vielleicht noch wollte er Schweninger bestimmen, seiner Informationspflicht gefälligst sorgfältiger nachzukommen. Denn ein preußischer Geheimrat war zunächst und vor allem ein königlicher Diener, dem mit der Verleihung des Patents ausdrücklich zur Aufgabe gemacht wurde, daß er dem König und dessen Hause »in unverbrüchlicher Treue ergeben bleiben und die Pflichten des ihm übertragenen Amtes in ihrem ganzen Umfange und stets regem Eifer erfüllen werde« (so der Einheitstext der Geheimratspatente aus der damaligen Zeit). Schweninger hat das alles kalt gelassen. Für ihn zählte eine Instanz, und die hieß Bismarck. Nur ihm hat er allen kaiserlichen Ermahnungen zum Trotz dic Nibelungentreue gehalten – bis zum Schluß. Es ist gewiß kein Zufall, daß ein von Lenbach gemaltes Schweninger-Portrait in Bismarcks Schlafzimmer hing.

Der Sterbemonat

Als der Kaiser am 4. Juli 1898 zu seiner Nordlandreise von Travemünde aus aufbrach, erschien ihm die Lage im Hause Bismarck so unübersichtlich wie seit Wochen. Das war nicht zuletzt Schweningers Werk. Die Frage, wie lange Bismarck noch am Leben bleiben würde, war für Wilhelm und seine Getreuen schlechterdings nicht zu beantworten. Mit Phili Eulenburg hatte der Kaiser nur einen Vertrauten an Bord genommen; diesen beiden Männerfreunden oblag es also, sich für alle Eventualitäten geistig und seelisch zu rüsten und dann die notwendigen Entscheidungen zu treffen. Natürlich war Wilhelm durch die Telegraphenstationen der angelaufenen Häfen über alles informiert, was für ihn von aktuellem Interesse hätte sein können. Auch war der Reichskanzler Hohenlohe instruiert, verläßliche Informationen über die Situation in Friedrichsruh einzuholen und dem Kaiser unverzüglich zu übermitteln. Aber Deutschland war weit, und der Monarch persona non grata in Friedrichsruh.

Bekanntlich hatte der *Berliner Lokal-Anzeiger* schon am 27. Juli unter Berufung auf seinen Friedrichsruher Korrespondenten über »bedenkliche Anzeichen eines ernsten Krankheitsprozesses« berichtet und damit die Verantwortlichen in Berlin alarmiert. Nachdem er die Zeitungsnachricht nach Norwegen weitergegeben hatte, ließ der Reichskanzler sofort nach Friedrichsruh telegraphieren und bat um Aufklärung. Herbert antwortete: »Zeitungsnachricht falsch, Befinden unverändert, Schlaf gut.«[96] Am Nachmittag konnte es auch der Kaiser auf einem Telegramm des Auswärtigen Amtes lesen: »Befinden unverändert. Von Anschwellen keine Rede. Schlaf gut.«[97] Wilhelm hat einige Tage später erklärt: »Dadurch wurde ich beruhigt.«[98]

Zwei Tage später traf dann die Nachricht ein, Schweninger sei von Friedrichsruh abgereist. Auch gingen im Laufe des Tages noch weitere Nachrichten über das Befinden Bismarcks ein, die schwankend, aber nicht direkt alarmierend waren. Phili Eulenburg hat die vertrackte Situation, die entstanden war, folgendermaßen beschrieben: »Wir waren an Bord sofort der Ansicht, daß die Schweningersche Depesche auf Unwahrheit beruhe, der Fürst sehr krank sei und Friedrichsruh die Parole ausgegeben habe, alles zu verheimlichen, um den Kaiser zu verhindern, nach Hause, d.h. nach Friedrichsruh zu fahren. Aber es war schwer, auf diesen Eindruck hin einen Entschluß zu fassen. Daß Schweninger alles daran setzen würde, in Deutschland den Eindruck zu erwecken, daß der Kaiser gegenüber dem ganz Deutschland tief ergreifenden Ereignis gleichgültig erscheine, ist sicher zu erwarten und die Abreise aus Friedrichsruh ein geschickter Schachzug, den er durch die *Tägliche Rundschau* lanciert. Es ist aber auch wohl sicher anzunehmen, daß er nur abreist, wenn der Fürst unrettbar verloren ist.«[99] Was nun?

Der Kaiser blieb unschlüssig, aber er ließ seine Yacht doch vorsichtshalber schon einmal nach Süden abdrehen und Bergen ansteuern. Von dort telegraphierte er am 30. Juli an Waldersee, dem er befahl, sich »umgehend in seinem Auftrage nach Friedrichsruh zu begeben und nach dem Befinden des Fürsten zu erkundigen; da dieser ernstlich erkrankt sein solle, Schweninger aber vor zwei Tagen gemeldet habe, es ginge gut, müsse er, der Kaiser, annehmen, daß man ihn über den Zustand des Fürsten täuschen wolle.« Der General sah das ähnlich: »Für mich unterliegt es keinem Zweifel, daß man dem Kaiser absichtlich die bedenkliche Erkrankung Bismarcks verheimlicht hat.«[100] So und nicht anders ist es gewesen.

Schweninger war – wie er Maximilian Harden später mitgeteilt hat – im Sommer 1898 »längst auf den Tod [Bismarcks – LM] vorbereitet«.[101] Und er war nach eigenen Worten »uneigennützig, mitfühlend und verständig genug«, um dem am Ende so entsetzlich Leidenden »das einzige, was es für ihn noch gab, die ewige Ruhe von Herzen [zu] gönne[n]«.[102] Stellt man diese innere Haltung des Arztes und Freundes in Rechnung, so kann man davon ausgehen, daß Schweninger seine vornehmste Aufgabe im Juli 1898 nurmehr darin gesehen hat, dem Hinfälligen das Sterben zu erleichtern. Dazu gehörte aber nicht zum wenigsten, Bismarck das Erscheinen des deutschen Kaisers am Sterbebett zu ersparen. Dazu war ihm jedes Mittel recht: Er hielt die Tür zu Bismarcks Privatgemächern fest verschlossen, während er die neugierige Außenwelt und den nicht minder neugierigen Kaiser mit schönfärberischen Bulletins anführte. Das hat bis zum Schluß funktioniert. Noch einen Tag vor Bismarcks Hinscheiden antwortete der durchaus gewiefte und erfahrene Journalist Hugo Jacobi aus Berlin auf eine entsprechende ›Unterrichtung‹ Schweningers: »Hochgeehrter Herr Professor! Ihre gütigen Zeilen von gestern haben mich erfreut, sowohl als ein Lebenszeichen von Ihnen als um des Inhaltes willen. Ich hoffe, daß die Riesen-Eiche, die so vielen Stürmen getrotzt, auch diesem Ansturm sieghaft widerstehen wird und daß das lebende National-Heiligthum der Deutschen uns noch lange erhalten bleibt. Berlin war in gewaltiger Aufregung, die gestern noch keineswegs beruhigt war. Angesichts der Depeschen von heute Morgen hörte ich mehrfach: Jetzt raucht er wieder – Gott sei Dank!«[103] Gegenüber solchen Winkelzügen mußte auch der Kaiser schließlich kapitulieren und seine Vorkehrungen ohne den Rückhalt sicherer Informationen treffen.

Am Nachmittag des 30. Juli, also wenige Stunden vor Bismarcks Tod, unternahm der Kaiser im fernen Bergen allein mit Freund Eulenburg einen Spaziergang an Land, um – wie Eulenburg schreibt – »ungestört die Wirkung des zu erwartenden Abscheidens des großen bösen Kanzlers zu besprechen. Niemand erkannte Seine Majestät. Der Weg war schön und die Luft noch schöner. Nach zwei Stunden waren wir auf die ›Hohenzollern‹ zurückgekehrt. Bald nach dem Abendessen, mitten in einer lustigen Unterhaltung [...] traf eine Depesche vom Wolff-Bureau aus Berlin ein, wonach der Zustand des Fürsten Bismarck eine

Wilhelm II. und sein Busenfreund »Phili« Graf Eulenburg bei einer Felsenpartie in Norwegen.

besorgniserregende Wendung erhalten hatte. – Am 31. Juli etwa um 7 Uhr traf die Nachricht von Bismarcks Tod ein«.[104]

Der Kaiser fühlte sich getäuscht, Schweninger hatte ihn belogen und damit um einen effektvollen Auftritt am Sterbelager in Friedrichsruh gebracht. Aber noch war nicht alles verloren von dem, was sich Wilhelm erträumt hatte. Rasches Handeln war geboten. »Es flogen so viele Depeschen hin und her,« – schreibt Eulenburg – »daß ich und die Organe, welche damit zu tun hatten, bis zu dem Augenblick der Abreise, kaum zu Atem kamen.«[105] Der Kaiser befahl die sofortige Rückkehr nach Deutschland. Schon am Montag, dem 1. August, wollte er in Kiel sein, um gleich am Tag darauf an Bismarcks Sarg in Friedrichsruh zu erscheinen.[106]

In seinem zur Veröffentlichung bestimmten Kondolenztelegramm an den Fürsten Herbert gab der Kaiser am Morgen des 31. Juli aber erst einmal noch recht deutlich zu erkennen, wie beleidigt er sich durch die schnöde Behandlung von seiten des Hauses Bismarck fühlte. Er beklagt darin nur »den Verlust von Deutschlands großem Sohn, dessen treue Mitarbeit am Werke der Wiedervereinigung des Vaterlandes ihm die Freundschaft Meines in Gott ruhenden Großvaters, des großen Kaisers Majestät, für das Leben erwarb und den unauslöschlichen Dank des ganzen deutschen Volkes für alle Zeit.«[107]

Mit überheblichen Floskeln wie diesen konnte der Kaiser freilich keinen Staat machen. Das wußten er und sein Stab ganz genau. Und so wurde das Mögliche getan, um große Nationaltrauer zu inszenieren und den Kaiser zum obersten Garanten eines würdevollen Abschieds von Bismarck zu machen. Als legitimer allerhöchster Wahrer des Bismarckschen Vermächtnisses an das deutsche Volk wollte er auftreten. In seinem ersten offiziellen Erlaß an den Reichskanzler hat Wilhelm II. diesem Bestreben mit folgender Pathosformel einen bezeichnenden Ausdruck verliehen: Ihn dränge es, »vor der Welt der einmütigen Trauer und der dankbaren Bewunderung Ausdruck zu geben, von welcher die ganze Nation heute erfüllt ist, und im Namen der Nation das Gelübde abzulegen, das, was er, der große Kanzler, unter dem Kaiser Wilhelm dem Großen geschaffen hat, zu erhalten und auszubauen und, wenn es Not tut, mit Gut und Blut zu verteidigen.«[108] Um mit diesem Wahrspruch Massenwirksamkeit zu erlangen, bedurfte es eines entsprechend administrierten Trauerszenarios. Dazu gehörten nicht nur die Anordnung von Halbmastbeflaggung und Armee- bzw. Hoftrauer sowie die Abkommandierung einer 60 Mann starken Ehrenwache nach Friedrichsruh, sondern mehr noch die Anberaumung von Zeremonien, mit denen sich Wilhelm selbst spektakulär in Szene setzen wollte.[109] So wurde dem Oberhofmarschall August Eulenburg noch von Norwegen aus »die Ausarbeitung eines Programms zur Beisetzungsfeier in Berlin aufgegeben«.[110]

Auf dem Königsplatz in Berlin vor dem Reichstagsgebäude sollten Zurüstungen für eine große öffentliche Leichenfeier getroffen werden. Wie erst später bekannt wurde, hatte der Kaiser »zur Ausschmückung des Königsplatzes drahtlich Befehle erteilen lassen, der Katafalk sollte auf der Rampe des Reichstagsgebäudes errichtet werden, Reinhold Begas dazu die Zeichnung entwerfen und sich wegen aller sonstigen künstlerischen Veranstaltung mit Anton v. Werner ins Einvernehmen setzen. Es war ausdrücklich eine *großartige Schaustellung* befohlen worden. Dazu wurden demgemäß auch sofort Entwürfe angefertigt.«[111] Geplant war, »daß die Beisetzung im Berliner Dom stattfinden würde, und daß sich nach dieser gewiß auch militärisch gedachten Leichenfeier im Freien der Leichenzug durch das Brandenburger Tor die Linden entlang entwickeln würde«.[112] Zu diesen Trauerfeierlichkeiten sollten zahllose Einladungen an alle deutschen Regierungen und hervorragende Persönlichkeiten des öffentlichen Lebens ergehen.[113]

Man erkennt die Absicht: Durch ein großes öffentliches Ritual an symbolischem Ort sollte die schließliche Läuterung des

Kaisers am Leichnam des großen Bismarck vor aller Welt sinnfällig gemacht werden. Als strahlende Verkörperung des Reiches wollte er vor dem Katafalk sein Treuegelöbnis leisten. Wenigstens etwas von der mythischen Kraft des Toten sollte mit dieser symbolischen Handlung auf die Person des jungen Kaisers geleitet werden. Und mit der Bestattung Bismarcks in der Hohenzollerngruft mag Wilhelm darauf spekuliert haben, sich der Legende Bismarck gleichsam ›anzusippen‹. Die Gelegenheit, durch solche großtuerischen Gesten öffentliches Vertrauen zu erwerben und der Hohenzollern-Monarchie womöglich zu einer höheren Form von Legitimität zu verhelfen, würde sich kaum noch einmal bieten.

Wie entschlossen der Kaiser war, diese Chance nicht ungenutzt verstreichen zu lassen, zeigt auch seine Depesche an den ersten Bildhauer von Berlin, Reinhold Begas, den er bat, unverzüglich einen Bismarck-Sarkophag für den Berliner Dom zu entwerfen und dem Verstorbenen die Totenmaske abzunehmen.[114]

Nun gab es allerdings bei all diesen kaiserlichen Umtrieben einen heiklen Punkt, den man schlechterdings nicht ignorieren konnte – die Familie Bismarck. Noch am 31. Juli wurde der Staatssekretär des Innern, Graf Posadowsky, nach Friedrichsruh geschickt, um im Auftrag des Kanzlers die Lage im Trauerhaus zu erkunden. Chiffriert berichtete er Hohenlohe abends von dem Erfolg seiner Mission: »Der verewigte Fürst hat im Frühjahr 1896 verfügt, in Friedrichsruh beerdigt zu werden, wohin später auch die Leiche der Fürstin überführt werden soll. Die Familie will deshalb in Friedrichsruh in allernächster Zeit an einem vom Fürsten gewählten Platz ein Mausoleum errichten. Bis zur Vollendung desselben dürfte die Leiche eingesargt im Hause verbleiben und nur im engsten Familienkreis eingesegnet werden. Bei Überführung der Leiche nach dem künftigen Mausoleum schien Fürst Herbert allerdings eine größere Feierlichkeit vorauszusehen. Derselbe ist entschlossen, an der testamentarischen Verfügung seines Vaters festzuhalten. Auf den einfachen Leichenstein sollen nach Anordnung des Verstorbenen nur die Worte gesetzt werden: *Bismarck, geboren den 1. IV. 1815, ein treuer deutscher Diener Kaiser Wilhelms*. Gegen den von Seiner Majestät dem Fürsten Herbert telegraphisch übermittelten Plan, den verewigten Fürsten im Berliner Dom beizusetzen, sprach sich Fürst Herbert zwar dankbar aber bestimmt aus. Ich glaube, man muß mit dieser Sachlage als einer Tatsache rechnen.«[115]

Die kaiserliche Yacht, die am 31. Juli gegen 14 Uhr losgemacht hatte, brauchte nur 31 Stunden, um von Bergen nach Kiel zu gelangen. Sie traf am 1. August abends um 21.30 Uhr dort ein. Sofort nach der Ankunft ging der Staatssekretär des Äußeren, Bernhard von Bülow, an Bord, um zusammen mit Eulenburg und Kaiser Wilhelm das weitere Vorgehen zu beraten. Aus den Telegrammen von Posadowsky und einem ähnlich lautenden von Herbert Bismarck wußte man um die Gefahr einer erneuten moralischen Niederlage, die dem Monarchen durch das Bismarcksche Testament drohte. Es wurde aber beschlossen, allen Affronts zum Trotz nach Friedrichsruh zu fahren und darauf zu drängen, an der Einsegnungsfeier teilzunehmen. Das Telegramm, das den allerhöchsten Besuch ankündigte, ging am späten Abend hinaus.

Etwa um die gleiche Zeit traf – von Kassel kommend – die deutsche Kaiserin auf der Hohenzollern-Yacht ein. Über die »nervöse Stimmung« dort hat Bülow in seinen Denkwürdigkeiten folgendes berichtet: »Der Kaiser nötigte Ihre Majestät, die noch nicht Trauer für den Fürsten Bismarck angelegt hatte, dies sofort zu tun. Er hielt ihr bei diesem Anlaß eine längere Strafpredigt, in der er mit einem Nachdruck, den man gerade von ihm kaum erwartet hatte, die Kaiserin, vor uns allen, darauf aufmerksam machte, daß alles, was wie Mangel an Bewunderung oder gar an Pietät für den Fürsten Bismarck aussehe, vom deutschen Volk nicht verziehen würde.« Vor allem deshalb wollte

Zu spät!

Die Vergeblichkeit der kaiserlichen »Bemühungen«
um den sterbenden Bismarck moniert diese allegorische Darstellung:
Germania muß alleine trauern!

Wilhelm der Trauerfeier in Friedrichsruh beiwohnen. Auch hielt er immer noch an dem Gedanken fest, »daß der Fürst im Berliner Dom in einem vom Kaiser zu stiftenden und von Reinhold Begas auszuführenden Sarkophag beigesetzt werden sollte«.[116]

Nur von der ursprünglich geplanten großartigen Trauerfeier auf dem Königsplatz in Berlin konnten die Berater den Kaiser schließlich abbringen, denn daß die Kinder die Leiche ihres Vaters dazu hergeben würden, war doch nach Lage der Dinge unerreichbar. Allerdings konnte sich Wilhelm erst am nächsten Vormittag zu diesem Verzicht durchringen. Während namhafte Architekten, Künstler und Techniker mit dem Protokollchef des Hofes im Reichstagsgebäude schon die Einzelheiten des anbefohlenen Spektakels berieten, »traf eine drahtliche Meldung aus Kiel ein, wonach der Kaiser von der geplanten großartigen öffentlichen Trauerfeier Abstand nehme und für Donnerstag eine kirchliche Feier bestimme«.[117]

Der Kaiser hatte also schon vor seiner Abreise nach Friedrichsruh erfahren müssen, daß seine hochfliegenden Pläne einmal mehr vereitelt worden waren. Der Widerstand der Bismarcks war auch im Angesicht des Todes ungebrochen: »Sollte ich den Leichnam meines Vaters dazu hergeben, daß er nach Berlin geschleift wird und daß der Kaiser mit ihm nach Popularität krebsen geht?« hat Herbert Bismarck später gesagt.[118] Aber der Kaiser war der Kaiser, und er war der Gefangene seines unbedingten Willens, durch seine Totenklage mit Worten und Gesten die Herzen der Deutschen zu ergreifen, um damit die Verehrung für seine Person zu steigern. Er sollte – so wurde er von seinen Beratern bestürmt – unbedingt als hochsinniger Monarch erscheinen, der in seiner Trauer weit über dem kleinlichen Gezänk der Berufspolitiker stehe. Gegenüber den teils hinterhältigen Absichtlichkeiten der Bismarcks und der eigenen inneren Empörung verlangte dies ein hohes Maß an Selbstverleugnung. Doch was blieb ihm anderes übrig angesichts des ungeheuren

Echos, das Bismarcks Tod überall in Deutschland und in Europa hervorgerufen hatte?[119]

Am 2. August 1898 gegen 15 Uhr verließ das Kaiserpaar Kiel. Kurz vor 18 Uhr traf ihr Zug in Friedrichsruh ein. Nicht nur die Baronin von Spitzemberg, eine der intimsten Kennerinnen der höchsten Gesellschaftskreise in Berlin, »bewegte, was wohl des Kaisers Gefühle sein möchten, wenn er an des Fürsten Leiche steht, den er so furchtbar geschädigt hat. [Ihr Sohn – LM] Axel meint, Reue werde er nicht empfinden, weil er überhaupt kein Mann der Reue sei«.[120]

Den toten Bismarck bekam Wilhelm gar nicht zu Gesicht. Der Sarg war bereits verlötet, als er das Trauerhaus betrat. Auch dazu Freifrau von Spitzemberg: »Daß der Sarg geschlossen wurde, ehe der Kaiser kam, geht gewiß aus dem Gefühle hervor, dem Manne, der dem Todten das brennende Leid angethan, nicht seinen Anblick zu gönnen – sie trauten sich auch vielleicht die Selbstüberwindung nicht zu, ruhig zu bleiben, wenn sie den Kaiser lebend auf den todten Vater blicken sehen würden!! Und das kann ich gut verstehen, Blut ist Blut, und die Bismarcks sind trotzige Gewaltmenschen, ungebändigt von Erziehung und Kultur, auch nicht edel veranlagt. Hätte die Fürstin gelebt, nimmermehr hätte sie dem Kaiser den Anblick gegönnt, sondern an der Leiche ihres Siegfriedes den Hagen verflucht, der ihn tödtlich gekränkt und geschädigt!! Möglicherweise hat der Alte es selbst so verfügt?«[121]

Auch Bülow griff in seinen Erinnerungen zu einem ähnlichen Bild, als er Herbert Bismarcks schroffe Haltung gegenüber den kaiserlichen Anmutungen so kommentierte: »Man sah ihm den tiefen, leidenschaftlichen Schmerz um seinen, von ihm geliebten, bewunderten, vergötterten Vater an. Aber aus seinen Augen sprach auch männlicher Stolz, sprachen Tapferkeit und Trotz. So mag Hagen von Tronje vor Kriemhild gestanden haben.«[122] Maximilian Harden schrieb damals an seine Gattin: »Ein Glück, daß in Friedrichsruh das Äußerste verhindert wurde. Es war ge-

Verabschiedung des Kaisers nach der Trauerfeier.

rade gut genug, aber alles Wichtige doch abgelehnt. Wenn der Sohn wie der Vater wäre, dann wäre es noch anders gewesen.«[123]

Jedenfalls war die Schließung des Sargs für das deutsche Kaiserpaar – gelinde ausgedrückt – »eine Enttäuschung«.[124] Klartext redete die *Vossische Zeitung:* »Die kleinliche Art und Weise, in der die Familie Bismarck es dem Kaiser und dem deutschen Volke unmöglich machen wollte, ihm die gebührenden Ehren zu erweisen, war nie und nimmer im Sinne des Toten, und die Hinterbliebenen haben das Andenken ihres Familienhauptes und des Bismarcks, der dem deutschen Volke und der Geschichte gehört, damit schlecht geehrt.«[125]

Bleibt noch anzuführen, daß der Staatsakt des Trauergottesdienstes, der am Donnerstag, dem 4. August, in der Kaiser-Wilhelm-Gedächtniskirche in Berlin stattfand, ganz unwilhelminisch-bescheiden ausfiel. Wichtiger als das Ereignis selbst war was sich unmittelbar danach in der Sakristei abspielte. Dorthin hatte Wilhelm seine sämtlichen Minister mit dem Reichskanzler an der Spitze beschieden, um eine Ansprache zu halten, die mit den Worten begann: »Heute ist der Vorhang über einen langen Akt unserer Geschichte gefallen. Jetzt beginnt ein neuer Akt, bei dem Mir die erste Rolle zufällt.«[126]

Wirklich? Das Schicksal hat es anders gewollt. Wilhelm sollte auch über den Tod seines Erzfeindes hinaus im Schatten des Eisernen Kanzlers wandeln. Schon ein Jahr nach Bismarcks Heimgang mußte der Monarch davor gewarnt werden, ja nicht die Gefühle zu verletzen, die dem deutschen Volk seine glühende Bismarck-Verehrung eingeben: »Nicht für Kaiser Wilhelm II., sondern für Bismarck werden die Bergfeuerflammen gezündet«, schrieb Eulenburg damals an Bülow. Und dem kaiserlichen Freund schärfte er ein, daß die Vorsicht und Selbstbeherrschung, die er während der letzten Lebensjahre des Reichsgründers beobachtet hätte, »auch heute noch erforderlich seien, da der ›Bismarckismus‹ eine Kraft sei, deren Wurzeln immer noch sehr tief und fest in den deutschen Herzen säßen«. Wilhelm habe dies gar nicht gern gehört, fügte Eulenburg dem Bericht an Bülow hinzu: »Er sprach die Ansicht aus, daß der ›Kaiser‹ fester darin säße als alles andere.«[127]

Welch eine Täuschung! Wilhelm II. blieb am Gängelband auch des toten Bismarck. Sein politisches Leben lang!

III.

Bismarcks Paparazzi – die Geschichte eines Photos, das nicht gezeigt werden durfte

Die Gier des großen Publikums nach Sensationsbildern aus der Intimsphäre prominenter Zeitgenossen wird heute gemeinhin auf die Verführungskunst und Macht der modernen Medien zurückgeführt, den Menschen als Ersatz für die Banalität ihrer Lebenswelten Teilhabe an »wirklichem« Leben vorzugaukeln. Daß dies kein neues Phänomen ist und möglicherweise gar nicht an der Allmacht der modernen Medien liegt, zeigt uns ein Blick auf das Jahr 1898, als das Leben für die breite Masse nicht weniger banal, das Bedürfnis nach sinnlicher Stimulanz nicht weniger groß war als jetzt, einhundert Jahre später. Schon damals, als die Photographie selbst noch etwas Neues war, gab es einen Hunger des Publikums nach solchen Bildern. Bismarck war ein bevorzugtes Objekt solcher Begierden.

Bildliche Deutlichkeit

Wie im vorigen Kapitel gezeigt, hatte Bismarcks Popularität in Deutschland seit seinem Ausscheiden aus allen Staatsämtern innerhalb kürzester Zeit noch einmal einen enormen Aufschwung erfahren. Überall, wo er öffentlich auftrat, war er sogleich Hahn im Korbe. Eine sehr volkstümlich daherkommende Bismarck-

Schwärmerei ergriff das Land, die ihr Idol bald zu einem allgegenwärtigen Faktor des politischen, des kulturellen, aber auch des gesellschaftlichen Lebens machte.

Es war *The Werner Company*, ein amerikanisch-deutsches Verlagsunternehmen, das diese Zeitströmung in den 1890er Jahren als erstes professionell aufgriff und auf seine Art kommerziell zu nutzen verstand. Es wußte um den Bildhunger des Publikums und wollte den Bismarck-Verehrern etwas Besonderes bieten: eine »geschichtlich treue Illustration seines Lebens und Schaffens, wie sie uns nur die Photographie in die Hand geben kann«. Indem die Gesellschaft »alles, was an Original-, Moment- und anderen Aufnahmen der tausend packenden Augenblicke seines Lebenslaufs, der Stätten seines Wirkens und seiner Umgebung erreichbar war, sammelte und in vollendeter phototypischer Reproduktion wiedergab«, schuf sie in der Tat ein *Bismarck-Denkmal für das Deutsche Volk* (so der Buchtitel), das ein Bestseller werden sollte.[1]

Der Verlag spekulierte dabei ganz bewußt darauf, daß der Leser der damaligen Zeitgeschichte offenbar schon nicht mehr gewohnt war, »die Vorgänge allein durch das Wort auf sich wirken zu lassen, er verlangt, daß diese ihm auch in bildlicher Deutlichkeit veranschaulicht werden«. Die Photographie – so das Konzept – müsse dem Geschichtsschreiber zu Hilfe kommen. »Sie belebt und bezeugt, jeden Zweifel beseitigend, das vom Schriftsteller im Wort Vorgeführte.«[2] – Das sogenannte Lichtbild war also bereits damals auf dem besten Weg, die mündlichen und schriftlichen Zeugnisse in den Schatten zu stellen. Das Bismarck-Projekt der *Werner Company,* das Mitte der 1890er Jahre auf diese Schiene des Zeitgeistes gesetzt wurde, hat nicht wenig dazu beigetragen, dem Mythos Bismarck seinen Weg ins 20. Jahrhundert zu ebnen.

Das Haus Bismarck und der aufkommende Bildjournalismus

Man kann davon ausgehen, daß auch Bismarck die suggestive Kraft des neuen Mediums Photographie nicht verborgen blieb. Vielleicht war er selbst nicht gerade so fasziniert davon wie viele seiner Zeitgenossen; aber er wußte sehr wohl um den *Run* auf Bismarck-Photographien und hat deshalb das Medium keineswegs verschmäht, wo es um die Pflege seines Images ging. Wenn er posierte – und das war in den frühen 1890er Jahren gar nicht so selten –, war er sich natürlich seiner Repräsentationsaufgabe vollauf bewußt. Nicht das verlorene Amt des deutschen Reichskanzlers war es, was er zu verkörpern trachtete, vielmehr war es seine Rolle als Ausnahmeerscheinung, als Seher, mit einem Wort: der Mythos Bismarck, so wie er ihn begriff. Er selbst hat das wenige Monate nach seiner Entlassung sehr feinsinnig formuliert: »Was die Zeitungen über mich schreiben, das ist Staub, den ich mit der Bürste abwische, das ist mir gleichgültig. Ich lege nur Wert auf die Geschichte, was die später über mich sprechen wird. Mein einziger Ehrgeiz, den ich habe, besteht darin, daß ich eine gute Grabinschrift erhoffe. Darum bitte ich, nicht sofort, aber in den Herzen.«[3]

Der Wunsch, sich im Gedächtnis der Nation auf markante Art zu verewigen, war zugleich Bismarcks Wille. Der ehemalige Reichskanzler wollte seine historische Bedeutung unter allen Umständen behaupten. Sein Stolz und der Ehrgeiz der Größe trieben ihn, nun auf Neben- und Umwegen das zu erreichen, was er nur äußerlich preisgegeben hatte, nämlich Einfluß und Macht. Nachdem er von den Schalthebeln der Staatsmacht vertrieben worden war, konnte es sich nur noch um indirekten Einfluß und um geistige Macht handeln. Bismarcks Politik konnte fortan nur noch symbolische Politik sein – Politik freilich, die ihn selbst zum Maß der Dinge machte. Als Mittel zu diesem

Zweck hat Bismarck den Weg der Selbststilisierung und -inszenierung konsequenter beschritten, als er das in seiner Amtszeit jemals getan hatte. Auch als Kanzler ohne Amt wollte er der ›große Bismarck‹ bleiben, der seine historisch-politische Mission noch keineswegs für beendet hielt. Dies nach außen zu vermitteln bedeutete, keine Spur von Geistes- und Gedankenschwäche zu zeigen, körperliche Rüstigkeit zu demonstrieren und eine beneidenswürdige Frische auszustrahlen. Das war natürlich auch ein Tribut an den Zeitgeist. Denn diese Selbstdarstellungsformen konnte nur eine Zeit hervorrufen, die dem herausragenden Einzelmenschen zwar uneingeschränkte Anerkennung zollte, ihn aber gleichzeitig dem Zwang aussetzte, sich ununterbrochen als ein solcher zu präsentieren.

Das von Bismarck vorgestellte Image war nicht gerade eine Charaktermaske, hinter der er sein wahres Gesicht verbarg, aber es waren doch Züge darin, die aufs Imponieren angelegt waren. Er kannte zum Beispiel genau den Überwältigungseffekt seines Blickes und kalkulierte ihn in die Inszenierung seiner Persönlichkeit bewußt mit ein. Insofern offenbarte sich seine Größe auch ein Stück weit in dieser Selbsterschaffung als einer erhabenen Figur. Und seine Ausstrahlung rührte nicht zuletzt von seiner außergewöhnlichen Selbstdarstellungsgabe her. Das war Berechnung und Psychologie zugleich. Bismarck spielte das Politikgenie, aber er mußte auch schauspielern, um an sich selbst, seine Schöpferkraft, seine Mission zu glauben. So wurde ihm die Verkörperung von Macht und Genialität zur Gewohnheit, gleichsam zur zweiten Natur. Diese Natur glaubwürdig zu leben bereitete ihm offenkundig Vergnügen, denn er spürte, welch tiefen Respekt das den Leuten einflößte. Aber sie war auch anstrengend und schließlich – unter dem Einfluß des körperlichen Verfalls – nicht aufrechtzuerhalten.

Solange es aber ging, hat Bismarck die Eigenart seines Wesens als (symbol)politische Waffe eingesetzt. Er war bestrebt, den Eindruck dieser Eigenart in dem Bilde, das er von seiner Persönlichkeit gab, stark hervortreten zu lassen. Nicht durch Bramarbasieren, aber sehr wohl in gebieterischen Posen, Gesten und Blicken, von denen er annehmen durfte, daß sie mit suggestiver Gewalt auf seine Betrachter einwirken könnten. Stärke, Souveränität und kämpferisches Wesen auch nach außen zu zeigen war ihm wichtig. Das belegen die zahlreichen Photographien, bei denen er bestens zu posieren wußte. Und diese Bilder kann man sich auch in Bewegung vorstellen. So läßt sich sagen, daß Bismarck das Seine dazu beigetragen hat, den imponierenden Eindruck noch zu steigern, der von seiner eindrucksvollen Erscheinung ohnedies ausging: als Edelmann, als Herrenmensch und vor allem als genialer Charakterkopf.

Harry Graf Kessler hat das in Erinnerung an seinen Besuch bei Bismarck in Kissingen eine »alle Register beherrschende verführerische Kunst« genannt. Dem kritischen jungen Mann fiel nämlich schon damals die – wie er sagte – »tadellose Regie« auf, von der Bismarcks Auftritt 1891 geleitet worden sei. Einer »teils bewußten, teils unbewußten Schauspielkunst« habe sich der Fürst befleißigt und mit seinem »sicheren Gefühl für Effekte« seine Erscheinung so gekonnt in Szene gesetzt, daß ein bestrickendes »Gesamtkunstwerk« entstand, das Bismarck »gleichzeitig spielte und selber war«.[4]

Sogar die zeitlose Tracht, die sich Bismarck mit seinem Schoßrock, den langen Beinkleidern, dem breitkrempigen Filzhut – alles in Schwarz – zulegte, war nicht ohne Hintersinn gewählt. Er wollte seiner Individualität auch damit eine besondere Note geben, daß er sich äußerlich weitgehend treu und damit unverwechselbar blieb. Er wollte sich würdevoll und vornehm, aber auch schlicht und ergreifend, als respektgebietende Autorität, aber auch als gütiger Patriarch gerieren. Und dazu trug die Garderobe auch ihr Scherflein bei. Schließlich gehörten zu den Insignien seiner Aura seine Hunde: mächtige dänische Doggen, die stets um ihn waren und deren furchteinflößenden Status er instrumentalisierte. Sie wurden ein Teil seiner selbst.

Photographische Verjüngungskur: Der nunmehr 80jährige Reichsgründer wird vorteilhaft in Szene gesetzt.

Bismarck entwickelte gerade in den Jahren nach seiner Entlassung noch einmal ein erstaunliches Geschick dafür, Bilder von sich zu entwerfen, die ihn so zeigten, wie die Leute ihn sehen sollten, vielleicht auch sehen wollten. Denn er hatte ein feines Gespür dafür, wie die Öffentlichkeit Bilder von ihm »lesen«, d.h. als Sinnbilder und weniger als Abbilder ausdeuten würde. Deshalb maß er der Kontrolle seines öffentlichen Images eine große Bedeutung zu. Seine Vertrauten halfen ihm dabei nach Kräften.

Photographien von Bismarck durften niemals ohne vorherige Genehmigung verbreitet werden.[5] Selbst schon genehmigte Bilder wurden bisweilen wieder beanstandet – beispielhaft zu studieren am Fall des Stolper Photographen Eduard Pegenau. Dieser hatte sich im Frühjahr 1895 herausgenommen, ohne ausdrückliche Genehmigung Bismarcks von einer an sich völlig harmlosen sogenannten Momentaufnahme eine Ausschnittsvergrößerung anzufertigen und zu vertreiben, auf der der große Mann etwas unvorteilhaft dreinschaute, profan und ein wenig linkisch. Sofort wurde dem Photographen ausdrücklich verboten, diese Aufnahme weiter in Umlauf zu bringen, ja ihm sogar befohlen, die bereits verkauften Bilder wieder einzuziehen.[6] Der Vorfall zeigt, daß Bismarck sein Recht am eigenen Bild zäh zu verteidigen gewillt war. Das war Teil seiner Imagepflege.

Ein anderes Beispiel ist die von Bismarck angeordnete Vernichtung von Lenbach-Skizzen, die der Maler in Friedrichsruh als für ihn wertlos liegen ließ. Auch hier befürchtete er, es könne »Mißbrauch« damit getrieben werden.[7] Man sieht: Bismarck wollte herrschen, auch über die Wahrnehmung, die andere von ihm hatten. Er pochte auf das, was man heute exklusive Selbstdeutungsmacht, besser noch: Selbsterfindung nennen würde.

Überspitzt formuliert, kann man also sagen: Fast alle Bismarck-Bilder, die in die Öffentlichkeit gelangten, sind eine markante Mischung aus Inszenierung (des Photographen) und Selbstinszenierung (des Abgebildeten). Es gibt bis zum Tod keine »objektiven« Aufnahmen des alten Mannes, jedenfalls keine zugelassenen. Die veröffentlichten Bilder muß man als Arrangements lesen, in denen sich die positiven Vorurteile des Photographen ebenso spiegeln wie die private Ideologie seines Modells. »Gute und mächtig wirkende Auffassungen vom Fürsten zu erzielen«, nannte Bismarcks Kissinger Photograph Pilartz das Hauptanliegen seiner Arbeit.[8] Wie denn umgekehrt sein berühmter Kunde die Pilartzschen Bilder von ihm als »wahre Kunstwerke« bezeichnete und in der Presse besonders auf diese Photographien hinweisen ließ, »denn sie geben den ganzen Bismarck, wie er leibt und lebt, so weit ihn eben Bilder wiedergeben können«.[9] Mit anderen Worten: Sowohl das Modell als auch sein Photograph wußten, welche Bildmittel Identifikation hervorriefen: die Betonung der Attribute, die Bismarcks Persönlichkeit rein äußerlich auf unverkennbare Weise charakterisierten, und die lichtbildnerischen Zutaten, die sie idealisierten.

Das führt zu einer grundsätzlichen Überlegung: Historische Photographien vergegenwärtigen vergangenes Geschehen nur scheinbar authentisch. Der Betrachter hält zwar das, was er sieht, leicht für historische Wirklichkeit. Das heißt: Er fragt nicht nach den Tücken der medialen Vermittlung dieser Wirklichkeit. Tatsächlich haben wir es aber mit inszenierter Wirklichkeit zu tun. Die Aufnahmen geben nur das wieder, was der Photograph seinen Kunden bzw. dem Publikum vorzeigen wollte. Und diese Wiedergabe erfolgte zumeist in idealisierter bzw. ästhetisch stilisierter Form. Anders gesagt: Wir haben es mit einer photographischen Schöpfung von Wirklichkeit zu tun.

Das gilt auch und gerade für die historische Portraitphotographie, die sich dabei vor allem des Hilfsmittels der Retouche bediente. In ganz kurzer Zeit entwickelte sich die Retouche von einer Technik zur Verbesserung zufälliger Fehler auf der Negativplatte zu einem unentbehrlichen Hilfsmittel der Photographie. Ihr Einsatz kam dem Bedürfnis der Menschen entgegen,

Fehler oder Mißbildungen in ihrer äußeren Natur zu vertuschen, die das Photo-Bild in unerbittlicher Objektivität wiedergab.

Üblich waren sowohl Negativ- wie auch Positivretouchen. Zum Arbeiten an Details wurden harte Stifte verwandt, die nur wenig Graphit auf die Platte abgaben. Da die Gelatineschicht des Negativs für den Bleistift nicht genügend empfänglich war, mußten die zu retouchierenden Stellen mit einem besonderen Mittel – Siccativ – grundiert werden. Auch ganze Partien ließen sich aufhellen und zum Verschwinden bringen, wenn man sie mit einem in Alkohol getränkten Wattebäuschchen bearbeitete. Bald hatte sich – neben den Berufsphotographen – ein Spezialistentum herausgebildet, das den Photogeschäften mit diesen kunsthandwerklichen Fertigkeiten zuarbeitete. Vor allem, wo es um Bilder für die höchsten Kreise ging, war der Photograph auf einen professionellen Retoucheur angewiesen. Ein beliebtes Mittel der Retouche war zum Beispiel, die Haut des Portraitierten zu körnigen Flächen umzuarbeiten, so daß eine schöne gleichmäßige Patina entstand. Auf diese Weise wurden Falten zum Verschwinden gebracht und eine Frische des Ausdrucks suggeriert. Haare ließen sich ebenfalls aufhellen, und selbst vor zeichnerischen Korrekturen der anatomischen Gegebenheiten wurde nicht zurückgeschreckt.

Bei den Photographien, die den alternden Bismarck zum Thema hatten, läßt sich dieser allgemeine Trend exemplarisch studieren. Die Spuren des Alterns wurden von den meisten Photographen geflissentlich wegretouchiert. Bismarck war bekanntlich durch ein höchst anstrengendes Leben gegangen, und die Spuren dieses Lebens hatten seinen Körper gezeichnet. Aber das wurde kaum zur Kenntnis genommen. Man sah weder die Verwitterung seiner Züge noch deren Erschlaffung. Das war durchaus eine Signatur der Zeit, die dem schönen Schein einen höheren (Verkaufs-)Wert zumaß als der Wirklichkeit. Die meisten Bismarck-Photographen sahen geradezu ihren Beruf darin, an Bismarck optisch zu kosmetisieren, was hätte mißfallen können. Mit reichlich Retouche waren sie bemüht, die Portraitmalerei der Zeit zu kopieren, ihren Bildern den Anschein zu geben, eine Art von Lenbach-Gemälden zu sein.

Die wenigen unretouchierten Bismarck-Photographien, die überliefert sind, machen das Ausmaß der besagten Manipulation sehr deutlich. Sie zeigen – wie das Titelbild dieses Buches – den Alterungsprozeß, den die offiziellen Photographien nicht wahrhaben wollten. Die Begleitmusik dazu lieferten die Artikel der Bismarck-Presse, die bei jeder passenden und unpassenden Gelegenheit die sehr gute körperliche Verfassung des greisen Bismarck hervorhoben. Immer wieder ist dort von militärisch straffer Haltung, von elastischen Schritten und dergleichen mehr die Rede. Stramm, aufrecht und rüstig erscheint Bismarck, frisch und gesund ist die Farbe seines Antlitzes. Ungebeugt von der Last seines Alters, ist und bleibt er der Recke, der dem tradierten Bild unerschütterlicher Kraft und Gesundheit entspricht.[10] Das sorgsam gepflegte Image von der Unverwüstlichkeit des ›Reichsschmieds‹ sollte vergessen machen, daß auch Bismarck nur ein Mensch und damit den Bedingungen alles Irdischen unterworfen war.

Als nun Mitte der 1890er Jahre die sogenannte Momentphotographie in Gebrauch und auch von Amateuren bedienbare Photoapparate auf den Markt kamen, da erwuchs dem berühmten Politiker auf seine alten Tage hin noch eine Gefahr. Je mehr Amateurphotographen ihn behelligten, umso weniger kontrollierbar wurde, was sie da von ihm auf ihre Platten bannten. Bismarck wurde vorsichtig: »Man ist jetzt gar nicht mehr sicher«, sagte er zu seinem Diener. »Die Kerle lauern einem überall auf mit ihren Knipsapparaten.«[11] Auch die Bismarck-Presse beklagte, daß sich »um den Fürsten eine allzu dreiste Photographiererei breit machte«.[12] Wie der Schriftsteller Arthur Mennell 1895 berichtet, hätte Bismarck früher für Momentphotographen bereitwillig einige Minuten still gehalten; das sei aber jetzt vorüber.[13] Bismarck habe gesagt, beim »Knipsen« wüßte man nicht, »ob man photographiert oder erschossen wird« – eine durchaus hintersinnige Bemerkung.[14]

Bismarck-Photographen

Die meisten Photographen, die dem alten Bismarck »auflauerten«, waren natürlich harmlose Amateure. Aber es gab auch schon professionelle Bildjournalisten, die um die öffentliche Lust auf »Geheimnisse« aus dem Privatleben des großen Bismarck wußten. Das hat einige von ihnen motiviert und stimuliert, sich auf solche Bilder zu spezialisieren. Unter diesen haben sich seit Anfang der 1890er Jahre vor allem drei Personen hervorgetan: der Leipziger Schriftsteller Arthur Mennell sowie die Hamburger Photographen Willy Wilcke und Max Priester. Was waren das für Leute?

Arthur Mennell, der sich bis 1880 Otto Arthur Männell nannte, wurde am 2. Oktober 1855 in Weißenfels geboren. Von Dezember 1876 ab soll er Kameralistik und Philosophie in Leipzig studiert haben, aber so sicher ist das nicht – die Nachzeichnung seines Lebenslaufs gibt dem Historiker manche Rätsel auf.

Mennell bezeichnete sich selbst als einen »Outsider«, aber er war wohl mehr das, was man heute einen »Looser« nennen würde. Leidlich begabt, was Beobachtungsgabe und schriftstellerisches Talent anlangt, neigte er zu einer Form von Selbstüberschätzung und -gefälligkeit, die man psychologisch nur als Reflex eines ausgeprägten Minderwertigkeitskomplexes deuten kann. Er stand sich dadurch selbst im Wege, blockierte eine systematische Schulung seiner Talente und – scheiterte. Zwischen dem Abbruch seines Studiums an der Universität Leipzig im Jahre 1880 und dem Ruin seiner Publizistenkarriere 1896/97 lagen anderthalb Jahrzehnte Wanderschaft, die man sich wohl mehr als die einer »verkrachten Existenz« denn als Lehrjahre eines hoffnungsvollen Literaten vorzustellen hat. In Paris, wohin es ihn Mitte der 1880er Jahre zog, schrieb er ein Reisebuch mit dem Titel *Pariser Luft*, dann reüssierte er mit drei Kolportagestückchen.

Was ihm diese nicht sehr originellen Produkte einbrachten, wissen wir nicht, doch wir dürfen annehmen, daß es zu einem gutbürgerlichen Leben zu wenig war – aber wohl auch zu viel, um diesem Erwerbszweig den Rücken zu kehren. 1888 – das Dreikaiserjahr – wurde auch für Mennell zum Schicksalsjahr. Zunächst ging er als Buchhändler für kurze Zeit nach Leipzig zurück, wo er mit seiner Mutter die »Literarische Gesellschaft« gründete, einen kleinen Verlag, der nicht zuletzt Mennells eigene Werke vertreiben sollte. So erschien kurz nach dem Ableben Wilhelms I. seine von Peter Kraemer illustrierte Schrift *Mittags beim Kaiser in seinen letzten Lebenstagen.* Was sich hinter diesem großsprecherischen Aufmacher verbirgt, ist eine unsägliche Reportage über die Auftritte des greisen Kaisers vor seinem legendären Schloßfenster in Berlin, wie sie Mennell im Frühjahr 1888 von ferne beobachtet hatte.

Wenig später publizierte der Verlag in insgesamt 19 Lieferungen dann das in der Ausstattung durchaus opulent zu nennende Werk *Die Königsphantasien. Eine Wanderung zu den Schlössern König Ludwig's II. von Bayern; mit der erstmaligen privilegierten Abbildung der innern Schloßräume in Buchform* (1888-1890). Schwer verdaulich wiederum der Text, wie schon aus der Absichtserklärung des Vorworts hervorgeht, wo Mennell schreibt: »Ich will ja nur ein Wanderer sein, der erzählt und zeigt, was er sah. Und da ich bei meinem Wandern sah, wie nicht selten die Wirklichkeit zur Phantasie und die Phantasie zur Wirklichkeit geworden, so wird's freilich ohne Schwärmerei nicht gehen. Aber wie lohnt sich auch das Schwärmen, wenn man zur einen Seite verschwenderische Kunst, zur anderen verschwenderische Natur hat und dabei stark bleibt, heiter den Weg zurück zu finden in den deutschen Tag.«[15] Gegenüber dieser literarischen Kost boten die zeitgenössischen Unterhaltungsromane einer Marlitt bereits haute cuisine.

Mennell hatte nun allerdings sein Metier entdeckt: den literarischen Voyeurismus, für den sich das Privatleben der Großen

Schriftsteller ohne Fortune: Arthur Mennell.

besonders zu eignen schien. Diese Quelle war bislang noch kaum dem Buchmarkt erschlossen. Vom »Heldenkaiser« Wilhelm über den »Märchenkönig« Ludwig bis zum »Übermenschen« Bismarck war es kein weiter Weg. Und so wundert nicht, daß Mennell, der bislang nur die Intimsphäre von Hinfälligen bzw. tragisch Verstorbenen zu belauschen versucht hatte, auf die Idee kam, einen weiteren Mythos beizeiten zu beobachten.

Jedenfalls kam ihm um 1889 die Idee, dem berühmten Kanzler ein volkstümliches Denkmal der besonderen Art zu errichten. Er wollte sich an einem großen Kolportagestück zu Bismarcks Leben versuchen, einer reich bebilderten Plauderei über Lebensumstände und -gewohnheiten – womöglich aus eigener naher Beobachtung. Nachdem er Anfang 1890 *The Werner Company* für dieses Vorhaben interessiert und womöglich auch einen Vorschuß eingeheimst hatte, war er sozusagen von Kopf bis Fuß auf Bismarck eingestellt. Im Reichstag und im Tiergarten begann er ihn – noch von ganz fern – zu observieren. Und als Bismarck im März 1890 entlassen wurde, da war Mennell wiederum zur Stelle: »Dank seines getreuesten Geheimpolizisten folgte ich ihm auf allen Wegen jener Abschiedstage in Berlin. Ich fuhr am 28. März ihm nach bis zur Schwelle der Gruft des alten Kaisers [wo Bismarck sich demonstrativ vom Hohenzollernhaus verabschiedete – LM], und am 29. saß ich in dem Zuge, der ein reichstes Stück deutscher Geschichte in den Sachsenwald [nach Friedrichsruh – LM] entführte. Am anderen Morgen ereilte meine Kamera den ersten Spaziergang des Privatmanns und so ging es fort.«[16] Mennell scheute weder Kosten noch Mühen, dem heldenhaften Objekt seiner Begierde so nahe wie möglich zu kommen: Er fuhr ins hinterpommersche Varzin, Bismarcks Gutssitz, reiste auch immer wieder nach Kissingen, wo sich der Altreichskanzler noch bis 1893 regelmäßig zur Kur einfand, und begleitete ihn überall dorthin, wo er glaubte, ein zeigenswertes Motiv zu ergattern. Ja, er erlernte sogar die Technik des Photographierens, nachdem die ersten sogenannten Handkameras auf den Markt gekommen waren.

Mennells Geschäft wurde also die Bismarck-Überwachung, und er war naiv genug, dies in seiner blumigen Sprache auch offen zum Ausdruck zu bringen. So schrieb er 1895, daß er »bei jeder neuen Begegnung mit Bismarck auf den Wartturm steige, um mit dem kritischen Fernglas mein ›Objekt‹ so astronomisch wie nur möglich zu beobachten«. Dies hindere ihn zwar daran, bei solchen Begegnungen »ich selbst zu sein, weil es zwingt, eine Art Komödie vor dem Manne zu spielen«[17], doch Skrupel bereitete ihm das offenbar nicht. Mennells Streben war ganz und gar darauf ausgerichtet, daß ihm eine Bilderfolge vom legendären Kanzler glücken möge, die ihn reich und berühmt machte.

Doch so sehr sich Mennell auch bemühte, es gelang ihm in all diesen entbehrungsreichen Jahren niemals, bis in den inneren Kreis des Hauses Bismarck vorzudringen. Zu einem persönlichen Gespräch, gar zu einer Einladung zu Tisch oder zur Gewährung einer richtigen Portraitsitzung vor der Kamera ließ sich Bismarck nie herab. Mennell schreibt selbst – gewunden und zerknirscht zugleich: »Fürst Bismarck hat das Photographieren wohl – und zwar recht oft widerwillig – ertragen, aber nie gefördert. Daß meiner, mit schriftstellerischen Zielen verbundenen photographischen Arbeit kein direktes Hindernis in den Weg gelegt wurde – ich hätte das allerdings überwunden – ist ebenso Tatsache wie der Umstand, daß ich oft indirekte der höheren Dienerschaft überwinden mußte.«[18]

1892 veröffentlichte er 20 »Bismarckbilder aus dem Sachsenwalde« – eine Kollektion von Photokarten in einem dekorativen Schuber, die sein Verlag der *Literarischen Gesellschaft* in Leipzig vertrieb. Die Aufnahmen stammten alle vom Frühjahr 1892 – wie Mennell selbst auf der Rückseite des ersten Bildes schreibt – und seien ein »kleiner Teil« der von ihm »und beiläufig ohne Bismarcks Willen und Wissen, seit Jahren zu einem ›Bismarckdenkmal‹ selbst hergestellten Sammlung ›bildlicher

Dokumente‹«. Sie seien »bei oft ungünstigem Wetter momentan aufgenommen« und wollten von daher »nicht schöne, sondern charakteristische Wirkung üben«. Seine Bilder seien – wie er an anderer Stelle schreibt – »nicht gemacht, sondern erhascht«.

So konnte Mennell von Glück sagen, daß er wenigstens einige Äußerlichkeiten aus Bismarcks Lebenszusammenhang im Detail sehen und aufnehmen durfte. Wer ihm zu diesen Besichtigungen – etwa der Bismarckschen Privatgemächer in Friedrichsruh – verhalf, ist unklar. Wahrscheinlich das Dienstpersonal. Gleichwohl – das eigentliche Objekt seines Begehrens blieb Mennell jedenfalls zeit seines Lebens äußerlich und fremd, und äußerlich mußte ihm daher letztlich auch die Lebenswelt dieses Mannes bleiben. Gerüchte, Anekdoten, Erzählungen aus zweiter und dritter Hand und nicht zuletzt eine wildwuchernde Phantasie mußten also – wenn das Werk zustande kommen sollte – ersetzen, was für Mennell aus eigener Kraft nicht zu erlangen war. Schlimmer noch: Er mußte eine Nähe zu seinem »Gegenstand« vortäuschen, die es in Wirklichkeit nie gegeben hat und auch nicht geben würde.

Dem Verlag wurde offenbar bald klar, daß Mennell mit seinem Auftrag – auf sich allein gestellt – überfordert war. Jener hatte sich auf einen Autor eingelassen, der dem Projekt nicht gewachsen schien, dem jedenfalls die Möglichkeiten nicht zu Gebote standen, um im Alleingang ein halbwegs lebensnahes Bild vom großen Bismarck zu liefern. Der Verlag hat sich deshalb 1895 nach einem versierten Co-Autor umgesehen, einem Bismarck-Fachmann sozusagen, und mit Bruno Garlepp hat er auch alsbald einen ausgewiesenen Schriftsteller gefunden, den er dann – wohl hinter dem Rücken von Mennell – sogleich engagierte. Auch zusätzliches Bildmaterial von anderen Berufsphotographen wußte der Verlag sich zu beschaffen. Wir werden darauf noch zu sprechen kommen.

So wurde Mennell der Auftrag langsam, aber sicher entwunden. Er selbst hielt freilich daran fest, daß das zu schaffende

»Bismarck-Denkmal« ganz allein sein Werk sei und bleiben würde. Geltungsdrang und Renommiersucht wehrten jeden Gedanken ab, Abstriche an seinen hochfliegenden Plänen zu machen. Im Herbst 1895 reichte er dem Verlag ein Manuskript zu einem ersten Teil des überfälligen Buches ein, das tatsächlich in Druck ging – ein unsäglicher Text, selbst wenn man ihn an den Maßstäben populärer Schriftstellerei mißt.

Die Lektüre ist sicher nicht nur dem heutigen Leser ein Graus: geschwätzige Kolportageprosa, die sich in einem überdimensionalen Strauß von Anekdoten verliert, ohne je zum Kern einer Sache vorzudringen. Dazu endlose Auszüge aus Reden und Ansprachen, garniert mit launigen, gewundenen Kommentaren des Autors in der Ich-Form. »Enthüllungsjournalismus« bezüglich kleiner Geheimnisse aus dem Hause Bismarck – etwa, daß die Bismarcks ihr Gesinde »hübsch ineinander verheiraten« oder daß bisweilen eine Flasche *französischen* Cognacs auf dem Schreibtisch Bismarcks stehe – wechselt mit Sprechblasen der abgeschmackten Art, und bisweilen enden die Expektorationen mit Peinlichkeiten wie dieser: »Die Pfeife ist offenbar Bismarcks getreueste unpersönliche Gefährtin und wahrlich sie machte genau den bescheidenen, um nicht zu sagen dürftigen Eindruck wie seine getreueste persönliche Gefährtin, Ihre Durchlaucht die Fürstin.«[19] Die Seichtheit dieser Ausdrucksweise wird konterkariert durch eine Pose, die noch heute Kopfschütteln hervorruft. Nicht nur, daß Mennell seine photographischen Leistungen mit den malkünstlerischen eines Franz von Lenbach auf eine Stufe stellte – er drechselte seine Schreibkunst immer wieder zu einer Selbstbewunderung, die dann zum Beispiel so lautete: »Man ist ja schließlich keine Schlafmütze. Und gerade deshalb darf ich's sagen, daß mich niemals der Politiker, wie großartig und einzig der auch war, in Bismarck bezwang, sondern immer nur der Mensch und wieder der Mensch.«[20] Ein Mensch also, den kennenzulernen er niemals Gelegenheit erhielt!

Man muß sich mit diesen literarischen Ergüssen in ihrer ganzen Peinlichkeit konfrontieren, um zu ermessen, daß ein Mann von dem Format eines Mennell nicht den Hauch einer Chance besaß, im Hause Bismarck jemals in den Rang einer *persona grata* vorzurücken. Nicht, daß der Bismarck-Clan etwas gegen Hagiographie und Apotheose gehabt hätte! Aber was Mennell zu bieten hatte, lag doch tief unter dem Niveau dessen, was in den Augen der Bismarcks auch nur halbwegs bestehen konnte. Somit stand selbst die Instrumentalisierung eines solchen Schreiberlings außer Frage.

Mennell focht das offenbar nicht an. Ja, er suchte sogar die Konfrontation mit den Bismarck-Getreuen, um auf sich aufmerksam zu machen. Zwei Briefe aus dem Frühjahr 1896 sind hierbei so bezeichnend, daß es lohnt, aus ihnen etwas ausführlicher zu zitieren. Hintergrund dieser Schreiben war Mennells (vergeblicher) Versuch, das Erscheinen weiterer, nicht von ihm stammender Teile des *Bismarck-Denkmals* zu verhindern. Der erste Brief vom 5. April 1896 richtete sich an Bismarcks Privatsekretär und Arzt Dr. Chrysander. Darin schreibt Mennell, *The Werner Company* würde verbreiten, »die Weiterführung des von mir seit 1888 vorbereiteten und in jeder Form als mein geistiges Eigentum geltendes Bismarckdenkmals durch Andre – die für mich und alle rechtlich Denkenden eine an Chikagoer Schlachthofsgewohnheiten erinnernde Gewaltmanipulation darstellt, wäre von Ihnen mit dem Bemerken gebilligt worden, daß Sie *nunmehr* jede Änderung des Werkes zusagten. Ich möchte, obschon ich mich Ihres besonderen Wohlwollens weder erfreute noch schon im Hinblick auf Ihre kostbare Zeit zu erfreuen wünschte, annehmen, daß diese Darstellung seitens der *Werner Co.* aus derselben mehr als phantastischen Geschäftspraxis entspringt, die sie bei allen anständigen Leuten verachtet gemacht hat«. Er bäte Chrysander deshalb um »ein wenn auch nur einziges rectifizierendes [richtigstellendes] Wort«. Und er wäre ihm dankbar, »wenn er ihn wissen ließe, ob Herr John Thiele [ein Hamburger Photograph – LM] in der Lage war, eine von Ihnen ausgesprochene Ansicht über mich zum Ausdruck bringen zu können. Obschon Herr Thiele ausdrücklich betonte, daß er mir diese ›Ansicht‹ oder auch dieses Urteil letztlich aus ›Freundschaft‹ überbringe, so möchte ich doch diesem kleinen luftigen Photo-Mechanikus ein besonderes Gedächtnis für fremde Worte auch dann nicht zumuten, wenn davon notwendigerweise ein gerichtliches Verfahren abhängen müßte«.[21]

Da Chrysander diese Unbotmäßigkeit ignorierte, fühlte sich Mennell offenbar gemüßigt, fünf Tage später ein zweites Schreiben an Friedrichsruh zu richten, diesmal an Bismarcks Schwiegersohn Kuno von Rantzau: »Ich habe«, schreibt Mennell, »in den 7 Jahren, während welcher ich mich mit Vorbereitungen für ein Bismarckwerk trug, die Familie Bismarck niemals mit meiner Person belästigt.« Dies müsse aber nun geschehen, weil er sich mit dem Verlag des geplanten Werkes überworfen und jede Verbindung mit ihm aufgegeben habe. »Wenn ich das so kurz sage, so verschweige ich, daß dahinter ein halbes Jahr des Kampfes, Zauderns und Sorgen liegt. Ich wollte im Hinblick auf den mir *menschlich* heiligen Gegenstand des Werkes unter allen Umständen diesen Bruch vermeiden, weil er naturgemäß die naseweise Öffentlichkeit beschäftigen würde. Das wußten auch meine Amerikaner und je mehr ich nachgab, desto gemütlicher eskamotierten sie meine Verlagsrechte und ihre Verlagspflichten.« Nun habe er sich aber endlich »doch gewehrt, und, nachdem ich es getan, im rechten Augenblick die Verteidigung mit dem Angriff vertauscht. Ich weiß kaum, weshalb ich Ihnen das alles sage. [...] Aber mich leitet dabei doch wohl das rechte Gefühl: mir ist es, als ob ich mich entschuldigen müsse, daß ich es wage, in einen Streit zu gehen, der seinen Lärm bis an die Parkmauern von Friedrichsruh werfen könnte. Und wenn man dann drinnen einen Augenblick aufhorchte, sähe ich in Gedanken vielleicht ein verächtliches Achselzucken, hörte ich ein schlimmes Wort. Aber ich bin dennoch kein Bismarck Hausierer. Ich habe [schon – LM] an meinem Werk gearbeitet, wie [noch – LM] kaum einer der inzwischen so lustig in die Tinte geschossenen Bismarck-Biographen zu sehen war. Ich habe mein Werk in Not und Sorgen getragen und mich zu elendsten Photographendiensten hingegeben, nur um meinem Helden überall nachfahren zu können. Und je länger ich ihm nachfahre und nachgehe, desto brennender wird die Scham, daß ich es wage, über Bismarck zu schreiben. Aber das geht nur mich an; und übrigens schreibe ich ja doch. Aber im übrigen wiederhole ich, was ich oben sagte: Mir ist es, als ob ich mich entschuldigen müsse«.[22]

Daß Mennell mit krausen Zudringlichkeiten wie diesen keine Sympathien im Hause Bismarck erwerben konnte, liegt auf der Hand. Und so wundert es denn nicht, daß aus den gut zwei Jahren, die zwischen Mennells Briefen und Bismarcks Tod lagen, nichts überliefert ist, was Mennells Verhältnis zum Hause Bismarck in einem günstigeren Licht erscheinen läßt. Im höchsten Maße erstaunlich ist dagegen, daß Mennell drei Tage nach dem Ableben seines Helden öffentlich behaupten konnte, es habe nur einer fünfminütigen Wartezeit bedurft, bis Bismarcks Sohn Herbert seinem schriftlich eingereichten Gesuch, eine Photographie der Leiche aufzunehmen, entsprochen habe. Wie kam der Mann zu dieser ganz außergewöhnlichen Ehre?

Bevor wir uns mit dieser Frage beschäftigen, sollen noch die zwei anderen Bismarck-Photographen vorgestellt werden.

Zunächst Willy Wilcke, der am 28. Juni 1864 in Wismar als das jüngste von insgesamt zehn Kindern eines Pantoffelmachers geboren wurde. Mit sechs Jahren schon verlor er seinen Vater. Nach der Volksschule trat er in die Lehre beim Hofphotographen Schmidt in Wismar ein und war danach als Photographengehilfe in Malchin, Lübeck und Chemnitz tätig. Seinen Wehrdienst beim 13. Jägerbataillon in Dresden schloß er 1887 als Ge-

Selfmademan mit Ambitionen:
Der Photograph Willy Wilcke (1864 - 1948).

freiter ab. Im gleichen Jahr eröffnete er ein eigenes kleines Photogeschäft in Ratzeburg und verheiratete sich mit der Bäckermeisterstochter Minna Blöß aus Hamburg, die auch im Geschäft mithalf. 1889 siedelte die inzwischen vierköpfige Familie nach Hamburg über, wo Wilcke ein neues Photogeschäft errichtete. Durch die Einführung neuer Techniken warb er eine wachsende Kundschaft ein, so daß er im Januar 1894 einen größeren Laden mit guter Adresse (Steindamm 56) aufmachen konnte. 1896 beschäftigte er drei Gehilfen und drei Lehrlinge.

Als er im September 1896 beim Großherzog von Mecklenburg den Titel eines »Hofphotographen« beantragte, bescheinigte ihm die Hamburger Polizeibehörde, er »bewege sich gesellschaftlich in den besseren Kreisen«. Sein steuerpflichtiges Jahreseinkommen habe Wilcke selbst auf 4000 Reichsmark beziffert [das sind etwa 50000 DM]. »Nach von sachverständiger Seite eingeholtem Gutachten« – fährt der Polizeibericht fort – »erheben sich die Arbeiten des Wilcke tatsächlich über die Durchschnittsleistungen der deutschen Photographie hinaus. Namentlich werden seine landschaftlichen Aufnahmen als von ganz besonderer Schönheit geschildert.«[23] So wurde das begehrte Hofphotographen-Patent im Januar 1897 tatsächlich ausgestellt. In diesem Jahr erwarb Wilcke auch das Hamburger Bürgerrecht.

Wilcke hatte sich also aus sehr kleinen Verhältnissen zu einer respektablen bürgerlichen Existenz emporgearbeitet. Politisch gehörte er seit den frühen 1890er Jahren der antisemitischen Bewegung an, auch war er Mitglied der Freimaurerloge »Zur goldenen Kugel« sowie der Kameradschaft ehemaliger Jäger und Schützen. In Loge und Kameradschaft lernte er den Privatbeamten der Bismarckschen Forstverwaltung, Louis Spörcke, näher kennen, mit dem ihn bald eine feste und durchaus nützliche Freundschaft verband.

Ab 1893 war Wilcke in Friedrichsruh bei Empfängen und Bismarck-Huldigungen tätig. Möglicherweise hat Spörcke ihm das ermöglicht. Nach eigenen Angaben ist Wilcke von 1893 bis 1897 insgesamt 23mal in Friedrichsruh zum Photographieren gewesen, das letzte Mal am 8. Dezember 1897 beim Abschiedsbesuch des Prinzen Heinrich von Preußen, wo er aber von Bismarck nichts sah. Diesen photographierte er das letzte Mal am 28. September 1897 bei einer Ausfahrt am Schloßtor.[24]

Als Kollege von Wilcke hatte sich Mitte der 1890er Jahre auch Max Christian Priester in Hamburg etabliert. Er wurde am 28. Januar 1865 in Altona als fünftes Kind eines Tuchmachers geboren. Der Vater hatte sein Textilgeschäft wegen Geldschwierigkeiten aufgeben müssen und sich sodann als Photograph versucht. Wohl nicht ganz erfolglos, denn Max Christian durfte die höhere Bürgerschule in Altona besuchen. Er scheiterte allerdings schon auf Quarta, erhielt dann Gesangsunterricht, entschied sich aber letztlich doch, den Photographenberuf zu erlernen. Seit Anfang 1886 in Hamburg gemeldet, heiratete Priester im Herbst 1890 die Rostocker Ingenieurstochter Auguste Cecilie Elisabeth Abendroth. Die Frau stammte nicht nur aus einem angesehenen Hause, sondern sie war auch vermögend. Allerdings scheint die Ehe trotz mehrerer Kinder nicht besonders glücklich gewesen zu sein. Seit Februar 1894 hatte Priester ein eigenes Photogeschäft im Stadtteil St.Georg. Er nannte sich selbst einen »Moment-Photographen« (Logo). Ein Portraitphoto aus den frühen 1890er Jahren zeigt uns den Endzwanziger in bezeichnender Pose: ein typischer »Gernegroß« mit auffällig stark abstehenden Henkelohren, dessen kalte Augen ziemlich gleichgültig in die Welt blicken.

In Friedrichsruh hat er nachweislich seit 1895 Aufnahmen gemacht; zum Teil in Gemeinschaft mit dem etwa gleichaltrigen Kollegen John Thiele. Auch mit Arthur Mennell hat er hier und da zusammengearbeitet. Priester erfreute sich dabei vor allem bei Bismarcks Tochter Marie großer Beliebtheit und Anerkennung. Auch deren Mann schenkte Priester wohlwollende Auf-

Nicht fingiert, sondern authentisch: der Lebemann, Sänger und Photograph Max Priester (1865 - 1910).

merksamkeit.[25] Zu Bismarcks 82. Geburtstag am 1. April 1897 erhielt er auf Anfrage Zutritt zum Park, »wenn Sie auch« – wie Chrysander ihm schrieb – »schwerlich Gelegenheit zu interessanten Aufnahmen haben werden«.[26] 1897 war Priester auch sonst dort sehr aktiv: Er photographierte den Besuch des Königs von Siam sowie Bismarcks Ausfahrten.

Priesters Tochter Lola hat später mitgeteilt: Der Vater sei im Friedrichsruher Schloß »wohlbekannt« gewesen und man habe ihn dort »seiner schönen Bilder halber ›unsern Rafael‹« genannt. Er scheint tatsächlich im Hause Bismarck ein gewisses Ansehen genossen zu haben; womöglich war er im Vergleich zu Wilcke auch der bessere Photograph. Im Dezember 1897 wurde Priester vom Fürsten zu Schaumburg-Lippe zum »Hofphotographen« ernannt.[27]

Die beiden Hamburger Photographen hatten jedenfalls seit Anfang der 1890er Jahre die deutsche Öffentlichkeit mit mancherlei Bildern vom Alten im Sachsenwald versorgt. Beide wußten, daß sie mit Photos vom greisen Bismarck sehr gute Geschäfte machen konnten. Bei den Bismarck-Getreuen waren die »Kameramänner« leidlich gelitten. Man mochte ihre Bilder, die sie geflissentlich ganz darauf abgestellt hatten, den großen Mann als den Größten zu feiern. Auch wenn sie in seinem Park und Schloß nicht geradezu ein- und ausgingen, waren sie doch dort meist geduldet. So mögen sich die beiden selbst ein wenig als Haus- und Hofpersonal gefühlt haben. Jedenfalls traten sie nach außen so auf. Deshalb wundert es nicht, daß *The Werner Company* in Berlin nach dem Bruch mit Mennell auch mit Wilcke ins Geschäft kam und mit ihm eine Vereinbarung traf, die den Photographen verpflichtete, »uns alle wichtigen Ereignisse in Friedrichsruh, soweit Sie dieselben aufnehmen können, zur Verfügung zu stellen«.[28]

Daß Wilcke freundschaftliche Kontakte zu Louis Spörcke pflegte, der als Förster und Ortsvorsteher auf den Bismarckschen Besitzungen nach dem Rechten sah, wurde bereits erwähnt. Zum Verständnis des Folgenden darf es noch einmal betont werden.

Das Totenbild

Wie berichtet, wurde mit Bismarcks Ableben seit langem gerechnet. Insbesondere Pinnow, dem Kammerdiener, der die Tragödie des rapiden Verfalls tagtäglich mitansehen, miterdulden mußte, war klar, was die Stunde schlug. Daß er den Leidensdruck, der ihm damit auferlegt wurde, mit Alkohol zu verringern suchte, war ein offenes Geheimnis.[29] Es ist kaum anzunehmen, daß er sich bei alledem die Verschwiegenheit eines Grabes zu eigen machte. So waren halbwegs Eingeweihte – wie Wilcke durch Spörcke – Ende Juli durchaus im Bilde: Bismarck würde in den nächsten Tagen sterben.

Der Photograph wollte nun unbedingt als erster zur Stelle sein, wenn es galt, das Bild des Jahrhunderts zu schießen. Und er wußte: Den Weg zu einer möglichst sofortigen photographischen Aufnahme der Leiche konnten ihm nur Spörcke und Pinnow freimachen. »Es käme ihm auf ein paar blaue Scheine nicht an«, schrieb Wilcke deshalb nach dem 22. Juli dem Kammerdiener, wenn er als erster die Nachricht erhalte, daß Bismarck im Sterben liege.[30] Ein paar hundert Mark waren damals für einen Bismarckschen Kammerdiener eine Menge Geld.

Auch mit seinem Freund Spörcke hatte Wilcke feste Verabredungen getroffen, bevor die Wende zum Schlimmsten eintrat. Spörcke sollte dafür Sorge tragen, daß die Aufnahme vom Sterbezimmer reibungslos vonstatten gehen konnte. In Max Priester fand Wilcke schließlich einen fachlich versierten Komplizen, den er in seine Pläne einweihte und dazu überredete, den Coup gemeinschaftlich zu landen.

So war alles gut eingefädelt, bis auf eins: Es gab einen Konkurrenten, einen Nebenbuhler um die Gunst des Dienstpersonals. Und der hieß Arthur Mennell. Der brannte darauf, sein großes Werk über Bismarck in Eigenregie herauszubringen. Und in dieser Sammlung sehenswürdiger Dokumente aus Bismarcks Biographie, für die er seit Jahren – nicht zuletzt in Friedrichsruh – recherchiert hatte, durfte natürlich auch das Totenbild nicht fehlen. Deshalb scheute auch Mennell sich nicht, den Förster Spörcke zu bestechen. 1000 Reichsmark soll er ihm geboten haben, um die Möglichkeit zu einer photographischen Aufnahme der Leiche zu erhalten, wurde aber abgewiesen; Spörcke stand ja schon bei seinem Freund Wilcke im Wort. Mennell ging daraufhin zu den Hamburger Photographen und sagte ihnen: »Meine Herren, Sie haben doch mehr Chancen, die Leiche photographieren zu dürfen. Wenn Ihnen das gelingen sollte, dann würde ich sehr gern das Verlagsrecht von Ihnen erwerben.«[31] Aber auch mit diesem Ansinnen stieß er auf taube Ohren. Die Hamburger wollten das Geschäft alleine machen. Daß sie damit den Konkurrenzneid Mennells ins Krankhafte steigern und sich auf diese Weise selbst gefährden könnten, kam ihnen nicht in den Sinn.

Die Photographen wußten sehr genau, wie gewaltig das öffentliche Interesse an den Vorgängen in Friedrichsruh in diesen Sommertagen war. Am 29. Juli 1898 hatte sich – um nur ein Beispiel herauszugreifen – *The Werner Company* bei Wilcke brieflich gemeldet, um auf die oben erwähnte Vereinbarung zurückzukommen: »Indem zu befürchten ist, daß vielleicht in nächster Zeit sich bedeutsame Vorgänge dort ereignen könnten, ersuchen wir Sie höflichst, die Angelegenheit nicht aus dem Auge zu lassen und uns dann Alles, was Sie aufnehmen können, rechtzeitig zustellen zu wollen, da wir uns in dieser Sache auf Sie verlassen.«[32]

Das konnten sie, denn Wilcke und Priester waren die Paparazzi der Jahrhundertwende. Sie waren versessen auf den finalen Scoop, der sie mit einem Schlag reich und berühmt machen würde. Sie setzten dabei ganz auf die voyeuristischen Bedürfnisse der Öffentlichkeit, die sie vermutlich in sich selbst spürten. Weder Wilcke noch Priester hatten das geringste Bedürfnis, vom toten Bismarck, dem sie sich doch so oft bei ihrer Arbeit hatten annähern dürfen, Abschied zu nehmen oder gar über seinen Tod zu trauern. Sie kannten weder Pietät noch Skrupel, sie interessierte nur das Totenbild. Deshalb sind sie auch mit so außerordentlich viel Abgebrühtheit ans Werk gegangen.

Und zwar so: Am Nachmittag des 30. Juli 1898 wurden die Hamburger von Spörcke nach Friedrichsruh gerufen, wo sie vom unmittelbar bevorstehenden Ende erfuhren. Umgehend schickte Wilcke seinen Kollegen Priester mit dem nächsten Zug zurück in die Hansestadt, um Kameraausrüstung (Photoapparat und Blitzlichteinrichtung) sowie einen schwarzen Anzug zu holen. Er selbst reservierte ein Zimmer im Landhaus Damm vis-à-vis vom Schloß und besuchte anschließend seinen »Freund und Kameraden Spörcke«. Dieser versprach, die Totenwache zu organisieren und sich selbst zur ersten (nächtlichen) Wache einteilen zu lassen. Auch kündigte er an, daß er den Parkwächter instruieren würde, das Tor nicht zu verschließen. Gegen 20 Uhr kam Priester mit den Sachen aus Hamburg zurück, die im Gasthaus verstaut wurden. Gemeinsam begaben sich Wilcke, Priester und Spörcke dann gegen 21 Uhr an das Fenster des Sterbezimmers, um das Terrain zu erkunden, wurden aber vom Kutscher Patzke vertrieben. Sie kehrten ins Landhaus Damm zurück.

Gegen 23 Uhr, also gleich nach dem Eintritt des Todes, forderte die Gastwirtin Frau Damm die in ihrem Hause befindlichen Leute auf, mit nach dem Schlosse zu kommen; sie würden den toten Fürsten noch einmal sehen können. Also zogen die Photographen zusammen mit anderen vor das Sterbezimmer, wo sich mit der Dienerschaft eine Gruppe von 15 bis 20 Personen ansammelte, vor allem Dienstpersonal. Zu diesem

Zeitpunkt wurde die Anwesenheit der kleinen Trauergemeinde vor dem geöffneten Fenster noch geduldet. Fürst Herbert selbst trat unter die Leute, um die eine oder andere Instruktion zu erteilen.

Nachdem sie so die Lage des Hingeschiedenen hatten inspizieren können, präparierten Wilcke und Priester in ihrem Gasthauszimmer Apparat und Blitzlicht, kehrten aber noch mehrmals in den Park zurück. Erst nachdem sie sich davon überzeugt hatten, daß Spörcke mit einem Reitknecht die Totenwache hielt, brachten sie ihr Gerät bis an das Sterbezimmer heran, das zu niederer Erde lag. Über die Fensterbank gelangten sie an das Totenlager, wo sie dann zwei Blitzlichtaufnahmen machten. Wilcke hatte zuvor das Bett etwas heruntergedrückt und den Kopf Bismarcks ein wenig nach oben gerückt, damit das Gesicht der Leiche besser zu sehen war. Auch die Uhr auf dem Nachttisch wurde so eingestellt, daß die Zeiger auf 23.20 Uhr standen, während es in Wirklichkeit schon gegen 4 Uhr morgens war. Der ganze Vorgang dauerte keine zehn Minuten. Die belichteten Photoplatten wurden sofort im Eiskeller des Landhauses entwickelt.[33]

Im Vorgehen der beiden Photographen lassen sich die folgenden drei Erwägungen ausmachen: Zum einen ging es ihnen offenbar darum, einer eventuell zu gewärtigenden schnellen Deformation der Leiche zuvorzukommen; sodann wollten sie die Aufnahme ohne eine bei Tage schwer zu vermeidende – aktive und passive – Störung bewirken; schließlich galt es, mit einer sauberen Blitzlichtaufnahme eventueller Konkurrenz zuvorzukommen und den Rang abzulaufen, denn sie konnten nicht ausschließen, daß die Bismarcksche Familie auch noch andere Bildreporter zu einer Aufnahme des toten Kanzlers zulassen würde. Sie wollten das erste und womöglich beste Bild des Dahingeschiedenen liefern.

So entstand also das Photo, das Bismarcks Leichnam der Nachwelt überliefern sollte. Was haben die beiden Photogra-

Durch dieses Fenster gelangten die Paparazzi in der Nacht zum 31. Juli 1898 in Bismarcks Sterbezimmer.

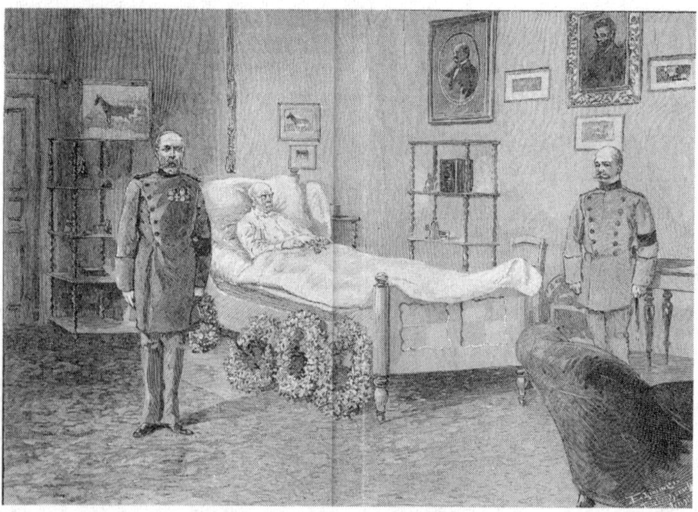

Louis Spörcke (rechts), 1857-1923, hält zusammen mit einem anderen Beamten der Bismarckschen Güterverwaltung die Totenwache.

phen nun angestellt, um aus diesem sensationellen Dokument Kapital zu schlagen?

Bedenklichkeiten

Nachdem die Platten in Friedrichsruh fertig entwickelt waren, mußten Wilcke und Priester sich eingestehen, daß ihre Aufnahme in der vorliegenden Form für eine Veröffentlichung vielleicht zu gewagt erscheinen könnte. Vor Gericht haben die beiden später von ihrem Rechtsanwalt erklären lassen: »Eine Verbreitung von Abdrucken der Originalaufnahme sei niemals beabsichtigt worden, ohne Retouche sei die Platte überhaupt nicht zu verwerthen.«[34] Wie Wilcke notierte, wollten sie »für die Nachwelt ein Bild liefern, wo das Nachtgeschirr, ein buntes Taschentuch und das ungeordnete Bett nicht zur Geltung kommen sollten«.[35] Zu einer solchen Retouche waren sie selbst nicht fähig, und so fuhren sie am frühen Sonntagmorgen nach Hamburg zurück. Dort machten sie zunächst ein Diapositiv, das ein professioneller Retoucheur dann weiter bearbeiten sollte. Ein Diapositiv (Diaphanbild) wurde damals hergestellt, indem man eine Trockenplatte im Kopierrahmen durch ein Negativ belichtete. Diese Trockenplatte war eine Spezialplatte, auf der eine sehr dünne feinkörnige Schicht aufgetragen war. Nur solche Spezialplatten konnten die Feinheiten des Negativs wiedergeben, und zwar weit besser, als dies ein Duplikat-Negativ hätte tun können. Der Retoucheur Hugo Herrfurth hat dann durch Bearbeitung des Diapositivs ein entsprechend geschöntes Bild hergestellt, von dem die Photographen in ihrem Labor eine weitere Platte sowie Abzüge fertigten.[36] Diese Arbeiten dürften einige Stunden in Anspruch genommen haben.

Was ist nun auf dem retouchierten Totenbild zu sehen? Ein friedlich entschlummerter Bismarck ohne Kopfbinde, ohne Furchen im Gesicht, mit aufgehelltem Schnurrbart und Haupthaar,

Gebettet auf ein blütenweißes Kissen, die Hand sanft auf dem nicht minder weißen Laken ruhend, das seinen ganzen Körper bis zum Hals bedeckt. *(Siehe Seite 217 oben.)*

Zwar wissen wir ziemlich wenig über die Sehgewohnheiten der Menschen von damals, aber das Künstliche, nicht so recht Glaubhafte dieser Inszenierung dürfte den Betrachtern auch vor hundert Jahren schon aufgestoßen sein. Ohne die fast schon aufdringlich-realen Schlafzimmerrequisiten würde man eher an eine zeichnerische Erfindung als an eine *Aufnahme nach der Natur* denken. Jedenfalls zeigt uns der Tatbestand dieser retouchierten Photographie, von welch schlechtem Gewissen unsere Photographen geplagt waren, als sie ihr Totenbild in Händen hielten und nun offenbar Angst vor der eigenen Courage bekamen. Daß ihnen die Korrekturen gar nichts einbringen, ja im Gegenteil, daß sie damit die Erfolgsaussichten ihres riskanten Vorhabens sogar erheblich verschlechtern sollten, werden sie kaum erahnt haben. Und doch war es so.

Die Misere begann nämlich damit, daß Wilcke und Priester am Sonntagmorgen in Friedrichsruh nicht präsent waren. Das war insofern fatal, als Louis Spörcke die Kinder des verstorbenen Bismarck bestürmen sollte, eine photographische Aufnahme der Leiche zu gestatten. Bismarcks Kinder hatten zwar zunächst – wie glaubwürdig überliefert ist – »überhaupt nicht daran gedacht, unseren Vater photographieren zu lassen«[37], ließen sich dann aber doch wohl überzeugen. Jedenfalls wurde nach einem Photographen ausgeschickt, vermutlich sogar nach Wilcke und/oder Priester, die aber aus den besagten Gründen noch in Hamburg weilten. Schließlich entdeckte Bismarcks Leibdiener Pinnow den ihm persönlich wohlbekannten Arthur Mennell. Mit dessen Karte in der Hand kehrte er zu seiner Herrschaft zurück und soll Mennell dann mit den Worten empfohlen haben: »Meines Wissens machte der verstorbene Fürst keinen sonderlichen Unterschied unter den in Friedrichsruh verkehrenden Photographen.«[38]

So kam Arthur Mennell am späten Vormittag des 31. Juli

1898 zu einem Auftrag, den er sich wohl in seinen kühnsten Träumen nicht ausgemalt hatte: Er durfte die Leiche des großen Bismarck photographieren! Aber – dieser Auftrag brachte ihm nicht besonders viel. Denn ihm wurde von den Bismarcks das Versprechen abgenommen, daß er die Platten im eigenen (Geschäfts-)Interesse nicht verwenden würde. Sie seien einzig und allein für die Familie bestimmt, und er dürfe sie nicht einmal einem Fremden zeigen. Mennell gab sein Ehrenwort – insgeheim mag er gehofft haben, aus seinem Privileg später noch einmal etwas machen zu können.[39]

Mennell hat einige Tage darauf öffentlich erklärt, er habe insgesamt acht Bilder aufgenommen, »von denen mindestens sechs des Jahrhunderthelden würdig sind«.[40] Ob das stimmt, läßt sich schwer nachprüfen, da die Aufnahmen nicht überliefert sind. Vor Gericht ließ er sich ein halbes Jahr später dahingehend vernehmen, er habe »unter verschiedenen Weitläufigkeiten« nur *ein* Bild gemacht.[41] So ist die Glaubwürdigkeit des ersten Zeugnisses durchaus zweifelhaft, um so mehr, als sich Mennell zum Zeitpunkt seiner öffentlichen Erklärung bereits in einem erbitterten Kampf gegen die beiden Hamburger Photographen befand. Doch alles der Reihe nach!

Als Wilcke und Priester am 31. Juli gegen Mittag nach Friedrichsruh zurückkamen, war für ihre Arbeit schon kein Bedarf mehr vorhanden. Zwar gaben auch sie ihre Karte beim nunmehrigen Fürsten Herbert von Bismarck ab, wurden aber nicht mehr vorgelassen. Unverrichteter Dinge kehrten sie am Abend nach Hamburg zurück. In Riekens Restaurant auf dem Steindamm beratschlagten sie zusammen mit Freunden das weitere Vorgehen. Wilcke schreibt darüber in seinen späteren Aufzeichnungen: »Der Schwager meines Freundes, der Großkaufmann Schmidt, sagte: ›Ihr wißt ja gar nicht, was für ein großes Vermögen Ihr da in der Tasche habt. Wenn Ihr dieses Geschäft richtig ausnutzen wollt, dann müßt Ihr folgendes machen: Ihr fahrt morgen nach Berlin und wohnt in dem vornehmen Hotel de

Rome Unter den Linden und ich gebe für Euch folgende Anzeige in der geeignetsten Zeitung auf: ›Für das einzig existierende Bild ›Bismarck auf dem Sterbebett‹ wird ein Käufer resp. Verleger gesucht, Hotel de Rome.‹«[42]

Diesen Vorschlag griffen die beiden sofort auf, sind aber am nächsten Morgen noch einmal in Friedrichsruh gewesen in der Hoffnung, sie könnten eventuell doch noch zu einer Aufnahme des Verewigten gerufen werden. Erst am Abend des 1. August trafen sie mit der Platte und den beiden Abzügen (retouchiert und unretouchiert) in Berlin ein.[43] Am nächsten Morgen erschien im *Berliner Lokal-Anzeiger* und in der *Täglichen Rundschau* die besagte Annonce mit dem Zusatz: »Aufnahme einige Stunden nach dem Tode, Original-Photographie.«[44]

Ein potenter Käufer

Die Versessenheit der Berliner Zeitungsmänner auf das Totenbild hat Wilcke in seinen Erinnerungen beschrieben: »Nachdem wir in Berlin mit unserer Platte und den beiden Bildern im Hotel de Rome gelandet waren, entwickelte sich in unserm Zimmer ein lebhafter Verkehr von Reportern, Neugierigen usw.« Es sei »kaum zu beschreiben, wie viele Neugierige und auch Reflectanten uns in dem vornehmen Hotel aufsuchten«. Nur die allerwenigsten von dieser »Kundschaft« hätten aber von dem Bild etwas zu sehen bekommen. »Ein Abgesandter einer illustrierten Zeitschrift bot uns 5000 M nur für das Durchpausen des Bildes.« »Man hat uns größere Summen geboten, selbst wenn wir ein Bild auf einige Minuten aus den Fingern leihweise zum Zeichnen überlassen wollten.« Kurz: Die Begehrlichkeit war so groß, daß sich die Anbieter Zeit lassen konnten, ehe sie ihre Entscheidung fällten.

Am 3. August, also einen Tag später, trafen sich Wilcke und Priester gegen Mittag mit dem Besitzer des *Deutschen Verlags*, einem Dr. Baltz. »Nach Besichtigung der beiden Bilder und nachdem wir ihm genau mitgeteilt hatten, unter welchen Umständen wir zu der Aufnahme gelangt waren, bot uns derselbe für das Urheberrecht 30000 Mark und 20% vom Umsatz.« Das war eine horrende Summe, nach heutigem Geld mehr als 400000 DM! Allerdings sollte vor der Verbreitung der Aufnahme noch die Veröffentlichungsgenehmigung durch Herbert von Bismarck eingeholt werden. Mit dieser heiklen Aufgabe wollte Baltz seinen Angestellten und Chefredakteur der *Berliner Neuesten Nachrichten,* Hugo Jacobi, betrauen. Der hatte nämlich dem verewigten Bismarck schon manch nützlichen Dienst erwiesen und war deshalb im Hause Bismarck wohlgelitten. Jacobi wollte diesen guten Draht nach Friedrichsruh nutzen, ja er meinte sogar Wilcke und Priester gegenüber die Versicherung abgeben zu können, bei seinen Beziehungen die Genehmigung zu erwirken. So gingen die Hamburger, denen nun nicht nur ein Riesengeschäft, sondern auch noch Rehabilitierung und nachträgliche Genehmigung winkten, gerne auf das Kaufangebot des Verlagsdirektors ein und unterschrieben einen entsprechend aufgesetzten Vertrag.[45]

Hugo Jacobi telegraphierte nun sofort nach Friedrichsruh und ließ dieser Nachricht wenig später einen ausführlicheren Brief folgen, dem er die beiden von Wilcke übergebenen Abzüge beilegte. »Die eine mit dem Tuch« – schrieb er erläuternd – »ist die Originalaufnahme, die andere, für die Verbreitung bestimmte, ist decenter Weise für diesen Zweck umgestaltet.« Der *Deutsche Verlag* sei nicht abgeneigt, den geforderten »sehr hohen Preis« zu zahlen, erbitte aber eine Veröffentlichungserlaubnis. Man habe »ungeachtet des hohen Preises mit dem Vorbehalt der Zustimmung Eurer Durchlaucht die Hand auf die Platte gelegt, um zu verhindern, daß sie in die Hände der Unternehmer aller Art falle, die sich, überwiegend jüdische, in großer Zahl angelegentlich und zum Teil unter Angebot eines wesentlich höheren Preises darum bemühen. Das Bild, soweit dies von Abbildun-

Universität Jena.

Das Wintersemester beginnt am 17. Oktober. Das Vorlesungsverzeichniß wird Interessenten vom Universitätsamt kostenfrei zugesendet.

Betriebs-Chemiker

mit dreijähriger Fabrikspraxis, Dr. phil., 27 Jahre alt, aus guter Familie, verheiratet, evangelisch, **sucht Beteiligung** mit **Arbeitskraft und mittlerem Kapital** an einem bestehenden **chemischen Unternehmen** (Fabrik oder Handlung) am liebsten — doch nicht durchaus Bedingung — **in oder bei Berlin.**

U. Umst. **Kauf** einer solchen Sache!

Gefl. Anerbieten unter Ch. 2025 an die Exp. d. „Zeitschr. f. angew. Chemie", Berlin N., Monbijoupl. 3.

Königl. Hoflieferanten

Spinn & Mencke

SW. Berlin

Leipzigerstr. 83

Möbel,

Innen-Decorationen,

Vertäfelungen.

Anerkannt gediegenste Ausführung.

Grosses Musterlager

in allen modernen Stylrichtungen.

Eigene Zeichen-Ateliers.

Eigene Werkstätten.

Vorschläge, Zeichnungen etc. kostenlos.

Aeltere Muster zu bedeutend herabgesetzten Preisen.

Bismarck.

Für das einzig existirende Bild

Bismarcks auf dem Sterbebette,

Aufnahme einige Stunden nach dem Tode, Original-Photographie, wird ein **Käufer** resp. ein geeigneter **Verleger** gesucht.

Besitzer zu sprechen in Berlin, Hotel de Rome, heute Dienstag von 10 bis 1 Uhr. Zu erfragen beim Portier.

H. F. Emde

Düsseldorf

Zigarrenfabrik

Bibundi

Neu Guinea

Prima Neu-Guinea, mild, M. 7.—

Prima Bibundi, mild, M. 6.50

Die Kiste zu 100 St., bei 6 Kisten portofrei. Gegen baar od. Nachnahme mit 5% Abzug. Farbenangabe erbeten. Garantie Zurücknahme.

Einige wenig gefahrene Maschinen und solche älterer Modelle sind billigst abzugeben.

Styria-Fahrradwerke Joh. Puch & Cie., Graz.

Fabrik-Niederlage Berlin SW., Zimmerstr. 84.

Norddeutscher Lloyd, Bremen

Beförderte Passagierzahl über 3¼ Millionen.

Oceanfahrt nach New York 6-7 Tage.

Schnell- u. Postdampfer-Linien zwischen

Bremen-New York

Genua-New York

Bremen-Baltimore Bremen-La Plata

Bremen-Brasilien Bremen-Ost-Asien

Bremen-Australien.

Nähere Auskunft ertheilt der

Norddeutsche Lloyd, Bremen

sowie dessen Agenten.

Capt. C. Arnold, Berlin, Unter den Linden 4a.

F. Mostanus, Berlin, Invalidenstrasse 93.

Carl Stangens Reise-Bureau, Berlin, Mohrenstr. 10.

Die beliebten Loose à 1 Mark der

Marienburger Pferde-Lotterie

Erster Haupttreffer: 1 eleg. Landauer mit 4 Pferden

i. W. von 10000 Mark

empfehlen gül. Abnahme — 11 Loose für 10 Mk. (Porto u. Liste 20 Pfg. extra) —

Lud. Müller & Co., Bankgeschäft Berlin, Breitestr. 5.

3260 Gewinne im Ges.-Werthe 100000 Mark.

hiervon 35 Pferde und 8 eleg. Wagen. Keine Reduction der Gewinne! Ziehung bereits 15. September ohne Verschub!

Honig.

Garant. reinen feinst. Speisehonig vers. die 10 Pfund-Dose 6½ M. frco. Nichtgefallendes nehme zurück. Die Nachbestellungen hoher Persönlichkeiten, so auch von der **Königl. Hofküche zu Berlin** beweisen die Güte meines Honigs. Bienenzüchter Göken, Thüle St. Friesoythe (Oldb.)

Walter Taeschner.

Möbeltransport-Spedition

Walter Taeschner

BERLIN N.W. Luisenstr. 15

Umzüge-Verpackungen-Speditionen jeder Art

R. Zechlin,

Berlin C.,

Alexanderstrasse 49.

Spezialität:

Gas-Apparate.

Preislisten kostenlos.

Wetterkarte

Bezeichnungen:

wolkenlos · Regen · Windstille

heiter · Schnee · leichter Nord

halb bed. · Dunst · mässiger Ost

wolkig · Nebel · starker Süd

bedeckt · Gewitter · stürmisch West

Tief

Hoch

Die eingeschriebenen Linien (Isobaren) verbinden die Orte mit gleichem Barometerstande; durch die Worte „Hoch" und „Tief" werden barometrische Maxima und Minima ausgedrückt. Die Zahlen neben den Stationen bedeuten die Temperatur in Celsius-Graden (5 Gr. C. = 4 R.). Die Richtung der durch die Stationen fliegenden Pfeile giebt die Windrichtung, die Zahl der Häkchen an ihren Spitzen und Enden die Windstärke in der 6theiligen (halbe Beaufort) Skala an. Windstärke: 1 leicht, 2 mäßig, 3 stark, 4 stürmisch, 5 voller Sturm, 6 Orkan.

Waldpark-Sanatorium

in Dresden-Blasewitz.

Herrliche, ruhige Lage, 15 Min. bis z. Mitte v. Dresdens. Sommer und Winter geöffnet. Für Erholungsbedürftige, Nervenleid., chron. Kranke, diät. Kuren aller Art. (Lungenschwindl. u. Geisteskr. ausgeschl.) Sämmtl. Heilfact. der Wissenschaft. Zwei Aerzte. Prospekte gratis.

Dr. J. Waldschmidt's Kurhaus

für Nerven-, Alkohol- und Morphiumkranke

WESTEND bei BERLIN

Ulmen-Allee

Dr. Waldschmidt. Dr. Weller.

Druck von Hempel & Co. G. m. b. H.

Sämmtlich in Berlin.

Annoncenteil der Täglichen Rundschau vom 2.8.1898

mit der Anzeige der Hamburger Photographen.

gen des Sterbelagers großer Männer überhaupt gesagt werden kann, ist ästhetisch wohl unanfechtbar und seine Veröffentlichung würde vielleicht die zahllosen anderen Veröffentlichungen wesentlich gröberer und roherer Art verhindern oder doch wesentlich vermindern, die bereits angekündigt sind und in Kürze bevorstehen«. Zahlreiche illustrierte Zeitungen hätten gleichfalls Angebote für die Platte gemacht. »Ich glaube daher, daß von Seiten Eurer Durchlaucht die wenn auch vielleicht ungern erteilte Zustimmung zu dieser Veröffentlichung nicht vorenthalten werden sollte, da sie, sobald *wir* sie aus den Händen geben, sie in wenigen Stunden von anderer Seite *ohne* Genehmigung zur Benutzung gelangen wird.« Er bitte um sofortige telegraphische Entschließung, da das Vorzugsrecht des Verlages nur »bis morgen« gesichert sei.[46]

Während diese brisante Sendung nach Friedrichsruh unterwegs war, trat Arthur Mennell erneut auf den Plan.

Glaubte er sich am 1. August noch dem Ziel seiner Träume um ein ganzes Stück näher gebracht, so saß er einen Tag später schon wieder in der Falle. Das war, als er von der Aufnahme seiner Konkurrenten Wilcke und Priester erfuhr. Ein Alptraum wurde Wirklichkeit: Mennell hatte zwar ein »erlaubtes« Bild des großen Toten, aber es war ein Bild, das ihm geschäftlich vorerst gar nichts nutzte. Die Hamburger Konkurrenz wußte er dagegen im Besitz eines nicht genehmigten Photos, mit dem ein Vermögen zu machen sie im Begriff standen. Außerdem wurde die eigene Aufnahme durch die von Wilcke und Priester nahezu wertlos. Seines Lebens schönster Traum drohte einmal mehr zu zerplatzen. Entsetzlich!

Wann hat Mennell nun von diesem neuerlichen Schicksalsschlag erfahren? Wir wissen es nicht genau. Wahrscheinlich am Nachmittag des 2. August, als er weder Wilcke noch Priester zur Stelle fand, um den Kondolenzbesuch des deutschen Kaiserpaares in Friedrichsruh abzulichten. Daß sich die beiden Berufsphotographen dieses Medienereignis entgehen ließen, war mehr als ungewöhnlich, ja es war in höchstem Grade verdächtig. Was mochte sie zum freiwilligen Verzicht auf diese gefragten Aufnahmen der hochkarätigen Trauergesellschaft und damit auf ein lukratives Geschäft bewogen haben? Mennell schwante Fürchterliches. Aber während der ganzen Zeremonie, die etwa von 17.30 Uhr bis gegen 19 Uhr dauerte, blieben ihm die Hände gebunden. Man kann sich gut ausmalen, daß der Mann der Verzweiflung nahe war. Sobald es nach der Abreise des Kaisers irgend anging, versuchte Mennell Näheres zu erfahren, belästigte diesen, interpellierte jenen, bestach womöglich einen dritten. Sein Verdacht wird sich erhärtet haben. Da die Bismarck-Familie im Anschluß an die Trauerfeier ein großes Diner abhielt, war an ein Vorgelassenwerden nicht zu denken.

Mennell fuhr nun nach Hamburg und setzte sich dort in den nächsten Schnellzug nach Berlin. Dort traf er am 3. August gegen Mittag ein, eilte unverzüglich ins Hotel de Rome und bemühte sich, Wilcke und Priester das geplante Geschäft auszureden und sie statt dessen zu überreden, doch noch gemeinsame Sache mit ihm zu machen. Den Hamburger Photographen, die sich ihres Deals mit dem *Deutschen Verlag* ganz sicher wähnten, kam es gar nicht in den Sinn, auf Mennell einzugehen. Wutentbrannt setzte der Düpierte nunmehr alles daran, den Konkurrenten das Geschäft zu verderben. Um 5 Uhr nachmittags gab er folgendes Telegramm an den Fürsten Herbert von Bismarck auf: »Melde gehorsamst, daß die von Chrysander und Spörcke früher protegierten Photographen Wilcke und Priester die angeblich Sonnabend nacht 5 Minuten vor 4 heimlich gemachten Aufnahmen weiland Sr. Durchlaucht im Inseratenteil Localanzeigers vom Dienstag zu Verlagszwecken anboten, diesbezügliche Rechte auch an Verleger Rong moderne Kunst verkauften. Beide wohnen Hotel de Rome. Kunstverleger Eduard Thiele hat die Aufnahmen gesehen. Es ist eine wirkliche Photographie. Staatsanwaltliche Verfolgung und Confiscation nach Urheberrecht sofort möglich.«[47]

Zwei Stunden später ergänzte er seine Denunziation durch die Meldung, daß Wilcke und Priester noch im Hotel de Rome weilten »und Negative bei sich haben, welche bei schleunigster Anzeige confiscirt werden könnten«. Weitere Negative seien in Hamburg im Atelier von Priester, Weidedamm 62. »Ich halte mich zur Aufdeckung dieser geschäftlichen Rücksichtslosigkeit aus dem Grunde verpflichtet, weil ich das Euerer Durchlaucht gegebene Versprechen in keiner Weise angetastet sehen darf.«

Doch damit nicht genug. Der Redaktion des *Berliner Tageblatts* übergab Mennell in ebenso böswilliger Absicht noch folgende Erklärung zur Veröffentlichung: »Zwei Hamburger Photographen, Wilcke und Priester, sind in der Sterbenacht Bismarcks auf Raub gegangen und haben unter Mitwirkung eines pflichtvergessenen Försters ein Bild des todten Fürsten vom Fußende des Bettes aus erstohlen. Dieses Bild soll sie zu reichen Leuten machen, und so bieten sie es in Inseraten mit der Bemerkung feil, *es sei das einzige,* das gemacht worden. Dem gegenüber muß ich im öffentlichen Interesse sagen: *Das Bild ist nicht das einzige.* Es widerstrebt mir, zu behaupten, daß es ein schlechtes, des todten Helden unwertes sei, da nur ein blödes Photographenauge ohne Sinn für Kunst und Größe auf den Gedanken kommen konnte, gerade das ganze Bett entlang zu photographieren. Aber laut hinaus muß ich sagen, daß *acht Aufnahmen* da sind, von denen mindestens sechs des Jahrhunderthelden würdig sind. *Diese Aufnahmen gehören der Familie,* und nur sie hat dereinst, wenn neben der Trauer um den herrlichsten Vater die Freude am weltgeschichtlichen Staatsmanne in ihr Recht tritt, zu bestimmen, ob der allzeit Lebende den Zeitgenossen in der – glücklicherweise denkbarst monumentalen – Hülle seines Todes gezeigt werden soll. Bis dahin aber werden diejenigen, welche den Diebstahl der Photographen Wilcke und Priester erwerben und verkaufen, sich zu Hehlern und Mitschändern eines erhabensten Schmerzes machen. Ich füge hinzu, daß Herbert Bismarck die *staatsanwaltliche Verfolgung* in Hamburg und Berlin bereits eingeleitet hat. Da das

Publikum nicht nur Deutschlands, sondern fast der ganzen Welt lediglich aus Liebe, Mitgefühl und Pietät Bilder des Fürsten Bismarck auf dem Sterbebette zu besitzen wünscht, wäre es doch das Einfachste, wenn die Familie die für sie gemachten Aufnahmen aller Welt in billiger Weise zugänglich machte. – Arthur Mennell.« Einen Tag später druckten alle wichtigen Blätter diese Meldung nach.

Mennells ränkesüchtiges Vorgehen gegen die Geschäftskonkurrenz war das eine – für die Betroffenen in der Tat ein heftiger Schlag ins Kontor. Das andere, worauf es Mennell anlegte, war die Mobilisierung der öffentlichen Meinung als Druckmittel, um die Bismarcks doch noch zu einer Freigabe seiner Bilder zu bewegen. Mit dieser Spekulation auf das öffentliche Verlangen nach einem Bild von Bismarck auf dem Totenbett lag Mennell so falsch nicht. Denn immer wieder konnte man in deutschen Zeitungen damals Kommentare wie diesen lesen: »Wir finden die Sorgfalt, mit der der Öffentlichkeit ein Bild des todten Fürsten Bismarck vorenthalten werden soll, ganz deplacirt. Fürst Bismarck hat doch nicht nur der Familie angehört, sondern der ganzen Welt.«[48] Und überhaupt – das letzte Photo eines Verstorbenen zu machen, war im 19. Jahrhundert noch ein verbreiteter Brauch. Was für das große Publikum zutraf, galt nicht minder für die Berühmtheiten, deren Anblick auf dem Sterbebett dem Volk in der Regel nicht verwehrt wurde. Den toten »Märchenkönig« Ludwig II. von Bayern hat man 1886 so photographiert und gezeigt oder den deutschen Kaiser Friedrich III. zwei Jahre später. Bilderlos zu sterben, war für die Großen jener Epoche eher die Ausnahme als die Regel.

Was waren nun die Folgen von Mennells massiver Intervention? In Wilckes späteren Aufzeichnungen kann man hierzu folgendes lesen: »Nachdem nun in Berlin unsere Abmachung mit dem *Deutschen Verlag* erledigt und das Gesuch mit den Bildern an den Fürsten Herbert nach Friedrichsruh unterwegs waren, ging ich von unserm Hotel nach dem Kaffee Bauer Unter den Linden, um dort die Zeitung zu lesen und Kaffee zu trinken, während Kollege Priester im Hotel geblieben war und das Negativ sozusagen bewachte, welches im Schrank unseres Zimmers eingeschlossen war. Den Schlüssel hatte ich eingesteckt. Nach geraumer Weile kommt mein Kollege mit einem gut gekleideten Herrn an meinen Tisch. Dieser stellt sich sogleich als Kriminalbeamter vor und eröffnet mir dann, daß die Platte von dem Sterbezimmer des Fürsten beschlagnahmt sei. Wir sind dann gemeinschaftlich nach dem Hotel de Rome gegangen und von dort nach Moabit gefahren, wo ich dann, nach Aufnahme eines Protokolls das Negativ abgeliefert habe.«

Herbert von Bismarck hat in der Tat sofort reagiert. Indem er sich persönlich gleich am 4. August an den Berliner Polizeipräsidenten wandte, erreichte er die sofortige Beschlagnahme des corpus delicti, und sogar ohne richterliche Anordnung. Zwar sanktionierten die Berliner Staatsanwaltschaft und auch das Berliner Amtsgericht nachträglich die Polizeiaktion, aber so ganz legal war das Vorgehen wohl doch nicht.

So betrauten die Bismarcks noch am gleichen Tag wohlweislich den Hamburger Rechtsanwalt Wolfhagen mit der fachgerechten Vertretung ihrer Sache. Dieser stellte im Namen seiner Mandanten gleich am 5. August 1898 den Antrag an das Amtsgericht Hamburg, auf dem Wege einer einstweiligen Verfügung sämtliche Photomaterialien zu beschlagnahmen und für den Fall der Veröffentlichung eine hohe Strafe anzudrohen. Zur Begründung führte er an: »Gerade was die Familie nicht gewünscht und nicht gewollt hatte, droht nunmehr zu geschehen. Noch ist die Verbreitung der Aufnahme durch sofortige Beschlagnahme aller Platten, Negative etc. und durch Androhung einer event. Verhaftung bez. großen Geldstrafe *vielleicht* zu verhindern.« Die Berliner Polizei habe die Aufnahmen zwar einstweilen beschlagnahmt und der Berliner Staatsanwaltschaft übergeben. Zu befürchten sei aber, daß diese die Aufnahmen wieder freigebe.

»Die Beklagten wollen offenbar ein sehr großes Geschäft mit den Sachen machen. Sie haben bereits viel riskiert, um sie zu erlangen und werden eventuell noch viel mehr riskieren, so daß nur *sehr empfindliche* Strafen Einfluß haben werden, wie sie das Besondere des Falles vor der ganzen Welt rechtfertigen wird.« Noch am selben Tag erließ das Hamburger Landgericht die erbetene einstweilige Verfügung, die Wilcke und Priester die Verbreitung des Photos bei einer Geldstrafe von 20000 Mark verbot und die Beschlagnahme sämtlicher Unterlagen verfügte. Bei der Hausdurchsuchung in den Geschäften der Photographen, die am 5. August nach Hamburg zurückgekehrt waren, wurden noch zwei weitere Platten und ein Diapositiv von der ersten Aufnahme vorgefunden. Dies alles wurde einkassiert.[49]

Schonung und Rache

Damit war die größte Gefahr für das Haus Bismarck abgewendet, aber das war den Erben nicht genug. Sie wollten die Urheber des Totenbildes zur Rechenschaft ziehen und womöglich in ihrer bürgerlichen Existenz vernichten. Das galt zunächst für Louis Spörcke, der ja mit seinem Entgegenkommen gegenüber dem Ansinnen der Photographen die Hauptschuld auf sich geladen hatte. Niemand wußte das besser als Wilcke, der noch am Abend des 4. August nach der polizeilichen Vernehmung und Konfiszierung der Platte von Berlin aus an seinen »lieben Freund und Bruder« Spörcke geschrieben hatte: »Unendlich leid thut mir die ganze Sache Deinetwegen; wir sind hier in so unglücklicher Stimmung, weil wir nicht wissen, wie Durchlaucht sich Dir gegenüber verhält. [...] Wir haben allerdings einen tollen Streich ausgeführt und bitten Gott, daß der Fürst gnädig mit uns verfahren möge.«[50] Das tat er nicht, sondern er stellte noch am gleichen Tag gegen Spörcke, Wilcke und Priester Strafantrag beim Landgericht in Altona, und zwar wegen Hausfriedensbruchs.

Das Merkwürdige ist nun, daß Herbert von Bismarck den Strafantrag gegen Spörcke schon am 5. August wieder zurückzog, die übrigen Anträge aber aufrechterhielt.[51] Auch wurde Spörcke nicht, wie es bald darauf in den Zeitungen zu lesen stand, entlassen, sondern er kündigte selbst.[52] Als Spörcke kurze Zeit nach seiner unrühmlichen Tat auch noch auf undurchsichtige Weise eine Stelle als Stadtförster im brandenburgischen Dahme erhielt, kam das Gerücht auf, Spörcke sei ein unehelicher Sohn des verstorbenen Bismarck und von daher schonungsbedürftig. Dieses Gerücht hat sich bis heute in Dahme gehalten. Es dürfte schwer zu verifizieren sein, doch viele Indizien sprechen dafür, daß die Bismarcks im Fall Spörcke tatsächlich Gnade vor Recht haben ergehen lassen.

Keine Gnade aber kannte Herbert von Bismarck bei der Verfolgung der Photographen. So denunzierte er Willy Wilcke mit folgendem Brief beim Großherzog von Mecklenburg-Schwerin: »Wie Euer Hoheit vielleicht gehört haben, ist das Sterbezimmer meines Vaters wenige Stunden nach seinem Tode durch ruchlose Photographen in der Art entweiht worden, daß diese in gewinnsüchtiger Absicht Nachts durch das Fenster einstiegen und mehrere Momentaufnahmen machten mittels übelriechenden Magnesiumslichts, dessen Dämpfe noch am Morgen nicht aus dem Zimmer gewichen waren. Der Förster, der die erste Todtenwache in Folge freiwilliger Meldung in Gemeinschaft mit meines Vaters Reitknecht übernommen und sich wider alles Erwarten an der Freveltat beteiligt hatte, hat gestanden und ist sofort kassiert worden.« Wilcke, einer der beiden Einbrecher, führe den Ehrentitel eines Mecklenburgischen Hofphotographen. Er, Herbert von Bismarck, möchte wissen, ob diesem Mann »nicht in Zukunft verwehrt werden kann, sich Euer Hoheit Hofphotograph zu nennen. Ich habe gegen den Menschen Klage angestrengt, nachdem der Staatsanwalt die Platten etc. mit Beschlag belegt hat, und mein Rechtsanwalt hält eine Verurteilung für zweifellos«.[53]

Der ostelbische Potentat hat sich nicht lange bitten lassen. Schon Ende September wurde Wilcke das Hofphotographen-Prädikat entzogen, und mit dem Einzug dieses Aushängeschildes bekam die Gesellschaftsfähigkeit des so Bestraften einen ruinösen Stich. Sie seien für die »nächtliche Aufnahme des verstorbenen Fürsten schon sehr hart gestraft«, schrieb Wilckes Frau am 8. Oktober in einem Bittbrief an den Großherzog nach Schwerin, »das allerhärteste ist aber die Entziehung des Hoftitels«.[54] Sie wurde nicht erhört.

Prozesse

Die gerichtliche Verfolgung der Missetäter zog sich bis in das Jahr 1900 hin und durchlief alle Instanzen. Prozessiert wurde sowohl auf zivilrechtlicher wie auf strafrechtlicher Ebene. Schon am 8. September 1898 erhob die Staatsanwaltschaft beim Amtsgericht Altona Anklage gegen Wilcke, Priester und Spörcke wegen gemeinschaftlichen Hausfriedensbruchs. Aber es dauerte über ein halbes Jahr, ehe diese Anklage zur öffentlichen Verhandlung gelangte.

Zuvor ging es um die Frage, ob die Beschlagnahme der Photoplatte durch das Hamburger Landgericht eigentlich rechtens war. Der von Wilcke und Priester engagierte Rechtsanwalt und antisemitische Reichstagsabgeordnete Vielhaben legte jedenfalls sofort Widerspruch gegen die einstweilige Verfügung ein.[55] Doch die Zivilkammer beim Hamburger Landgericht bekräftigte schon am 8. September 1898 die einstweilige Anordnung vom 5. August und drohte nunmehr sogar statt mit einer Geldstrafe bei Zuwiderhandlung mit sechs Monaten Freiheitsentzug. Auch dieses Urteil wurde angefochten, doch auch das Hamburger Ober-Verwaltungsgericht erklärte die einstweilige Verfügung am 21. November 1898 für rechtens.[56]

Nun ging es für die Bismarcks noch um die Frage des Besitzes der Platten und Abzüge bzw. darum, zu verhindern, daß das anstößige Bild jemals in die Öffentlichkeit gelangte. Dazu strengten ihre Rechtsanwälte einen eigenen Prozeß an, der am 13. Februar 1899 beim Hamburger Landgericht verhandelt wurde.[57] Die beiden wichtigsten Punkte des am 20. Februar 1899 ergangenen Urteils lauteten:

1. Die Beklagten werden verurtheilt, darin zu willigen, daß die Negative, Platten, Plattenabzüge, überhaupt sämmtliche Reproductionen der von ihnen aufgenommenen Photographien der Leiche des Fürsten Otto v. Bismarck und alles, was dazu gehört, durch einen von den Klägern zu beauftragenden Gerichtsvollzieher vernichtet werden.

2. Den Beklagten wird verboten, bis zur erfolgten Vernichtung die Negative, Platten, Plattenabzüge oder sonstige Reproductionen der sub 1 genannten Photographie in irgend einer Weise zum Zwecke der Verbreitung der photographischen Aufnahme zu benutzen und diese Aufnahme in irgend welcher Form zu verbreiten oder die Verbreitung anderen zu ermöglichen, bei einer Haftstrafe von 6 Monaten für jeden Fall der Zuwiderhandlung.«

Interessant, weil wegweisend, ist nun die Urteilsbegründung: Zwar bestünde eine ausdrückliche Gesetzesbestimmung über das Recht am eigenen Bilde nicht. »Aber die Rechtsentwicklung muß mit der Veränderung der Verhältnisse fortschreiten, auch wenn die Gesetzgebung ausdrückliche Bestimmungen nicht aufstellt.« Es sei »eine notwendige Konsequenz unserer ganzen Rechtsanschauung, daß nur die Person über ihr eigenes Bild verfügen kann«. Es trete »erst infolge der Fortschritte der Momentphotographie und der Vervollkommnung der photographischen Apparate die große Bedeutung des Rechts der Persönlichkeit, über ihr Bildnis zu verfügen, deutlich in die Erscheinung. Auch der vorliegende Fall würde sich in früheren Zeiten, wo die Entwicklung der Photographie noch nicht einen solchen Höhepunkt erreicht hat wie gegenwärtig, schwerlich ereignet haben. […] Wenn endlich die Beklagten anfangs behauptet haben, daß bei hervorragenden Männern wie dem Fürsten Bismarck das Recht der Person an ihrem Bild zurücktreten müsse hinter dem Recht des Volkes auf das Bild seiner großen Männer, so können sie auch, wie sie selbst später zugegeben haben, hiermit im vorliegenden Fall nicht gehört werden. Denn die Beklagten haben die Aufnahmen nicht im Interesse des deutschen Volkes gemacht, sondern im eigenen Interesse. Sie wollten sich einen Vermögensvorteil durch die Verwertung dieses ohne Erlaubnis genommenen Bildes verschaffen. – Besteht aber ein derartiges Recht der Persönlichkeit, so muß dasselbe, falls die berechtigte Person an der Geltendmachung verhindert ist, auch von den nächsten Angehörigen und Verwandten geltend gemacht werden können«. Das heißt, »daß die Kläger als die nächsten Angehörigen des Verstorbenen die Einholung ihrer Genehmigung für die photographische Aufnahme der Leiche fordern konnten. Da dies nicht geschehen ist, die Beklagten vielmehr ohne Genehmigung photographische Aufnahmen vorgenommen haben, haben sie in das Recht der Kläger eingegriffen«. Deshalb steht ihnen auch »der Anspruch auf vollkommene Beseitigung der Folgen der Rechtsverletzung zu. Diese Beseitigung tritt aber nur ein, wenn die Negative, Platten und die bereits hergestellten Abbilder vernichtet werden. Solange diese in Verletzung des Rechts der Kläger hergestellten Platten usw. bestehen, dauert der Zustand der Rechtsverletzung fort«.[58]

Dieses Urteil wurde zwar erst am 29. Dezember 1900 durch ein letztinstanzliches Urteil des Leipziger Reichsgerichts rechtskräftig, aber auch davor blieb das brisante Photomaterial in sicherem Gewahrsam.

Daß diese Sicherheit, dieses Unter-Verschluß-Halten den Bismarcks damals von höchster Wichtigkeit war, läßt sich aus einem Schreiben des Fürsten Herbert an seinen Rechtsanwalt Dücker vom 15. September 1898 ersehen, der seinen Mandanten aufgefordert hatte, die beiden Abzüge dem Amtsgericht in Altona zur Beweisaufnahme einzuschicken. Darin läßt der Chef des Hauses Bismarck sogar den Herrn Staatsanwalt dringend »bitten, daß er die Bilder sorgfältig unter *eigenem* Verschluß hält, denn die schnelle Anfertigung von Momentphotographien geht heutzutage so leicht, daß wir die Nachphotographierung der Abzüge riskieren, wenn sie durch mehrere Hände gehen sollten. Ich möchte auch die Garantie haben, daß die Bilder nicht bei den Gerichtsakten bleiben, sondern sie mir schließlich wieder zugestellt werden. Um sie allen Möglichkeiten zu entziehen, habe ich die Bilder in meinem Schreibtisch eingeschlossen«. Eine Woche später wiederholte er seine Bitte um diskreteste Behandlung »der beiden traurigen photographischen Abzüge Wilckes«.[59]

Nach Zustellung der vom Gericht beschlagnahmten Negativplatten sollen diese zusammen mit den zurückgegebenen Abzügen jahrzehntelang im Geldschrank der Bismarcks aufbewahrt worden sein. Noch 1920 galt ihre Veröffentlichung als ein mit allen Mitteln zu verhinderndes Sakrileg. Sie dürften »niemals der Öffentlichkeit übergeben werden«, schrieb Bismarcks Schwiegertochter, die nunmehrige sogenannte Fürstin Herbert, an den Hamburger Senat, nachdem dieser sie davon in Kenntnis gesetzt hatte, daß ein Siegener Händler im Auftrag eines anonymen Verkäufers den Klischeeabzug des Totenbildes ihm zum Erwerb anbot. »Ich kann nur hoffen, daß es rechtzeitig gelingen wird, einen Verkauf nach Amerika zu verhindern.«[60] Es gelang.

Bestrafung

Ein Kapitel für sich war dann noch der Strafprozeß im Frühjahr 1899, dessen Vorbereitung sich monatelang hinzog. Diese ganze Zeit über haben die Bismarcks versucht, durch Dossiers und ähnliches Einfluß auf die Ermittlungen der Altonaer Staatsanwaltschaft zu nehmen. Jedenfalls gab es diverse vertrauliche Unterredungen zwischen Dücker und dem Staatsanwalt, und auch Arthur Mennell hat versucht, sich als Zeuge der Anklage durch eidesstattliche Erklärungen und dergleichen mehr nützlich zu machen, da er – wie er meinte – »die völlige mala fides [Schlechtigkeit – LM] des Wilcke zu erweisen hoff(t)e«.[61]

Andere Zeugen wurden durch Herbert von Bismarck selbst auf Linie gebracht, so namentlich der Leibarzt Schweninger, dem eine Aussage vor Gericht offenbar gar nicht so angenehm war. Das geht aus einem Brief hervor, den er zwei Wochen vor Prozeßbeginn aus Friedrichsruh erhielt. »Verehrter Freund«, heißt es dort, »mein Rechtsanwalt schreibt mir soeben aus Altona, Sie hätten an das dortige Landgericht [...] geschrieben, ›es sei Ihnen nicht ersichtlich, in welcher Richtung von Ihnen Aufklärung erwartet werden könne‹.« Hier liege doch wohl ein »Mißverständniß« vor, »denn wir hatten uns ja Ende des vorigen Jahres eingehend darüber besprochen, daß Ihre Aussage zur Entkräftung verschiedener falscher Behauptungen der Photographen von *erheblicher* Wichtigkeit sein würde. [...] Da das Resultat der Verhandlung in der *Straf*sache von wesentlichem Einfluß auf die Entscheidung in der Civilsache (Vernichtung der photographischen Platten) sein wird, so ist es von größter Bedeutung, daß die Strafsache *jetzt* verhandelt wird und nicht erst hinter der Civilsache kommt. Ich möchte daher die dringende Bitte an Sie richten, uns jetzt in dieser Sache, die seit länger als 7 Monaten mit all' ihrem Verdruß und so viel Mühe auf mir lastet, nicht zu verlassen, damit wir sie endlich zu Ende bringen können«.[62]

Auch andere Interventionsformen sind überliefert. Als die Verteidigung auf der Vernehmung von Herberts Schwester Marie als Entlastungszeugin bestand, protestierte der Bruder bei seinem Rechtsanwalt mit den Worten: Die Vernehmung seiner Schwester habe sich »als eine höchst frivole gekennzeichnet. Sie wurde vereidigt, um falsche Aussagen von Spörcke und Pinnow zu bestätigen, war aber natürlich in der Lage, diese zu entkräften. […] Hoffentlich wird der Erste Herr Staatsanwalt etwaige Versuche der Photographen und ihres Verteidigers, die Verhandlung in derartiger Weise auf Abwege zu bringen, rücksichtslos abschneiden. Die Straftat muß doch *an sich* beurteilt werden und hat mit solchen Fragen, wie sie meiner Schwester vorgelegt wurden, nichts zu tun«.[63]

Während also Herbert von Bismarck im Vorfeld der Verhandlungen bemüht war, die Fäden in die richtige Richtung zu ziehen, konnte er sich selbst nicht mit dem Gedanken befreunden, der schließlich auf den 18. März 1899 anberaumten Gerichtsverhandlung als »Zuhörer, in gemeinsamem Raum mit Reportern und Photographen zusammengepfercht, beizuwohnen«.[64] Doch auch ohne seine Anwesenheit wurde der Prozeß zu einem aufsehenerregenden Ereignis. Zeitungsvertreter aus ganz Deutschland waren angereist, die zusammen mit dem zahlreich erschienenen Publikum den großen Schwurgerichtssaal bis auf den letzten Platz füllten. Die Vernehmung der Zeugen nahm die meiste Zeit des ganztägigen Prozesses in Anspruch, ohne daß mehr Licht in die verdunkelten Seiten der Affaire gelangte. Die Angeklagten versuchten mit Hilfe ihres Anwalts verständlicherweise ihre Haut zu retten, während die Bismarckschen Zeugen bemüht waren, mit einer Stimme zu sprechen – und zwar mit einer Stimme, deren Tenor ihnen augenscheinlich aus berufenem Munde insinuiert worden war. Zur Wahrheitsfindung trug die Zeugenvernehmung jedenfalls nicht bei.

Interessanter waren da schon die Plädoyers, vor allem das des Staatsanwalts. Denn Rechtsanwalt Vielhaben, der Verteidiger, brachte eigentlich nur ein Argument vor: »Die Angeklagten hätten wohl ein Geschäft machen wollen, sie hätten aber nicht lediglich aus Geldinteresse gehandelt. Sie sagten sich, das deutsche Volk habe ein Interesse, ein naturgetreues Bild von der Leiche seines großen Kanzlers zu erhalten.«[65]

Was sagte nun der Staatsanwalt Muhle dazu? Er empörte sich

zunächst über die Entweihung des Sterbezimmers aus »schnödem Gewinn«, das sei eine »unerhörte Pietätlosigkeit«. »Auch der Hinweis, daß die Erhaltung des Sterbebildes des allbeliebten Reichskanzlers eine patriotische That sei, sei hinfällig; das deutsche Volk wolle seinen Bismarck so abgebildet haben, wie es sich seinen Helden und Liebling stets denke, wenn auch auf dem Todtenbette, so doch in voller Ehrfurcht aufgebahrt und nicht so realistisch [! – LM], wie die Aufnahmen Wilckes ihn darstellen.« Der Staatsanwalt bedauerte, daß für gemeinschaftlichen Hausfriedensbruch die höchste Strafe nur ein Jahr Gefängnis sei. »Wenn jemals sich die höchste Strafe rechtfertige, dann sei das hier der Fall.« Mehr noch: »Die Freveltat selbst würde leider durch die Strafe gar nicht getroffen; es gebe keine Strafe für sie, man habe einfach nicht daran gedacht, daß so etwas vorkommen könne. Leider erlaube auch das Gesetz nicht, den Angeklagten die bürgerlichen Ehrenrechte abzuerkennen, er würde sonst ohne Frage einen hierauf bezüglichen Antrag stellen, da die Handlungsweise der Angeklagten die Bezeichnung ›ehrlos‹ in vollem Maße verdiene.« Sein Antrag: Für Wilcke und Priester je ein Jahr, für Spörcke zehn Monate Gefängnis.[66]

So ähnlich sahen es auch die Richter, die Wilcke zu acht Monaten, Priester und Spörcke zu jeweils fünf Monaten Gefängnis verurteilten, weil die Angeklagten »das volle Bewußtsein hatten, daß sie widerrechtlich in das Sterbezimmer einstiegen«, und weil als erwiesen anzusehen sei, »daß Wilcke und Priester lediglich aus Geldgier die Stätte entweiht haben«.[67]

In dem wenig später fertiggestellten schriftlichen Urteil des Landgerichts hieß es dann noch ergänzend: Niemandem stehe »das Recht zu, von der Leiche eines Verstorbenen ohne die ausdrückliche Genehmigung seiner nächsten Angehörigen eine photographische Aufnahme zu machen. Wer nun gar eine solche Abbildung anfertigt, um sie in die Öffentlichkeit zu bringen, verletzt das Recht der Persönlichkeit des Abgebildeten bzw. seiner Angehörigen in besonders eklatanter Weise.« Es sei den An-

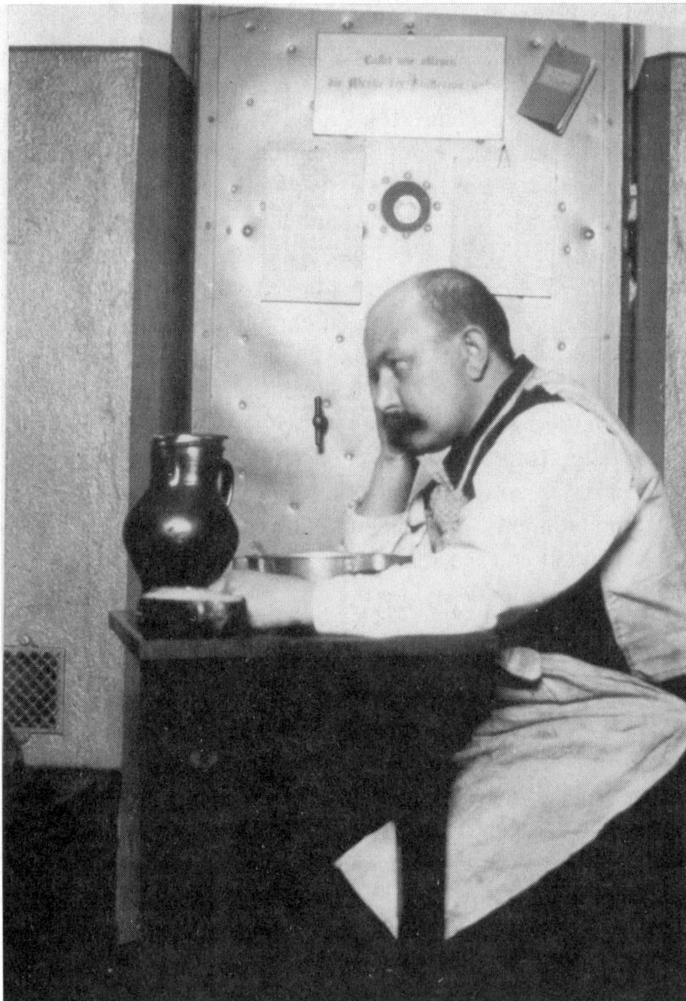

Willy Wilcke im Gefängnis. Der mißlungene Scoop hat dem Aufsteiger nicht nur geschäftlich geschadet, sondern ihn auch lebenslänglich stigmatisiert. Sein Komplize Priester wurde völlig aus der Bahn geworfen und starb mit 45 Jahren im Irrenhaus.

geklagten hauptsächlich darauf angekommen, einen Gewinn zu erzielen. »Die Tat selbst erscheint als ein Eingriff in den häuslichen Frieden schwerster Art. Die Angeklagten haben nicht nur die nächtliche Ruhe eines Hauses gestört, sondern zugleich die Würde und Heiligkeit eines Sterbelagers geschändet. Sie haben sich in frevelhafter Weise über Sitte und Gesetz hinweggesetzt und nicht einmal die außergewöhnliche, geschichtliche Bedeutung des großen Mannes, dessen Sterbelager sie entweihten, hat sie vor ihrer Tat zurückschrecken lassen.«[68]

Mit diesem Urteil, das in der Öffentlichkeit als im Prinzip gerechtfertigt, aber als im Strafmaß zu hart angesehen wurde, endete der erste Paparazzi-Prozeß in Deutschland. Eine Berufung, die die Verteidigung beim Reichsgericht in Leipzig beantragte, blieb ohne Erfolg. Sie wurde schon am 19. Juni 1899 verworfen. Den Jahrestag ihres großen Coups erlebten die Verurteilten bereits im Gefängnis. Dort sollen sie allerdings außergewöhnlich gut behandelt worden sein. Sollte die Bismarcksche Sorge um Louis Spörcke der Grund für die Bevorzugung gewesen sein?

IV.

Bismarck-Trauer. Die Grablegung des Nationalhelden

Gram und Harm in Friedrichsruh

Im Friedrichsruher Schloß war es nach Bismarcks Ableben erst spät in der Nacht still geworden. Die Pressemeldungen über den Heimgang, die die Bismarck-Getreuen in die Welt zu schicken wünschten, mußten redigiert werden. Und erste Vorsorge war zu treffen für das, was nun die kleine Ortschaft am Rande Hamburgs an öffentlichem Interesse würde erdulden müssen. Noch bis mindestens 1 Uhr nachts war das örtliche Postamt mit der Bearbeitung von telegraphischen Depeschen aus dem Trauerhaus beschäftigt. Dann erloschen allmählich die Lichter. In der Nacht gab es Sturm, und am Sonntagmorgen lag herbstliche Kühle in der Luft. Der Tag war trübe, aber es wurde doch wärmer als an den Tagen zuvor.

Als der englische Schriftsteller Sidney Whitman am frühen Morgen in Friedrichsruh eintraf, war dort noch kaum jemand auf den Beinen; »nur wenige Leute standen auf der Straße und sahen schweigend durch das Tor«, das von Gendarmen streng bewacht wurde.[1] Erst gegen Mittag brachten die Züge Scharen von schaulustigen Ausflüglern nach Friedrichsruh. Vor den Toren des Schlosses wuchs die Menge derer, die Einlaß begehrten. Aber so gut wie niemand wurde vorgelassen.

Bis zum Nachmittag hatte sich dann auch ein Heer von Berichterstattern, Zeichnern und Photographen eingefunden, die begierig auf nähere Nachrichten aus dem Trauerhaus und seiner Umgebung warteten. Vergeblich, denn das Schloß blieb für die Presse hermetisch abgeriegelt. »Daß unter diesen Umständen eine genaue Berichterstattung fast illusorisch gemacht wurde, und sich nur auf außerhalb der Umfassungsmauer sich abspielende Dinge und Kombinationen beschränken konnte, liegt auf der Hand«, schrieb ein Reporter. Und er fügte hinzu, daß die zahllosen Zeichner und Photographen »sich schließlich in einem Anflug von Galgenhumor damit vergnügten, sich selbst abzukonterfeien«. Sobald einer der Vertrauten auch nur den Kopf durch das Schloßportal steckte, »stürzte sich alsbald in wildem Hasten der Chor der Berichterstatter auf die Unglücklichen, umringte sie und befragte sie in allen möglichen Idiomen um Auskunft über die Vorgänge im Schlosse«. Doch auch das half nichts, denn die »Auskünfte bestanden zumeist in wenig mehr als einer höflichen, aber nichtssagenden Redensart, einem Achselzucken, oder der Beteuerung, absolut nichts zu wissen«. Diese Szenen – meinte der Beobachter – »entsprachen zumeist wenig der Weihe des Ortes und des Trauerfalles, wie auch der Würde der Presse, aber sie waren die notwendige Konsequenz des hier [in Friedrichsruh – LM] so beliebten Geheimhaltungssystems«.[2]

Dieses System wurde noch verschärft, als am frühen Nachmittag die 60 Mann starke Ehrenwache der Halberstädter Kürassiere eintraf, die der Kaiser nach Friedrichsruh beordert hatte. Nun wurde das Schloß rund um die Uhr von jeweils zwölf Soldaten bewacht: Auf allen Zufahrtswegen, hinter dem Gittertor, vor dem Eingangsportal, vor dem Fenster des Sterbezimmers und rund um das Haus zogen militärische Doppelposten auf, so daß die Bismarcks der Belagerung ihres Anwesens nun gelassener zusehen konnten.

Wie sah es jenseits dieser pallaschbewehrten Schutzmacht aus? Ein Berichterstatter verrät es uns: »Helle Blusen und Son-

Vor dem Schloßtor in Friedrichsruh. Seit dem 31. Juli 1898 schirmte eine 60 Mann starke Truppe das Sterbehaus ab.

nenschirme der Damen, geschäftige Berichterstatter, endlos neue Deputationen mit Kränzen, mächtigen Blumenkisten, in immer neuen Fuhren vom Bahnhof her herangerollt, hastiges Öffnen und Schließen des eisernen Gitters, Photographen in Hoffnung und Resignation, zwischen Warten und Abfahrtgedanken schwankend, die blitzenden Bajonette der beiden Gefreiten – das ist das Bild von der Pforte in Friedrichsruh, und für wie viele bleibt dies und vielleicht ein hastiger Blick durch das innere massive Tor auf das Schloß, in den Park, auf den Ehrenposten der beiden weißen Kürassiere das ganze Erreichen ihres Sehnens.«[3] Gut 70 Berichterstatter waren jetzt in Friedrichsruh, die trotz der Nachrichtenblockade innerhalb von drei Tagen allein über 3000 Telegramme beim Postamt Friedrichsruh aufgegeben haben sollen. Fünf zusätzliche Morseleitungen mit Hamburg und drei mit Berlin mußten aufgenommen und das Personal des Postamtes kurzfristig auf 18 Beamte aufgestockt werden.

Und was spielte sich innerhalb der belagerten Trauerfestung ab? Nun, hier hatte Schweninger zunächst das Sagen, denn der neue Fürst und nunmehrige Chef des Hauses, Bismarcks Sohn Herbert, konnte sich wegen tiefer Depressionen an diesem Tag kaum auf den Beinen halten. »Ich bin ganz gebrochen«, schrieb er an seinen Freund Plessen, »und auch körperlich erschöpft von dem Schmerz und der Qual der letzten Tage. [...] Nach dem herzzerreißenden Kummer, der seit gestern Abend seinen höchsten Grad erreicht hat, kommt nun noch die Sorge um unseren lieben kleinen Jungen [Graf Otto, der damals bei den Schwiegereltern in Sooss weilte – LM]. Nach dem heutigen Telegramm scheint es ihm doch schlecht zu gehen und kleine Kinder [Herberts Sohn war zehn Monate alt – LM] sind so schwach! Gott wolle ihn gnädig gesund machen und uns erhalten! [...] Ich habe eine quälende Angst um das Kind und weiß nicht ein noch aus zwischen Sorge in der Ferne und Todesschmerz hier!«[4]

Aus demselben Brief erfahren wir, daß Bismarcks Leiche am Dienstagabend, also am 2. August, eingesegnet werden sollte, und zwar in seinem Sterbezimmer, nur im Beisein der engsten Familie. Noch wußte man nichts von der Anreise des Kaisers. Die Vorbereitungen für diese Totenehrung jenseits allen öffentlichen Spektakels liefen bereits am Sonntagvormittag an. Wäscheschränke und Möbel wurden aus dem Schlafzimmer des Verstorbenen entfernt, die Wände mit Trauerflor ausgeschlagen. Doch zuvor noch war der Leichnam mit einem schwarzen Tuch überdeckt worden, das heißt: Auch den Arbeitsleuten sollte der Anblick des Entschlafenen nicht vergönnt sein. Mißtrauen also, wohin man blickt.

Am Sonntagnachmittag wollten dann Schweninger und Chrysander den toten Bismarck einbalsamieren, da die Leiche eingesargt vorerst im Hause verbleiben sollte. Aber weil die dafür notwendigen Instrumente wegen der Sonntagsruhe nicht so einfach zu beschaffen waren, konnte mit der Einbalsamierung erst am Abend begonnen werden. Die sonst vielfach übliche Entleerung von Weichteilen fand allerdings auf Wunsch der Familie nicht statt; vielmehr wurde nur eine konservierende – die sogenannte Wickerheimersche – Flüssigkeit in die Schlagadern eingespritzt.[5] Die Arbeit der beiden Ärzte dürfte bis in die frühen Morgenstunden gedauert haben, aber so eindeutig ist das nicht. Jedenfalls war während der Einbalsamierung außer Chrysander und Schweninger niemand im Sterbezimmer, auch keine Totenwache. Schweninger bestimmte den Wiederbeginn der Totenwache, konnte also davor noch Leute in das Sterbezimmer hineinlassen, ohne daß jemand etwas merkte.

Daß er von diesem ›Hausrecht‹ auch tatsächlich Gebrauch machte, ist für einen Fall glaubwürdig überliefert: Zwischen 4 und 5 Uhr morgens, als alles noch schlief, wurde nämlich der mit Schweninger befreundete englische Schriftsteller Whitman im seinem Gasthauszimmer durch lautes Rufen vor seinem Fenster geweckt. »Ich öffnete das Fenster und sah hinaus. Unten

»Fürst Bismarck auf dem Sterbebett« -
Zeichnung von Emil Limmer.

stand Schweninger und forderte mich auf, mich zu beeilen und hinunterzukommen. Ich tat es, ohne Zeit zu verlieren. Er hieß mich ihm zu folgen und führte mich schweigend in das Schloß.«[6] Viele Jahre später tauchte eine Zeichnung des Malers Emil Limmer auf, die die präparierte Leiche Bismarcks so zeigt, wie Whitman sie in seinem Erinnerungswerk beschrieben hat. Die handschriftlichen Bemerkungen des Künstlers rechts in der Ecke dieses Bildes lauten: »nach der Natur gez. Geheimrat Dr. Schweninger führte mich ins Sterbezimmer.«[7]

Wir wissen nicht, warum Schweninger sich zu diesen Gefälligkeiten hergab. Daß er das für Geld tat, ist wenig wahrscheinlich. Presseberichten zufolge war aber die Konservierung der Leiche »besonders gut gelungen«, so daß die Züge des Verstorbenen »den friedlich verklärten Ausdruck behielten, den sie nach dem Tode angenommen hatten«.[8] Die ›schöne Leiche‹, die Limmer verewigte, war Schweningers Werk, sein allerletzter Dienst an und für Bismarck – das war es wohl, was er der Nachwelt erhalten wissen wollte. Um so mehr, als er wußte: Diesen ergreifenden Anblick würden die Bismarck-Kinder nurmehr ganz wenigen Besuchern gestatten. Folgerichtig erklärte Schweninger dann auch am Montagmorgen mehreren Berichterstattern, die darauf drängten, ins Sterbezimmer vorgelassen zu werden: »›Meine Herren, ich kann Ihnen nichts mehr sagen, meine Rolle hier ist ausgespielt.‹«[9]

Gegen 12 Uhr fuhren zwei Leichenwagen des Hamburger Beerdigungsinstitutes Sankt Anschar in Friedrichsruh vor. Sie brachten einen schweren Eichensarg, die Zinkeinlage und allerlei Sargschmuck. Schon um 12.30 Uhr soll Bismarcks Leiche in dem schwarz polierten Eichensarg aufgebahrt gewesen sein. Nun »hoffte man allgemein im Publikum, daß wenigstens für eine kurze Spanne Zeit der Zutritt zum offenen Sarg gestattet werden würde, aber als sich am Abend die Mitteilung verbreitete, der Sarg sei bereits geschlossen, war auch diese Hoffnung vernichtet. Die deutschen Journalisten, welche die Anschauungen des Fürsten Herbert Bismarck und des Grafen Rantzau zur Genüge kennen, sind darob nicht verwundert, aber die Vertreter der englischen, französischen, österreichischen und amerikanischen Weltblätter, die vollzählig zur Stelle sind, sowie die Direktoren aller Telegraphenkompagnien der Welt, die sich in Friedrichsruh eingestellt haben, sind sprachlos über das Verhalten der Machthaber von Friedrichsruh«.[10]

Daß man von dem toten Bismarck jede Schaulust und Neugier fernhalten wollte, ließ sich vielleicht noch der Öffentlichkeit vermitteln. Aber daß man von ihm auch jede trauernde Teilnahme fernhielt, war schon schwerer zu verstehen. Der Nationalheld hätte ja leicht in wirkungsvoller Lage aufgebahrt und dem harrenden Volk noch einmal gezeigt werden können. Aber dies haben die Bismarcks verschmäht, vermutlich aus zwei Gründen, die beide auf den Vater selbst zurückgehen. Zum einen sollte die Erinnerung der Deutschen an ihren toten Bismarck menschlich schön und rein bleiben. Daß ihnen sein totes Antlitz noch ein letztes Mal gezeigt werde, barg das Risiko in sich, die Menschen zu enttäuschen, und das mag dem greisen Mann beim Blick in den Spiegel zuletzt doch zu groß erschienen sein. In der Hauptsache aber haben die Kinder eine öffentliche Aufbahrung der Leiche abgelehnt, weil ihr ganzes Streben darauf gerichtet war, die sterbliche Hülle des großen Mannes den beabsichtigten Kundgebungen der höchsten Instanzen des Reiches zu entziehen. Wollte man den Kaiser verprellen, so mußte man auch die Brüskierung der Allgemeinheit in Kauf nehmen. Selbst der mit Bismarck persönlich gut bekannte Reichskanzler Hohenlohe bekam dies zu spüren, als er sich am Montagmittag zu einem Kondolenzbesuch in Friedrichsruh ankündigte. Noch bevor sein Sonderzug gegen 19.30 Uhr am Sterbeort eintraf, war Bismarcks Sarg eilends verlötet worden. Um 19.15 Uhr hatte der Ortsgeistliche die Leiche im engsten Familienkreis eingesegnet.[11] Hohenlohe wurde erklärt, Schweninger habe es für ratsam gehalten, den Sarg zu schließen. »Die Leiche war zwar noch ganz unverändert; er [Schweninger – LM] fürchtete aber, daß plötzlich eine Veränderung eintreten könne. So konnte ich die Kränze nur am geschlossenen Sarg niederlegen.«[12]

Die Baronin von Spitzemberg hat ihrem Tagebuch noch weitere Einzelheiten über diesen hohen Kondolenzbesuch anvertraut: »Schrecklich ist, was man von den Bestgesinnten erfährt über die Weihelosigkeit der Kinder fast angesichts der Leiche. Als Fürst Hohenlohe mit Graf Schönborn [Hohenlohes Adjutant – LM] dort war, führte ihn Herbert vom eben geschlossenen Sarge hinweg in das Eßzimmer und rief: ›Nun aber Sekt her! Und von dem Rheinwein, den mein Vater so gerne trank! Überdies ist Bills Geburtstag, der muß doch gefeiert werden!‹ Und nun knallten die Pfropfen, und es wurde pokuliert, gelacht, gelärmt, als ob nichts geschehen wäre! Nach Tische bemerkte Sybille [Bismarcks Schwiegertochter – LM] auf den Fürstenlehnstuhl deutend: ›Ach, da hat der Alte gestern noch gesessen und Sekt gesoffen!‹«[13]

Der Baronin moralische Empörung über den offenkundigen Mangel an sittlicher Würde im Bismarckschen Trauerhaus ist das eine. Zum andern aber läßt uns ihre Milieuschilderung ein wenig von dem psychischen Druck erahnen, der auf den Kindern bis zu dem Akt der Sargverlötung gelastet haben muß. Erst nachdem das geschafft war, schien das Vermächtnis des Alten erfüllt, sein Leichnam gegenüber Zugriffen aller Art gerettet und versiegelt. Welch eine Erleichterung nach all den Unwägbarkeiten, Anmutungen, Dramen der letzten Tage und Wochen! Die Bismarcks waren's zufrieden und mochten aus dieser Linderung ihrer Seelennöte auch einem deutschen Reichskanzler gegenüber keinen Hehl machen. Nun war nur noch eine Hürde zu nehmen: der Besuch des verhaßten Monarchen, der sich in der Nacht telegraphisch für den kommenden Nachmittag angesagt hatte. Der eigentliche Trauergottesdienst mußte deshalb nolens volens um einige Stunden verschoben werden.

Abschied

Am nächsten Morgen, dem 2. August, nahm die fürstliche Familie im Beisein der obersten Forstbeamten in Bismarcks Sterbezimmer mit dem Geistlichen das Abendmahl ein. Der Raum war kurz vorher einer handverlesenen Gruppe von Journalisten gezeigt worden, die das Arrangement wie folgt beschrieben: »Der Sarg steht ungefähr auf derselben Stelle, wo das Bett des Fürsten gestanden hat, in dem er seinen letzten Atemzug getan. Eine kleine Gruppe von Coniferen, Buchsbaum und Lorbeer umschließt das Kopfende des auf nicht sehr hohem Katafalk stehenden Sarges. Eine dicht unterm Plafond beginnende etwa anderthalb Meter breite schwarze Tuchdrapierung mit Silberfranzen zieht sich um die 4 Wände des Zimmers. Zwei kunstvolle, zwölfarmige silberne Leuchter aus dem Familienbesitze der fürstlich Bismarckschen Familie stehen am Ende des Sarkophages, zu Füßen 2 mächtige Altarkerzen, deren rötlich-gelbe Färbung gegen das blendende Weiß der Stearinlichte auf den übrigen Leuchtern merkwürdig absticht. Zwischen dem Kachelofen und dem Fußende des Sarges ist [rechts vom Sarkophag – LM] ein winziger mit schwarzem Stoff bekleideter Altar aufgestellt.« Als ein kleines hintersinniges Aperçu hatte man auf dem breiten Kaminsims eine Photographie vom alten Kaiser Wilhelm I. im Kabinettformat aufgestellt, die dieser seinem treuen Diener vor Jahren gewidmet hatte; daneben ein Bild der verstorbenen Fürstin Johanna.[14]

Der dunkel polierte Eichensarg soll einem anderen Zeugnis zufolge »von ungewöhnlicher Größe« gewesen sein. Er hatte acht schwere silberplattierte Handgriffe und vier Füße in Gestalt von Löwentatzen, die auf Gestellen ruhten. »Der Sarg war mit einem durchsichtigen schwarzen Schleier bedeckt, durch den man die Griffe und die Füße deutlich sah. Auf dem Sarge selbst lagen Rosenkränze, die von den Kindern und Enkeln des Fürsten gewidmet waren.« Für den bevorstehenden Trauergottesdienst hatte man einige Reihen Rohrstühle und ein höchst einfaches Betpult bereitgestellt.[15] Weitere Vorbereitungen zum Empfang des Kaisers wurden nicht getroffen und lediglich zwei Journalisten zur Berichterstattung über die häusliche Trauerfeier ins Schloß gelassen.

Das Kaiserpaar traf um 17.50 Uhr in Friedrichsruh ein. Der Hofzug hielt direkt vor dem Eingangstor des Schlosses. Nach kurzer Begrüßung durch die Bismarck-Erben begab sich der Kaiser mit seinem Gefolge ins Schloß. Nachdem die Gesellschaft das Sterbezimmer betreten und der Kaiser einen Kranz auf den Sarg gelegt hatte, begann die Trauerfeierlichkeit mit dem Gesang eines Chorals. Der Kaiser stand »ernst, mit einem eisernen Zug um die gefaltete Stirn und den fest geschlossenen Mund, neben dem Sarg, während der Prediger anhub, seine recht mittelmäßige Rede ohne jeden Schimmer einer Weihe zu sprechen. Kalt ging die Zeremonie vorüber«.[16] Sie war nach etwa 20 Minuten beendet. Danach hielten sich Kaiser und Kaiserin noch eine Viertelstunde im Kreise der Bismarckschen Familie auf. Um 18.35 Uhr verließ Wilhelm das Trauerhaus. Wie schon bei der Begrüßung umarmte und küßte der Monarch den Fürsten Herbert dreimal auf beide Wangen.[17]

Der spätere Reichskanzler Bülow, der den Kaiser damals bei dessen Trauervisite begleitete, hat in seinen Erinnerungen berichtet, daß das Hauptanliegen des Besuches Wilhelms Herzenswunsch gewesen sei, »den Fürsten Bismarck im Berliner Dom beizusetzen. Dort, wo eine größere Anzahl von Hohenzollern ruhten, sollte dem Fürsten von Reinhold Begas ein ›herrlicher‹ Sarkophag errichtet werden, den Wilhelm II. in hastigen, sich überstürzenden Worten schilderte, die auf starke innere Erregung, auf Befangenheit und Verlegenheit deuteten. Herbert Bismarck lehnte entschieden, beinahe schroff ab. […] Der Kaiser schien verstimmt, insistierte aber nicht weiter«.[18] Statt dessen machte er nun den Vorschlag, wenigstens »die Kosten für das Mausoleum in Friedrichsruh auf das Reich zu übernehmen«. Doch auch davon bat Herbert den Kaiser höflich, aber bestimmt, Abstand zu nehmen.[19] Er konnte das um so leichter tun, als sich einige reiche Hamburger Freunde schon erbötig gezeigt hatten, der Familie sofort 300000 Mark für die Baukosten der Grabstätte zur Verfügung zu stellen.[20] Der Kaiser hat davon natürlich nichts gewußt – wie denn auch die Öffentlichkeit später nie etwas Genaueres über die Fremdfinanzierung des denkwürdigen Monuments erfahren hat.

So mußte der Kaiser unverrichteter Dinge von dannen ziehen. Auch gegen den toten Bismarck hatte er noch einmal den kürzeren gezogen. Beim Abschied – schreibt Eulenburg – habe er in den Augen seines früheren Freundes Herbert von Bismarck nurmehr einen Gedanken gelesen: »Gott sei Dank, – nun ist das Fest zuende. Er hatte vollkommen recht. Wenn ich aufatmete nach einer Qual, wie mußte er es empfinden.«[21] Mit einem Wort: Von wirklicher Trauer der nächsten Angehörigen und der Spitzen des Staates konnte in diesen Friedrichsruher August-Tagen nicht die Rede sein; das Ensemble war zu sehr mit den übernommenen Rollen in diesem Trauerspiel beschäftigt, als daß es den Dahingeschiedenen mit wehem Herzen hätte beweinen können.

Und die Nation? Gab es eine Nationaltrauer in Deutschland?

Zwischen Trauertheater und Totenkult

Über die Trauer, die damals im deutschen Volk über den Tod seines Reichsgründers herrschte, geben die zahllosen Kranz- und Blumenspenden keine verläßliche Auskunft. Zwar sollen es wahre Waggonladungen gewesen sein, die in jenen August-Tagen in Friedrichsruh eintrafen und schon bald den ganzen Schloßpark zierten; aber wir wissen nicht, von wem sie stammten und was ihre Spender damit verbanden. So können wir dieses Meer von Blumen erst einmal nur als ein blühendes Zeichen allgemeiner Verehrung des großen Toten werten. Daß es ein solches Verehrungsbedürfnis in der Stunde des Todes mehr denn je gab, davon zeugen die Bismarck-Devotionalien, die im August 1898 neu auf den (Trauer-)Markt kamen: die Sterbemedaillen und Kondolenzpostkarten, die umflorten Erinnerungsblätter sowie die lyrischen Ergüsse berufener und weniger berufener Leichenbarden. All diese unzähligen Erzeugnisse von Kunstgewerbe, Kitsch- und Kultbranchen fanden damals überall in Deutschland ihre Käufer, gewiß. Aber was heißt das schon? Der feierlichen Sammlung eines schmerzbewegten Volkes haben sie sicher nicht gedient – eher schon der massenwirksamen Dekoration eines sensationellen Sterbefalles, dessen Wirkungen sich kaum jemand entziehen konnte.

Auch die ungezählten Nachrufe, mit denen alle deutschen Zeitungen um Bismarck trauerten, sagen im Grunde wenig aus über das, was die Menschen wirklich bewegt haben mag. Der ebenso scharfsichtige wie -züngige Harden sprach mit Blick auf Berlin sogar von »widriger Trauerheuchelei«, die dort geleistet worden sei. »Dabei in der Stadt trotz Presse keine Spur von Trauer.«[22] Bald wurden denn auch die Zeitungsberichte über Bismarcks Heimgang schon spärlicher, »Gott sei Dank«, schrieb die Baronin von Spitzemberg in ihr Tagebuch, »denn die Taktlosigkeiten, Gehässigkeiten, Niederträchtigkeiten werden nicht ausbleiben, wenn erst das Bischen Weihe, das Bischen Achtung vor dem Tode vorüber ist, das in den journalistischen Kreisen herrscht.«[23]

Daß an diesen beiden Einschätzungen viel richtig war, steht außer Frage. Dennoch darf die große Einmütigkeit nicht übersehen werden, mit der die politische Tagespresse von linksliberal bis rechtskonservativ den toten Bismarck damals als nationalen Heros in den Himmel gehoben hat. In den Nekrologen klang immer wieder ein Grundthema an, das – um ein Beispiel herauszugreifen – die *Tägliche Rundschau* in Berlin so variierte: »Wie

Eines von mehr als fünfzig Postkarten-Motiven, die der Nationaltrauer um Bismarck Ausdruck geben wollten.

ein Kunstwerk liegt sein Leben vor uns, dieses gottbegnadete, reichgesegnete Leben, das unseres Volkes bestes Heil in sich schloß. Sein strahlendes Bild wird dem deutschen Volke immer leuchtend vor Augen stehen als seines Wesens höchste Vollendung; uns aber, die wir den Untergang solchen Lebens miterleben mußten, geziemt nur eines zu unserer Trauer: Das stille Gelöbnis, so treu und deutsch zu sein wie er.«[24] Es wäre naiv, solche Pathosformeln als hohl abzutun. Hier kündigt sich vielmehr an, daß Bismarck im Begriff stand, zur Metapher nationaler Selbstbeschreibung und Selbstagitation der Deutschen zu werden. Der große Bismarck ist tot, es lebe der Bismarck-Deutsche! Zu den politisch-kulturellen Folgen dieser Metamorphose wird später noch etwas zu sagen sein.

Mit öffentlicher Trauer, mit dem Beklagen eines unersetzlichen Verlustes hatte das freilich wenig zu tun. Hat es dieses Wehgefühl, diesen Verlustschmerz vielleicht gar nicht gegeben? Wie erschüttert, wie bewegt waren die Deutschen in jenen August-Tagen? Waren sie ein Volk in Trauer? Wir wollen das mit Blick auf zwei Totenfeiern erörtern, die gleichsam aus freier Bürgerinitiative und nicht – wie viele andere – auf obrigkeitliche Anordnung hin in Szene gesetzt wurden.

Gehen wir zunächst in die Reichsmetropole Berlin, wo der alte Bismarck noch vier Jahre zuvor so euphorisch gefeiert worden war. Der Berliner Korrespondent der *Frankfurter Zeitung* hat am 1. August 1898 der Trauerstimmung im öffentlichen Leben der Millionenstadt nachgespürt und war ganz erstaunt darüber, daß diese Stimmung kaum – oder besser gesagt: gar nicht – zum Ausdruck gekommen sei: »Man sieht überhaupt nichts Ungewöhnliches, was irgendwie mit Bismarcks Tode zusammenhinge: keine Ansammlungen von Menschen, kein Zeichen der Trauer, nur die zu vielen Hunderttausenden gratis verteilten Extrablätter fallen auf, wie sie auch bei anderen großen Gelegenheiten auffallen. Es wird seit gestern in Berlin nicht ein Ton weniger Musik gemacht oder gesungen als sonst, nicht eine einzige der zahlreichen öffentlichen Vergnügungen ist abbestellt worden. Es ist überhaupt keine Änderung in der Physiognomie der Stadt und im öffentlichen Leben zu bemerken. Das ist die Wahrheit.«[25]

Es gibt keinen Grund, diesen Befund anzuzweifeln. Gewiß hatte die Todesnachricht die Berliner nicht kalt gelassen. Ein sehr Großer war dahingegangen, und die Ahnung dessen hatte bestimmt tiefen Eindruck gemacht. Aber daß die Menschen der Verlust ihres Ehrenbürgers nun sonderlich tief ergriffen hätte, dafür finden sich keine Anhaltspunkte. Auch die offizielle Trauerkundgebung in der Kaiser-Wilhelm-Gedächtniskirche, wo sich am 4. August die Spitzen von Regierung, Diplomatie und Gesellschaft auf Einladung des Kaisers exklusiv versammelten, wirkte sich nicht auf die Stimmungslage in der Bevölkerung aus. Die Leichenfeier machte schon deshalb keinen Eindruck, weil die Leiche (absichtsvoll) fehlte und die nächsten Angehörigen des Toten diesem Staatsakt ostentativ fernblieben.

Doch so ganz mochten es die Berliner mit diesem merkwürdigen Abschied von einer Jahrhundertgröße, die so viele Jahrzehnte unter ihnen geweilt hatte, doch nicht bewenden lassen. Ein wenig feierlicher, anrührender und weihevoller sollte es schon sein. Der sogenannte Berliner *Bismarck-Ausschuß* ergriff die Initiative zu einer großen Gedächtnisfeier jenseits des Protokolls der Regierung.

Sie fand am 7. August 1898, also eine Woche nach Bismarcks Tod, in der Kroll-Oper statt. Das Neue Königliche Opernhaus, wie die offizielle Bezeichnung lautete, bot an diesem Tag in seinem Inneren einen dort noch nie zu gewärtigenden Anblick: Balkonbrüstungen und Orchesterwände waren mit schwarzen Draperien verkleidet, die man mit golden schimmernden Rosetten bzw. gekreuzten Palmenzweigen geschmückt hatte. Schwarz umflort und mit Fichtenzweiggirlanden umwunden waren auch die Eisensäulen, die die Emporen rings um den Saal stützten. Zu beiden Seiten der Bühnenöffnung hing jeweils ein langes schwarzes Panier vom Sims bis zum Sockel der Wand herab. Auf dem zur Linken standen in großen Goldlettern die Worte: »1815. Schönhausen. Heil dem Haus und seinem Stern. Lobet den Herrn«; auf dem zur Rechten: »1898. Friedrichsruh. Du nahmst ihn uns, Herr, wir beugen uns.«

Diesen so feierlich dekorierten Raum, der nur matt beleuchtet wurde, füllten gegen 12 Uhr mittags Damen und Herren aus der Berliner Gesellschaft bis auf den letzten Platz. Sie kamen sämtlich in Trauertracht und gaben dem Szenario dadurch ein feierlich ernstes Gepräge. Eingestimmt wurde die gut tausendköpfige Trauergemeinde durch den Trauermarsch aus Beethovens »Eroica« – von jeher ein Werk von ergreifender Ausdruckskraft.

Mit dem Verhallen der letzten Akkorde öffnete sich der Vorhang und gab den Blick auf die nicht minder feierlich dekorierte Bühne frei. Den Hintergrund bildete die in rötlichem Morgenlicht schimmernde Götterburg »Walhall« aus Wagners Oper »Rheingold«. Mächtige Eichen faßten dieses Bühnenbild zu beiden Seiten ein. Vor dieser Kulisse erhob sich ein üppiger Hain aus hochragenden Palmenbüschen und Lorbeerbäumen. Davor ein Postament auf grün umkränztem Sockel, das die Kolossalbüste Bismarcks trug. Vorn am Sockel war ein großer goldener Lorbeerkranz befestigt mit einer riesigen schwarzen Florschleife in der Mitte. Rechts und links von der Bismarck-Büste zwei hohe vergoldete Kandelaber. Schließlich stand rechts im weiten Abstand vom Postament das Rednerpult, ebenfalls mit schwarzen goldbefransten Draperien umkleidet.[26]

An dieses Rednerpult begab sich als erster Ernst von Wildenbruch – im Deutschland der Jahrhundertwende ein Dramatiker von Rang und Namen –, um ein eben vollendetes Gedicht auf den Tod Bismarcks vorzutragen. Mit »hinreißendem Feuer« soll er die Verse seiner pathetischen Totenklage gesprochen haben, die nach Aufbau, Wortwahl und Stil durchaus passable Dichtkunst bot. Besonders effektvoll das Finale, in dem der Dichter die Deutschen ermahnt:

»Laß nicht den Bismarck sterben in Dir!
Gieb es nicht her, das errung'ne Panier'
Laß in Vergessens Erbärmlichkeit
Nicht versinken die heilige Zeit,
Die uns den Kaiser gab und den Vater:
Wilhelm und Bismarck, seinen Berater.
Siehst Du die Feinde? Hörst Du sie flüstern,
Wie sie die Beute schleichend umlüstern?
Strafe sie Lügen, mach' sie zu Schand,
Wolle Dich selber, deutsches Land,
Wolle Dich selbst! Zwinge die Not!
Bismarck war tot, ist nicht mehr tot.
In Deiner Seele, die sich erhebt,
Steht er Dir auf, kommt wieder und lebt,
Kommt und ist da,
Allgegenwärtig und nah,
Deutschland, Dein Bismarck, er lebt!«

Mit diesem dichterischen Appell an die nationalreligiösen Instinkte der Trauergemeinde fiel der Vorhang, so daß die Worte in feierlicher Stille nachwirken konnten. Als der Vorhang sich wieder öffnete, hatte der Theaterchor die Bühne eingenommen, um in Orchesterbegleitung das »Selig sind die Toten« aus dem »Deutschen Requiem« von Johannes Brahms zu singen. Dieser Darbietung folgte die Trauerrede aus dem Munde von Professor Wilhelm Kahl mit Rückblicken auf die bedeutsamsten Momente in Bismarcks Leben und Wirken, mit einer Charakteristik der menschlichen und politischen Persönlichkeit des Verstorbenen und der vermeintlichen Quellen seiner Kraft. Hauptanliegen war aber auch hier die Mahnung an die Deutschen, dafür zu sorgen, daß das, was Bismarck geschaffen, unzerstörbar bleibe: »Was sterblich an ihm war, ist uns verloren. Unsterbliches ist uns geblieben. Bismarck lebt! Darauf allein lassen Sie uns in dieser Weihestunde blicken, daraus uns stärken, und dann getröstet und erhoben zurückkehren in die Arbeit und den Kampf des Tages. [...] Bismarck heute und immerdar das Gewissen des deutschen Volkes!«[27]

Als der Redner geendet hatte, erhob sich die ganze Versammlung von ihren Plätzen, um gemeinsam zwei Verse aus einem Grablied von Ernst Moritz Arndt zu singen. Als Finale der ganzen Feier ertönte dann der grandiose Trauermarsch für den erschlagenen Siegfried aus Richard Wagners »Götterdämmerung«, und währenddessen »breitete sich, wie der Abglanz einer neuen Morgenröte, ein warmer rosiger Schein über das kalte tote Weiß der Büste des großen Kanzlers«.[28]

Die festlichen Darbietungen in der Kroll-Oper werden die Erwartungen ihrer Zuschauer nicht enttäuscht haben. Schon mit der stimmungsvollen Kulisse hatten die Dekorateure ganze Arbeit geleistet. Sie schufen das Szenario für einen Trauerakt, der auf Erhebung durch Weihe und Würde abgestellt war. Mit Beethoven zur feierlichen Einstimmung, Brahms als Gefühlsverstärker und Wagner als grandiosem Visionär sorgte der musikalische Teil des Festaktes dafür, daß die emotionale Ergriffenheit im Laufe der Darbietung nicht nachließ. Wildenbruchs Dichtung war ganz dazu angetan, den zum Nationalmythos verklärten toten Bismarck in den so präparierten Seelengrund einzupflanzen. Und wem dies noch nicht reichte, dem lieferte die Rede des Gelehrten die intellektuelle Rechtfertigung, Bismarck getrost als ein unvergängliches Geschenk des Himmels an die Deutschen zu verstehen.

Mit ihrem Festprogramm dürften die Veranstalter so ziemlich genau den Geschmack ihres Publikums getroffen haben, das Zeitungsberichten zufolge einen repräsentativen Querschnitt durch die bessere Gesellschaft der Reichshauptstadt abgegeben haben soll: Gelehrte und Künstler, Offiziere und Geheimräte, Kaufleute und gehobener Mittelstand. Diese vornehmlich bürgerlichen Kreise kamen voll auf ihre Kosten, weil eine Bismarck-Ehrung wie diese ihr patriotisches Gewissen entlastete. Auch den politisch-kulturellen Einwirkungen der Inszenierung werden sich die Zuschauer nicht entzogen haben. Warum auch? Was da gesagt wurde, war schließlich ihrer Weltanschauung selbst entnommen. So geriet die Veranstaltung für die Teilnehmer sogar zu einem Genuß – sowohl ästhetischer wie auch psychischer Art.

Es war für alles gesorgt, was die bürgerlichen Eliten dem toten Bismarck noch an Ehre erweisen und zugleich seinem Vermächtnis abgewinnen wollten. Bis auf eines – der Festredner hat es in seinem »Abschiedswort an Ihn« deutlich ausgesprochen: »Du hasts mit Deinem starken Willen dem deutschen Volk versagt, noch einmal, wonach uns so schmerzlich verlangte, Dein Angesicht zu sehen. Was wir bis jetzt dem Toten erweisen konnten, war unserer Liebe nicht genug. Aber wir kommen, wir und die spätesten Geschlechter alle, wenn sie Dir unter den Eichen des deutschen Waldes Deine letzte Ruhestätte bereitet haben. Wir werden die deutsche Erde, in der Du schläfst, betreten und hüten als ein nationales Heiligtum.«[29]

Ohne die sterblichen Überreste ihres Nationalhelden und ohne die Möglichkeit, ihrer Bestattung beizuwohnen, blieb also auch dieser wohlinszenierte und bewegende Akt des öffentlichen Abschiednehmens von Bismarck nur eine Trauer*geste*, eine symbolische Abschlagszahlung auf ein formelles Begräbnis. Sein Hauptzweck war Selbstvergewisserung. Anders gesagt: Nicht Erschütterung über die Allmacht des Todes selbst einem solchen (vermeintlichen) Übermenschen gegenüber zeichnete die Versammlung aus; vielmehr war es der ungebrochene Respekt vor dem nationalen Über-Ich Bismarck, von dem man auch – oder gerade – nach dem Hinscheiden seiner menschlichen Hülle nicht lassen wollte. Mit Trauer*empfinden* hatte das wenig zu tun, eher schon mit Trauer*verhalten*, das den Teilnehmern gesellschaftlich auferlegt worden war.

Mit seiner Verweigerung einer öffentlichen Leichenschau

bzw. eines Begräbnisses hatte der alte Bismarck selbst dazu beigetragen, daß sein Tod nicht als Schock wirkte und damit auch nicht zur Bruchstelle im nationalen Selbstbewußtsein der Deutschen werden konnte. Die durften ihm – oder besser: ihrem *Bild von ihm* – über den Tod hinaus emotional verbunden bleiben, durften an diese ihre Vision weiterhin glauben – ganz so, als sei nichts Einschneidendes passiert. Für schmerzhaftes Trauererleben war der Todesfall – jedenfalls so, wie er der Öffentlichkeit präsentiert wurde – nicht geeignet. Statt Trauergefühle und Verlustschmerz zuzulassen, statt innere Anteilnahme am Tod eines *Menschen* zu zeigen, haben sich die Berliner Bismarck-Verehrer darauf verlegt, die Unsterblichkeit ihres toten Helden zu beschwören – eine Unsterblichkeit, die ihren festen Wohnsitz in den Herzen des Volkes haben sollte. Mit dem »Untoten« Bismarck zelebrierten sie ihre nationale Identität.

Läßt sich das Berliner Beispiel verallgemeinern? Der Vergleich mit dem, was im bayerischen München an »Trauerarbeit« geleistet wurde, soll uns helfen, eine Antwort zu finden.

Fast zwei Wochen nach Bismarcks Tod, am Abend des 12. August 1898, fand nämlich auf dem Münchener Königsplatz eine öffentliche Trauerfeier statt, die durch ihre grandiose Inszenierung alles bislang Dagewesene in den Schatten stellte. Zwar hatten schon am 2. August 1898 die Münchener Stadtoberen ihres verstorbenen Ehrenbürgers gedacht, aber diese Veranstaltung verlief ebenso konventionell und exklusiv wie die meisten anderen offiziellen Trauerfeierlichkeiten im Reich auch.

Ganz im Gegensatz hierzu war das große Spektakel auf dem Königsplatz ein Projekt, das gezielt ein Massenpublikum ansprechen und ergreifen wollte. Die Initiative für die Feier ging vom bayerischen Kunstgewerbe-Verein aus, der die Planung und Organisation übernahm und zu diesem Zweck eigens ein Komitee gegründet hatte. Vorsitzender dieses Komitees war der Münchener Malerfürst und berühmte Bismarck-Portraitist Franz von Lenbach, der in Zusammenarbeit mit dem Generalintendanten der königlichen Theater, Ernst von Possart, und dem Gestalter vieler großer Kunstausstellungen, Emanuel von Seidl, die Zeremonie entwarf.

Diesem Dreigespann von einflußreichen und erfahrenen Künstlern gelang eine theatralische Inszenierung, die ihre ergreifende Wirkung nicht verfehlen sollte. Es wurde eine Kundgebung, die fast ganz ohne Rhetorik auskam. Ihren Zauber entfaltete sie allein durch die effektvolle Dramaturgie, die Ausdruckskraft der verwendeten Symbole, die musikalische Ausgestaltung und die ausgeklügelte Lichtregie. In düster-beklemmender, gleichzeitig aber auch weihevoll-erhebender Atmosphäre sollten die Münchener des toten Bismarck gedenken.

Als Bühne für die Totenweihe diente der Münchener Königsplatz, der schon in den Jahren 1885 und 1895 zwei große Feiern zu Bismarcks 70. und 80. Geburtstag erlebt hatte. Mit dem Kunstausstellungsgebäude, der Glyptothek und den Propyläen war ein architektonischer Rahmen vorgegeben, wie man ihn sich prachtvoller kaum vorstellen konnte. Ein Halbkreis aus dunklen Zypressen verband diese an das antike Griechenland gemahnenden Gebäude, in dessen Mitte sich die Propyläen als Hauptkulisse der Szenerie erhoben. Das Tor war mit schwarzen Tüchern verhangen, seine beiden wuchtigen Ecktürme schmückten goldene Girlanden. Ein etwa acht Meter hoher schwarzer Katafalk auf der Estrade der Propyläen bildete den Mittelpunkt des Geschehens: Er trug eine Feuerschale auf seiner Spitze, von der eine große Flamme emporloderte. An der Vorderseite war, weithin sichtbar, das Bismarcksche Familienwappen angebracht, so daß das Ganze den Eindruck eines mächtigen Sarkophags vermittelte. Zu beiden Seiten dieses Aufbaus saßen Genien mit langen schwarzen Flügeln in Trauergewändern und mit goldenen Fackeln in den Händen. Ein Kranz aus goldenen Eichenblättern mit einem Durchmesser von zehn Metern ragte hinter der drapierten Totenbahre auf. Um die Zeremo-

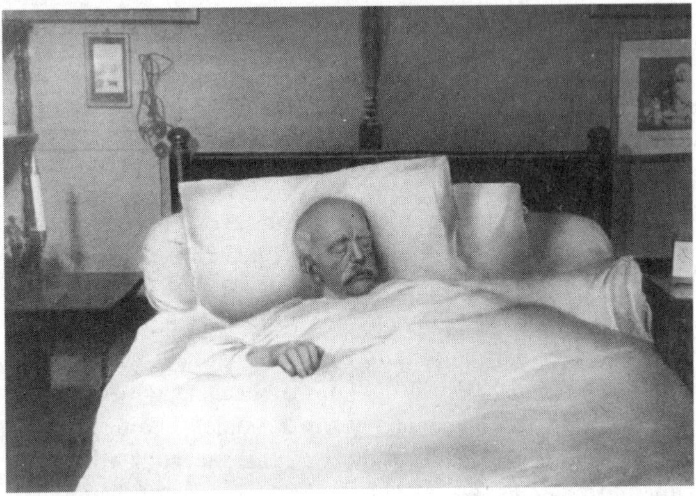

Die retouchierte Fassung des unerlaubten Totenbildes sollte den Verkaufswert steigern helfen. Darunter eine weitere Stilisierung dieses Motivs, das als Postkarte tatsächlich in Umlauf gebracht wurde.

nie in ein stimmungsvolles Licht zu tauchen, waren auf den umgebenden Gebäuden und hinter dem Halbrund der Zypressen Feuerständer mit Pechpfannen aufgestellt worden. Auch um den Katafalk herum standen große Feuerschalen.

Zum Festakt selbst wurde der Königsplatz abgesperrt. Ab 17 Uhr gelangte nur noch auf den Festplatz, wer eine von jenen Einlaßkarten besaß, die in den Tagen zuvor unentgeltlich im Kunstgewerbe-Verein an die Interessenten abgegeben wurden. Bis zum Beginn der Feier hatten sich an die 30000 Menschen auf dem Festplatz versammelt, wo sie »in andächtigem, ernstem Schweigen verharrten«.[30] Die Dämmerung hatte schon eingesetzt, als um 20 Uhr der Festakt mit Glockengeläut begann. Die tiefen Klänge der Glocken gingen in Posaunenakkorde über, die von den Treppen des Kunstausstellungsgebäudes erklangen. Ein immer stärker anschwellender Fanfarenton von der Glyptothek und danach von den Propyläen her folgte. Nach und nach wurden die Feuer angezündet. Lodernde Feuerflammen sowie funkensprühende Feuergarben tauchten den Platz in ein wahres Feuermeer.

Unterdessen erschienen in der mittleren Säulenhalle der Propyläen zwanzig schwarzgekleidete Gestalten mit Kapuzen über dem Kopf und mit Fackeln in den Händen – die sogenannten Gugelmänner, die traditionell bei den Begräbnisfeierlichkeiten von Mitgliedern des bayerischen Königshauses den Trauerzug anführten. Langsam schritten sie vor und umstellten mit hohen Fackeln den Sarkophag im Mittelpunkt des Schauplatzes. Jetzt konnte die eigentliche Huldigung beginnnen. Unter den Klängen des Trauermarsches aus der As-moll-Sonate von Beethoven stiegen Abordnungen verschiedener Vereine mit gesenkten Fahnen die Treppen der Propyläen hinauf und legten ihre Kränze nieder. Gleichzeitig mit dem Ende des Vorbeidefilierens der Vereinsdeputationen waren sämtliche Feuer auf dem Festplatz entzündet. Ein Männerchor setzte ein:

»Leuchtet, ihr Flammen, ihr blutigroten,
Züngelt empor in die Nacht,
Werdet den Völkern der Erde Boten:
Die Deutschen halten ihrem Toten
Die letzte Fahnenwacht.

Hört Ihr den Schwur, der dem trauernden Volke
Heut' sich entringt?
Flammende Wolke,
Trag' ihn beschwingt
Nach Osten – nach West: ›In Treue fest‹
Stehen wir hier,
Halten eisern was Er uns geschaffen.
Schützen das Reich! Und mit heiligen Waffen
Trotzen wir kühnlich des Feindes Begier:
Eins in der Not,
Eins bis zum Tod!
So segne uns Gott!«[31]

Während der Chor das Lied vortrug, stiegen, gleichsam als Untermalung des Textes, weiße Rauchwolken auf, zuerst aus den Säulenhallen der Glyptothek und des Kunstausstellungsgebäudes, danach, sich zur Mitte hin immer weiter fortpflanzend, auch aus den Propyläen. So war bald der gesamte Schauplatz in einen mysteriösen weißen Schleier gehüllt, nur der Sarkophag blieb weithin sichtbar. Die fackeltragenden Gugelmänner waren hervorgetreten, um alles Licht dort zu konzentrieren. Der Schlußakkord des Chorals ging in einen minutenlangen, dumpfen Trommelwirbel über. Dann stimmten die Musikkorps die »Wacht am Rhcin« an, und das gemeinsame Absingen dieser inoffiziellen Nationalhymne beendete die Feier.[32]

Was sich am 12. August 1898 auf dem Münchener Königsplatz

abspielte, war sicherlich noch beeindruckender als die Inszenierung in der Berliner Kroll-Oper. Allein schon der riesige Katafalk im gespenstischen Schein der vielen Trauerfeuer, umhüllt von künstlichen Nebelschwaden, dürfte dem Betrachter so etwas wie einen heiligen Schauer eingejagt haben. Die geistige Anwesenheit des Toten, die hiermit beschworen wurde, rückte so in die Sphäre des Vorstellbaren. Überhaupt schien das ganze Spektakel darauf abgestellt zu sein, die Imaginationskräfte des Publikums zu beflügeln. Durch diese gekonnte Stimmungsmache, die aus dem klassischen Repertoire des Totenkultes schöpfte, sollte die Bereitschaft der Menschen geweckt werden, sich ganz auf die Sinnzuschreibung einzulassen, die die Trauerhymne so gefühlsbetont zum Ausdruck brachte. Nicht Abschied, auch nicht Huldigung, und schon gar nicht Wehklage standen im Zentrum dieser Elegie, sondern das patriotische Glaubensbekenntnis: die Größe, die Ehre und den Bestand des Bismarck-Reiches auf Leben und Tod zu verteidigen. Es war gleichsam die ins Liturgische übertragene und auf Bismarck zugeschnittene Vorwegnahme der »Wacht am Rhein«, die da zum Vortrag gelangte. Da paßt es nur zu gut ins Bild, daß auch dem Volk Gelegenheit gegeben wurde, diesen Treueschwur mit dem Absingen des Originals zu bekräftigen.

Also – Totenkult der besonderen Art nicht nur in Berlin, sondern auch in München, und was für einer! Aber: Von (symbolischer) Grablegung, von echter Trauer um Bismarck, von Tränen und Schmerz – davon war auch in der Kulturhauptstadt des Deutschen Reiches wenig bis nichts zu sehen. Statt dessen martialische Beschwörungsformeln, die inhaltlich auf der gleichen Linie lagen wie das, was Wildenbruch eingefordert hatte: Laß nicht den Bismarck sterben in Dir, den Eisernen, den Gewaltigen, den zu allem Entschlossenen. Die so herbeizelebrierte Gemeinschaft der Lebenden mit dem großen Toten band die Menschen freilich nicht an einen der Ihren, sondern an einen Mythos.

Die Trauerfeier für den Fürsten Bismarck in München.
Nach dem Leben gezeichnet von Fritz Bergen.

Die Trauerfeier für den Fürsten Bismarck in München.
Nach dem Leben gezeichnet von Fritz Bergen.

Bismarck als Nationalgott der Deutschen. Kreidezeichnung von Hugo Lederer, der auch das bis heute berühmte Hamburger Bismarck-Denkmal erschaffen hat.

„Heilige Glut!
Rufe die Jugend zusammen,
Daß bei den lodernden Flammen
Wachse der Mut!"

Richard Pfeiffer (München)

702

Auch die Lebensreformer der deutschen Jugendbewegung haben den Bismarck-Kult in ihre Vorstellungswelt eingebaut; hier eine Chromolithographie aus der Zeitschrift Die Jugend.

Wie Künstler der klassischen Moderne diesen (mythisch verformten) Bismarck nur zehn Jahre nach seinem Ableben ins Bild gesetzt haben, ist auf den vorhergehenden Abbildungen zu sehen. Der »deutscheste aller Deutschen« soll das gewesen sein – so jedenfalls Reichskanzler Bernhard von Bülow, als er im Oktober 1908 die Büste Bismarcks der »Walhalla« in Regensburg übergab. Der *Kladderadatsch*, das wohl bekannteste satirische Blatt im Kaiserreich, hatte Bismarck schon in der Nummer, die zu Bismarcks Tod erschien, in die Unsterblichkeit der germanischen Götterburg Einzug halten lassen.[33] Leider war das kein Scherz, nicht einmal Ironie!

Geteilter Nachruhm

Zum Schluß wollen wir noch einmal an den Ausgangspunkt unserer Betrachtung, nach Friedrichsruh, zurückkehren. Dort wurde Bismarck am 16. März 1899, also ein gutes halbes Jahr nach seinem Ableben, in einem echten Sarkophag tatsächlich zur letzten Ruhe gebettet. Die Überführung des Sarges vom Schloß in die Gruftkapelle vis-à-vis auf dem sogenannten Schneckenberg erfolgte in Anwesenheit des Kaisers, so daß der Zeremonie öffentliches Interesse zufiel. Zwar säumten 1500 Fackelträger die kurze Strecke des Weges, doch das eigentliche Trauergefolge machte nicht einmal 50 Personen aus. *Trauergefolge?* Es war wohl mehr die pflichtschuldige Einweihung und formelle Indienstnahme einer Grabstätte, die an jenem Vorfrühlingstag vollzogen wurden. Daß sich aus dem Mausoleum schon bald das von Professor Kahl beschworene »Nationalheiligtum« entwickeln würde, dürfte kaum einen der geladenen Trauergäste interessiert haben. Und doch: Das Gedicht »In Friedrichsruh« von Hermann Walthari, das die liberale Berliner *Nationalzeitung* drei Tage nach der Grablegung veröffentlichte, gibt einen Vorgeschmack auf das, was kommen sollte:

Beiblatt zum Kladderadatsch *Nr. 32 (1898).*

»Ziehen in kommender Zeiten Lauf
Zahllose Waller zur Stätte hinauf,
Droben im Heiligtum der Nation,
Schläft ihr größter, ihr herrlichster Sohn.

Heilig der Boden, dem Ihr Euch nah't!
Ehrfurcht der Stätte, die er betrat! –
Hört Ihr, wie's in den Wipfeln rauscht?
Schweigende Andacht hinüberlauscht.
Über die Kronen der Waldeshöh'n
Geister einziger Taten geh'n,
Zeugen gewalt'ger Vergangenheit,
Mächtige Mahner der künftigen Zeit.«[34]

Hatte das noch etwas mit dem toten Bismarck zu tun? Ja, denn Bismarck wollte ein »Nationalheiliger«, wollte *der* Nationalheilige der Reichsdeutschen sein. Aber auch nein, denn die nun einsetzende Stilisierung Bismarcks zur nationalen Kultfigur, ja zum Abgott der Deutschen war nicht zuletzt ein Akt nationalistischer Willkür, die dem historischen Menschen und Politiker Gewalt antat. Doch diese – gewiß mißbräuchliche – Anreicherung des Bismarck-Geistes durch politische Mythen, Wunsch- und Wahnvorstellungen ist nicht mehr unser Thema.

Bleibt nur noch anzufügen, daß im wilhelminischen Deutschland wenig Anstrengungen unternommen wurden, dieser ›bismarckologischen‹ Einfärbung der politischen Kultur Einhalt zu gebieten. Vor allem die akademischen Historiker haben es an sachlicher Aufklärung und kritischem Intellekt fehlen lassen. So blieb es der »reichsfeindlichen« Sozialdemokratie vorbehalten, Front zu machen gegen die anschwellende Menge »geistestrunkener Bewunderer« Bismarcks. Ein »mit der nationalen Schärpe drapierter Götzendienst« sei das, was da jetzt zumeist von unterwürfigen Bourgeois betrieben werde, schrieb die *Bremer Bürgerzeitung*.[35] Und der *Vorwärts* prognostizierte, diese »Bismarcklegende« werde sich in Deutschland nicht lange halten; denn trotz seiner zahlreichen Denkmäler habe sich Bismarck eben »*kein* Denkmal der Liebe« in den Herzen des deutschen Volkes schaffen können.[36]

Um wenigstens aus ihrem eigenen Herzen keine Mördergrube zu machen, haben die deutschen Sozialdemokraten Bismarck auch im Angesicht seines Todes nichts geschenkt:

> »Kein schwächliches Verzeih'n, ihr breiten Massen!
> Lasst nicht Milde sein bei Euch zu Gast!
> Wir dürfen ihn aus ganzer Seele hassen,
> ihn, der aus ganzer Seele uns gehasst« –

so lautete der poetische Nachruf des *Süddeutschen Postillion*.[37] Und das *Hamburger Echo* ergänzte in seinem »Totengericht«: Bismarcks »Größe ist eine erkünstelte, eine erlogene, hauptsächlich ein Produkt der Erfolgsanbeterei.« Seine Reichsgründung habe nicht dem Ziel der nationalen Einheit gedient, sondern einzig und allein bezweckt, dem reaktionären »Preußen die maßgebende und herrschende Stellung in und über Deutschland zu sichern«.[38]

Es sei dahingestellt, ob man mit Feindbildern wie diesem viel mehr bewirkte, als ein weiteres, nämlich ein Negativklischee auf- und in das nationale Gedächtnis einzubauen: Bismarck, der Sozialistenhasser und Kulturkämpfer, der Gewaltmensch und Kriegstreiber, der Lügner und Hetzer, der Junker und Bourgeois zugleich. Auch diese Stigmatisierung hat lange nachgewirkt. Noch heute spricht man gelegentlich wieder von dem Dämon Bismarck.

16. März 1899: Bismarcks Sarg, der mehr als sieben Monate im Friedrichsruher Schloß gestanden hatte, wird in Anwesenheit des deutschen Kaisers in das benachbarte Mausoleum überführt.

Bismarck ist tot!

Ist den Deutschen die Fähigkeit zu trauern schon vor den Katastrophen des 20. Jahrhunderts abhanden gekommen? Mit Blick auf Bismarck scheint das so. Seinen Tod im Sommer 1898 haben sie jedenfalls nicht mit dem Mittel verarbeitet, mit dem gemeinhin der unwiederbringliche Verlust eines geliebten Menschen beklagt wird: mit Trauertränen. Das zieme sich nicht für einen Heros wie ihn, hat ein Dichter (Alexander Moczkowski) zum zehnten Todestag noch einmal unmißverständlich klargestellt:

»Klagt um die Kleinen, wenn ihr Auge bricht,
Denn schnell verblaßt der Kleinen Ruhmesschimmer,
Der wahrhaft Große geht, doch stirbt er nicht,
Ein Bismarck bleibt lebendig uns für immer.

Hier gibt's kein Wehe einer Trauerschar
Und keine Tränen, welche Schmerzen lösen,
Hier schwillt der Stolz, dieweil er unser war,
Und daß er just so war, wie er gewesen!

Stolz blickt der Deutsche auf die Werke heut,
Die Er geschaffen, die zum Himmel ragen:
All dies ist Bismarck, Bismarck weit und breit!
Dies wird man nimmermehr zu Grabe tragen!«[39]

Die Vorstellung eines sterblichen Bismarck wollten viele Menschen zu Beginn des 20. Jahrhunderts offenbar partout nicht zulassen. So richtig begreifen läßt sich das kaum mehr, der heutige Betrachter ist fast geneigt, von Realitätsverweigerung oder Autosuggestion zu sprechen.

Schon seine Zeitgenossen haben in ihrem nationalen Geltungsdrang in die Person ihres Reichsgründers und -kanzlers Bismarck viel mehr hineingelesen und -geheimnißt, als tatsächlich in ihr steckte. Bismarck hat sie nicht daran gehindert. Im Gegenteil, er hat sie mit den Mitteln seiner Selbstinszenierung eher noch in diesem ihrem Märchenglauben bestärkt. Auch hat ihnen dann am Ende der Kanzler ohne Amt, der Menschenverächter und Selbsterfinder von Friedrichsruh den richtigen Umgang mit seinem Tod gewiß nicht leicht gemacht. So konnten der Gründer und die Nation des Deutschen Reiches ebenso schlecht auseinanderkommen, wie sie schon zueinandergekommen waren.

Aber die Tragik dieser Verhinderung liegt noch woanders: in den politischen Folgen für die Nachwelt nämlich. Will sagen: Vermutlich hätte es unserer Geschichte zum Vorteil gereicht, wenn die Deutschen es am Ende des 19. Jahrhunderts vermocht hätten, ihren toten Bismarck in Frieden ruhen zu lassen und sich – wenigstens allmählich – ganz von ihm zu lösen. Indem sie ihn als Nationalmythos künstlich am Leben hielten, haben sie sich selbst und ihren Kindern etwas vorgemacht beziehungsweise eingeredet. Mit den bekannten Folgen für die nationale Psyche. Die Grenze zwischen dem Wissen um und dem Glauben an die Geschichtsmächtigkeit ihres Nationalstaats wurde im Medium des Bismarck-Mythos zusehends verwischt. Die realistische Einsicht in die Möglichkeiten und Grenzen deutscher Politik hat dies nicht gefördert, dafür aber die Empfänglichkeit für nationalistische Heilslehren kolossal gesteigert. Durch ihre Bismarck-Verklärung haben sich die Deutschen einen Nationalhelden aufgebürdet, an dem sie lange, zu lange getragen haben.

Heute jedenfalls – hundert Jahre nachdem dies seinen Anfang nahm – sollten wir diese unförmige Requisite unserer Geschichte, die viel zu lange strapaziert wurde, endlich beerdigen. Und am Grabe Otto von Bismarcks sollten wir uns an den urpreußischen Gutsherren, den vitalen Genußmenschen, den humorvollen Spötter, den realpolitischen Opportunisten, den formvollendeten Schriftsteller erinnern. Er war ein seltenes Original aus dem 19. Jahrhundert, das bald unser vorletztes Jahrhundert sein wird: Requiescat in pace!

Unerwünschte Person im Himmel und in der Hölle: Wie die zeitgenössische Sozialdemokratie die Verklärung ihres Erzfeindes sah.

Anmerkungen

Bismarcks Tod als Faszinosum – eine notwendige Vorbemerkung

[1] A. Kerr, Wo liegt Berlin? Briefe aus der Reichshauptstadt 1895-1900, Berlin 1997, S. 407
[2] *Nationalzeitung*, Nr. 447 vom 4.8.1898
[3] M. Harden, Bismarck, in: *Die Zukunft*, Bd. 24, vom 6.8.1898, S. 225
[4] Ebd.

I. Bismarcks Endzeit: Tagebuch eines mühseligen Sterbens

[1] Die Brautbriefe der Fürstin Johanna von Bismarck. Mit Briefen und Aufzeichnungen von und über den Altreichskanzler, hrsg. von Fürstin Herbert von Bismarck, Stuttgart/Berlin 1931, S. 227
[2] Zit. nach J. Janocha, Im Dienste des Fürsten Bismarck. Erinnerungen an die Jahre 1891 bis 1898, Hamburg 1915, S. 126; im übrigen: S. Whitman, Fürst Bismarck. Persönliche Erinnerungen an ihn aus seinen letzten Lebensjahren, Stuttgart/Berlin 1902, S. 216
[3] K. von Rantzau an H. von Bismarck vom 6.9.1897, in: Bismarck-Archiv Friedrichsruh F 7
[4] J. Janocha, Im Dienste, S. 127 f.
[5] O. von Bismarck, Die gesammelten Werke. Friedrichsruher Ausgabe (GW), Bd. 9, Berlin 1926, S. 476
[6] Bundesarchiv Berlin Nachlaß (NL) 2281 Schweninger Nr. 25
[7] R. Chrysander an E. Schweninger vom 24.8.1897, in: Bismarck-Archiv Friedrichsruh B 108
[8] So R. Chrysander 1937 gegenüber einem Journalisten der *Berliner Illustrierten Zeitung*, Nr.12 vom 14.3.1937
[9] Zit. nach E. Schweninger, Blätter aus meiner Erinnerung, in: Bismarck-Erinnerungen, hrsg. von E. Marcks/K. A. von Müller, Stuttgart/Berlin 1915, S. 178
[10] Fürst B. von Bülow, Denkwürdigkeiten, hrsg. von F. von Stockhammern, Bd. 1, Berlin 1930, S. 22

[11] M. Harden, Episode, in: *Die Zukunft*, Bd. 61, vom 16.11.1907, S. 221
[12] M. Harden, Bismarck, in: *Die Zukunft*, Bd. 24, vom 6.8.1898, S. 229
[13] A. von Tirpitz, Erinnerungen, Leipzig 1919, S. 88 ff.
[14] A. von Tirpitz an Fürst B. von Bülow vom 26.8.1897, in: Bundesarchiv Koblenz NL 16 (Bülow) Nr. 126
[15] GW, Bd. 9, S. 482 f.
[16] Ebd., S. 485
[17] *Hamburger Abendblatt* vom 27./28.12.1952
[18] J. Janocha, Im Dienste, S. 127 f.
[19] R. Chrysander an E. Schweninger vom 24.8.1897, in: Bismarck-Archiv Friedrichsruh B 108
[20] Vgl. R. Chrysander an H. Hofmann vom 3.10.1897, in: Germanisches Nationalmuseum Nürnberg NL Hofmann Nr. 2
[21] Nach einer Niederschrift vom März/April 1900, in: *Bergisch-Märkische Zeitung* vom 5.8.1922
[22] GW, Bd. 9, S. 485 ff.
[23] E. Schweninger, Dem Andenken Bismarcks. Zum 1. April 1899, Leipzig 1899, S. 40
[24] Alle vorstehenden Zitate nach ebd., S. 41 ff.
[25] Brautbriefe, S. 227
[26] B. von Bismarck an E. Schweninger vom 31.10.1897, in: Bismarck-Archiv Friedrichsruh B 108
[27] H. von Bismarck an E. Schweninger vom 21.11.1897, in: Bismarck-Archiv Friedrichsruh B 108
[28] GW, Bd. 14/II, Berlin 1933, S. 1025
[29] R. Chrysander an E. Schweninger vom 22.10.1897, in: Bismarck-Archiv Friedrichsruh B 108
[30] Besuch von Bismarcks Rechtsanwalt Heinrich Fülscher in Friedrichsruh am 18.10.1897, in: GW, Bd. 9, S. 485 ff.
[31] Tagebuch Patzke, in: Bismarck-Archiv Friedrichsruh A 35a
[32] Ebd.
[33] Bismarck-Archiv Friedrichsruh B 108
[34] *Hamburger Nachrichten* vom 12.11.1897, zit. nach: Fürst Bismarck nach seiner Entlassung. Leben und Politik des Fürsten seit seinem Scheiden aus dem Amte auf Grund aller authentischen Kundgebungen, Bd. 7, hrsg. von J. Penzler, Leipzig 1897/98, S. 407 f.
[35] Brief vom 12.11.1897, in: Germanisches Nationalmuseum Nürnberg NL Hofmann Nr. 2
[36] Brief vom 15.11.1897, ebd.
[37] *Nationalzeitung*, Nr. 445 vom 3.8.1898
[38] Fürst P. zu Eulenburg-Hertefeld, Aus 50 Jahren. Erinnerungen, Tagebücher und Briefe aus dem Nachlaß des Fürsten Philipp zu Eulenburg-Hertefeld, Berlin 1925, S. 271

[39] J. Penzler, Fürst Bismarck nach seiner Entlassung, Bd. 7, S. 411 f.
[40] Bismarck-Archiv Friedrichsruh B 108
[41] Zit. nach Fürst B. von Bülow, Denkwürdigkeiten, Bd. 1, S. 209. Möglicherweise hat Bülow den Begriff »Altersbrand«, von dem damals nur gerüchteweise die Rede war, dem Kabinettchef nachträglich in den Mund gelegt. Die Diktion des Zitates ist jedoch durchaus glaubwürdig.
[42] Ebd.
[43] A. von Tirpitz, Erinnerungen, S. 93 ff.
[44] Fürst B. von Bülow, Denkwürdigkeiten, Bd. 1, S. 209
[45] Graf A. zu Eulenburg an Fürst P. zu Eulenburg vom 27.12.1897, zit. nach Fürst P. zu Eulenburg, Politische Korrespondenz, Bd. 3, S. 1879
[46] E. von Jagemann an A. von Brauer vom 20.12.1897, in: Großherzog Friedrich I. von Baden und die Reichspolitik 1871-1907, hrsg. von W. P. Fuchs, Bd. 3, Stuttgart 1980, S. 741
[47] J. Penzler, Fürst Bismarck nach seiner Entlassung, Bd. 7, S. 418 f.
[48] S. Whitman, Persönliche Erinnerungen, S. 216
[49] M. Harden, Bismarck, in: *Die Zukunft*, Bd. 24, vom 6.8.1898, S. 229
[50] E. von Dryander, Erinnerungen aus meinem Leben, Bielefeld/Leipzig 1922, S. 163
[51] J. Penzler, Fürst Bismarck nach seiner Entlassung, Bd. 7, S. 427 bzw. S. 437
[52] *Hamburgischer Correspondent,* Nr. 9 vom 7.1.1898
[53] *Hamburger Nachrichten*, vom 9.1.1898
[54] J. Penzler, Fürst Bismarck nach seiner Entlassung, Bd. 7, S. 453
[55] Vom 24.3.1898, in: Germanisches Nationalmuseum Nürnberg NL Hofmann Nr. 2
[56] Tagebuch Patzke, in: Bismarck-Archiv Friedrichsruh A 35a
[57] P. H. von Schwabach, Aus meinen Akten, Berlin 1927, S. 329 ff.; nach der Originalaufzeichnung in Friedrichsruh unmittelbar nach der Begegnung
[58] Das Tagebuch der Baronin Spitzemberg. Aufzeichnungen aus der Hofgesellschaft des Hohenzollernreiches, hrsg. von R. Vierhaus, Göttingen 1960, S. 375
[59] Zit. nach A. O. Meyer, Bismarck. Der Mensch und der Staatsmann, Leipzig 1944, S. 713 f.
[60] *Hamburgischer Correspondent,* Nr. 152 vom 31.3.1898
[61] J. Penzler, Fürst Bismarck nach seiner Entlassung, Bd. 7, S. 462 f. bzw. S. 475 f.
[62] J. Janocha, Im Dienste, S. 129 f.
[63] Bismarck-Archiv Friedrichsruh D 19
[64] Graf A. von Waldersee, Denkwürdigkeiten des General-Feldmarschalls Alfred Grafen von Waldersee, hrsg. von H. O. Meisner, Bd. 2, Stuttgart/Berlin 1922/23, S. 412

[65] Ritter H. von Poschinger, Fürst Bismarck und seine Hamburger Freunde, Hamburg 1903, S. 202 f.
[66] Tagebuch Patzke, Eintrag vom 12.4. bzw. 19.5.1898, in: Bismarck-Archiv Friedrichsruh A 35a
[67] H. von Bismarck an B. von Bismarck vom 26.5.1898, in: Bismarck-Archiv Friedrichsruh D 19
[68] Tagebuch Spitzemberg, Eintrag vom 17.8.1898, in: Bundesarchiv Koblenz NL 429 Spitzemberg-Tagebücher Nr. 47
[69] Brief vom 13.6.1898, in: Bismarck-Archiv Friedrichsruh B 108
[70] A. von Brauer, Im Dienste Bismarcks. Persönliche Erinnerungen, hrsg. von H. Rogge, Berlin 1936, S. 401 f.
[71] Bismarck-Archiv Friedrichsruh D 19
[72] Brief vom 3.8.1898, in: Bundesarchiv Koblenz NL Harden Bd. 149
[73] Brief vom 2.7.1898, in: Bismarck-Archiv Friedrichsruh B 108
[74] Zit. nach: J. Penzler, Fürst Bismarck nach seiner Entlassung, Bd. 7, S. 483 f.
[75] H. von Bismarck an B. von Bismarck vom 12.7. bzw. an E. Schweninger vom 10.7.1898, in: Bismarck-Archiv Friedrichsruh D 19 bzw. B 108
[76] Bundesarchiv Berlin NL 2281 Schweninger Nr. 13
[77] Bismarck-Archiv Friedrichsruh B 108
[78] Bismarck-Archiv Friedrichsruh A 37
[79] Ebd.
[80] Veröffentlicht in den *Mecklenburger Nachrichten* vom 30.7.1899
[81] Aufzeichnung über Bismarcks letzte Lebenstage, in: Brautbriefe, S. 227; auch in: Bismarck-Archiv Friedrichsruh A 37
[82] Tagebuch Patzke, in: Bismarck-Archiv Friedrichsruh A 35a
[83] Aufzeichnung H. von Bismarcks, in: Brautbriefe, S. 228
[84] Bundesarchiv Berlin NL 2281 Schweninger Nr. 14
[85] Veröffentlicht in Nr. 345 vom 27.7.1898
[86] Veröffentlicht erst nach Bismarcks Tod in Nr. 353 vom 31.7.1898
[87] H. von Bismarck an H. von Plessen vom 27.7.1898, in: Bismarck-Archiv Friedrichsruh D 35
[88] M. Harden an E. Schweninger vom 27.7.1898, in: Bundesarchiv Berlin NL 2281 Schweninger Nr. 59
[89] J. Penzler, Fürst Bismarck nach seiner Entlassung, Bd. 7, S. 486
[90] Ebd., S. 487; vgl. auch H. Jacobi an E. Schweninger vom 29.7.1898, in: Bundesarchiv Berlin NL 2281 Schweninger Nr. 75
[91] Nr. 353 vom 31.7.1898
[92] Aufzeichnung H. von Bismarcks, in: Brautbriefe, S. 229
[93] Undatierte eigenhändige Aufzeichnung, in: Bismarck-Archiv Friedrichsruh A 37
[94] S. Whitman, Persönliche Erinnerungen, S. 207

[95] E. Schweninger, Andenken, S. 46
[96] M. Harden an K. Harden vom 29.7.1898, in: Bundesarchiv Koblenz NL Harden Nr. 149
[97] Brautbriefe, S. 230 bzw. H. von Bismarck an H. von Plessen vom 31.7.1898, in: Bismarck-Archiv Friedrichsruh D 35
[98] Tagebuch Patzke, in: Bismarck-Archiv Friedrichsruh A 35
[99] Brautbriefe, S. 230 f.
[100] Telegramm von M. von Rantzau, in: Bundesarchiv Berlin NL 2281 Schweninger Nr. 14
[101] Zit. nach H. Blum, Fürst Bismarck und seine Zeit. Eine Biographie für das deutsche Volk, München 1899, S. 130 f.
[102] M. Harden, Bismarck, in: *Die Zukunft*, Bd. 24, vom 6.8.1898, S. 227 sowie M. Harden an K. Harden vom 31.7.1898, in: Bundesarchiv Koblenz NL Harden Bd. 149
[103] Brautbriefe, S. 231 f.
[104] Freiherr F. von Stumm, Erinnerungen an Bismarck, in: Bismarck-Erinnerungen, hrsg. von E. Marcks/K. A. von Müller, S. 84
[105] A. O. Meyer, Bismarck, S. 717
[106] Brautbriefe, S. 232 f.
[107] Undatierte eigenhändige Aufzeichnung, in: Bismarck-Archiv Friedrichsruh A 37
[108] Brautbriefe, S. 232 f.
[109] Zit. nach H. Blum, Fürst Bismarck und seine Zeit, S. 128 f.
[110] Bundesarchiv Berlin NL 2281 Schweninger Nr. 14
[111] Brautbriefe, S. 232 f.
[112] Nr. 353 vom 31.7.1898
[113] Zit. nach H. Blum, Fürst Bismarck und seine Zeit, S. 131
[114] Brautbriefe, S. 233
[115] H. von Bismarck an H. von Plessen vom 31.7.1898, in: Bismarck-Archiv Friedrichsruh D 35
[116] Tagebuch Patzke, in: Bismarck-Archiv Friedrichsruh A 35
[117] S. Whitman, Persönliche Erinnerungen, S. 206
[118] Tagebuch Patzke, in: Bismarck-Archiv Friedrichsruh A 35
[119] Bundesarchiv Koblenz R 43 I/2828
[120] *General Anzeiger*, Nr. 182 vom 6.8.1898
[121] *Hamburger Nachrichten*, Nr.180 vom 4.8.1898
[122] *Tägliche Rundschau,* Nr. 178 vom 2.8.1898
[123] Staatsarchiv Hamburg Landgericht Rechtsprechung D 1930-30

II. Bismarcks Kaiser, oder: Finale einer Männerfeindschaft

[1] E. Schweninger, Blätter aus meiner Erinnerung, in: Bismarck-Erinnerungen, S. 216
[2] Am 17.6.1892 gegenüber seinem Anwalt F. Philipp, zit. nach *Süddeutsche Monatshefte*, 1926/27, S. 51
[3] O. Pank, Im Bismarckschen Hause, Leipzig 1929, S. 53
[4] Am 4.4.1890 gegenüber seinem Anwalt F. Philipp, zit. nach *Süddeutsche Monatshefte*, 1926/27, S. 308 f.
[5] Das Tagebuch der Baronin Spitzemberg, Eintrag vom 5.3.1891, S. 287 bzw. S. 289 f.
[6] J. Penzler, Fürst Bismarck nach seiner Entlassung, Bd. 5, S. 26
[7] Germanisches Nationalmuseum Nürnberg NL Hofmann Nr. 2
[8] R. Chrysander an H. Hofmann vom 9.9.1890, ebd.
[9] Germanisches Nationalmuseum Nürnberg NL Hofmann Nr. 2
[10] Bismarck in Kissingen. Nach Zeitberichten aus dem fünfzehnmaligen Kuraufenthalt des ersten Reichskanzlers 1874 bis 1893, Bad Kissingen 1928, S. 70
[11] Johanna von Bismarck an B. von Bismarck vom 6.7. bzw. 12.7.1892, in: Johanna von Bismarcks Briefe an ihren Sohn Wilhelm und ihre Schwägerin Malwine von Arnim-Kröchlendorff geb. von Bismarck, hrsg. von W. Windelband, Berlin 1924, S. 89 f.
[12] J. Penzler, Fürst Bismarck nach seiner Entlassung, Bd. 5, S. 100
[13] E. Ludwig, Bismarck, Gütersloh 1975, S. 640
[14] Tagebuch Wedel, Eintrag vom 18.1.1891, in: Zwischen Kaiser und Kanzler. Aufzeichnungen des Generaladjutanten Grafen Carl von Wedel aus den Jahren 1890-1894, hrsg. von Graf E. von Wedel, Leipzig 1943, S. 136
[15] Ebd., S. 192
[16] E. Heyck, Bismarck, Bielefeld 1898, S. 167 f.
[17] Fürst P. zu Eulenburg an F. von Holstein vom 2.10.1893, in: Philipp Eulenburgs politische Korrespondenz, hrsg. von J. C. G. Röhl, Boppard am Rhein 1983, S. 1115
[18] C. von Wedel, Zwischen Kaiser und Kanzler, S. 205 f.
[19] Denkwürdigkeiten des Fürsten Chlodwig zu Hohenlohe-Schillingsfürst, hrsg. von F. Curtius, Bd. 2, Stuttgart/Leipzig 1907, S. 505 f.
[20] Politisches Archiv des Auswärtigen Amtes Bonn R 1105
[21] L. von Caprivi an W. von Rotenhan vom 22.9.1893, alles in: ebd.
[22] Vgl. Politisches Archiv des Auswärtigen Amtes Bonn R 1106/1107
[23] Zit. nach J. Penzler, Fürst Bismarck nach seiner Entlassung, Bd. 5, S. 136
[24] Graf C. von Wedel, Zwischen Kaiser und Kanzler, S. 205 f.
[25] Bundesarchiv Koblenz NL Eulenburg Bd. 26

[26] J. Penzler, Fürst Bismarck nach seiner Entlassung, Bd. 5, S. 201
[27] An K. von Moltke vom 23.6.1895, zit. nach M. Hank, Kanzler ohne Amt, München 1977, S. 683
[28] Geheimes Staatsarchiv Berlin-Dahlem 2.2.1. Nr. 358
[29] H. Graf Kessler, Gesichter und Zeiten, Erinnerungen, Berlin 1962, S. 252 ff.
[30] B. Sattler (Hg.), Adolf von Hildebrand und seine Welt, München 1962, S. 382 f. bzw. S. 414
[31] R. Chrysander an H. Hofmann vom 21.3.1892, in: Germanisches Nationalmuseum Nürnberg NL Hofmann Nr. 2
[32] Germanisches Nationalmuseum Nürnberg NL Hofmann Nr. 2
[33] Zit. nach E. Ludwig, Bismarck, S. 674
[34] O. Pank, Im Bismarckschen Hause, S. 82 f.
[35] M. Harden, Bismarck, in: *Die Zukunft*, Bd. 24, vom 6.8.1898, S. 230
[36] J. Penzler, Fürst Bismarck nach seiner Entlassung, Bd. 5, S. 137 f.
[37] A. von Kiderlen-Wächter an Fürst P. zu Eulenburg vom 11.9.1893, in: Fürst P. zu Eulenburg, Politische Korrespondenz, Bd. 2, S. 1107; vgl. auch S. 1115
[38] Fürst P. zu Eulenburg, Politische Korrespondenz, Bd. 2, S. 1107
[39] Schreiben vom 2.10.1893, in: Geheimes Staatsarchiv Berlin-Dahlem 2.2.1. Nr. 3581
[40] Vgl. Bundesarchiv Berlin R43 I/ 2828; Fürst P. zu Eulenburg, Politische Korrespondenz, Bd. 2, S. 1107 f., S. 1110 f., S. 1115; außerdem E. von Wertheimer, Neues zur Geschichte der letzten Jahre Bismarcks, in: *Historische Zeitschrift*, Bd. 133, 1925, S. 235-245
[41] Marguerite von Bismarck, Erinnerungen an Bülow, in: Bismarck-Archiv Friedrichsruh B 27, S. 20 f.
[42] Fürst P. zu Eulenburg, Politische Korrespondenz, Bd. 3, S. 1558 bzw. S. 1588
[43] An K. von Moltke vom 6.6.1895, zit. nach M. Hank, Kanzler ohne Amt, S. 681 f.
[44] Graf A. von Waldersee, Denkwürdigkeiten, Bd. 2, S. 362; Fürst P. zu Eulenburg, Politische Korrespondenz, Bd. 3, S. 1610
[45] Fürst P. zu Eulenburg, Politische Korrespondenz, Bd. 3, S. 1621
[46] Ebd., S. 1632
[47] Ebd., S. 1634
[48] Ebd., S. 1705 bzw. S. 1947
[49] Ebd., S. 1724 bzw. S. 1727
[50] B. von Bismarck an O. von Bismarck vom 4.10.1896, Bismarck-Archiv Friedrichsruh E3
[51] E. Schweninger an H. von Bismarck vom 4.9. bzw. 15.9.1893, in: Bismarck-Archiv Friedrichsruh B 109
[52] Germanisches Nationalmuseum Nürnberg NL Hofmann Nr. 2

[53] Bundesarchiv Berlin NL 2281 Schweninger Nr. 25
[54] Ebd.
[55] Ebd.
[56] H. von Bismarck an E. Schweninger vom 6.9.1893, in: Bundesarchiv Berlin NL 2281 Schweninger Nr. 8
[57] R. Chrysander an E. Schweninger vom 6.9.1895, in: Bismarck-Archiv Friedrichsruh B 108
[58] A. Kerr in einem vom 1.11.1896 datierten Artikel, in: A. Kerr, Wo liegt Berlin?, S. 220 f.
[59] Vortrag in Leipzig, zit. nach: Bismarck-Denkwürdigkeiten, hrsg. von P. Liman, Bd. 2, Berlin 1899, S. 343
[60] Bundesarchiv Berlin NL 2281 Schweninger Nr. 25
[61] Brautbriefe, S. 226
[62] So Gustav Freytag in seinem Brief an A. von Stosch am 30.3.1895, in: Gustav Freytags Briefe an Albrecht von Stosch, hrsg. von H. F. Helmolt, Stuttgart 1913, S. 189
[63] Schreiben vom 27.11.1895, in: Geheimes Staatsarchiv Berlin-Dahlem 2.2.1. Nr. 3581
[64] Brief an Kommerzienrat Hertrich vom 26.12.1895, in: Katalog der Städtischen Galerie im Lenbachhaus, München 1954, Nr. 142
[65] S. Whitman, Persönliche Erinnerungen, S. 213
[66] R. Chrysander an E. Schweninger vom 13.9.1896, in: Bundesarchiv Berlin NL 2281 Schweninger Nr. 25
[67] Bundesarchiv Berlin NL 2281 Schweninger Nr. 8
[68] M. Hank, Kanzler ohne Amt, S. 628
[69] Bodman an A. von Brauer vom 7.3.1897, in: Großherzog Friedrich I., Bd. 3, S. 615
[70] A. O. Meyer, Bismarck, S. 712
[71] Fürst C. zu Hohenlohe-Schillingsfürst, Denkwürdigkeiten der Reichskanzlerzeit, hrsg. von K. A. von Müller, Stuttgart/Berlin 1931, S. 270
[72] Fürst B. von Bülow, Denkwürdigkeiten, Bd. 4, S. 682
[73] Fürst P. zu Eulenburg, Politische Korrespondenz, Bd. 3, S. 1751 bzw. S. 1760
[74] Vgl. ebd., S. 1791 ff.
[75] Ebd., S. 1797
[76] Brief an Fürst P. zu Eulenburg vom 17.3.1897, in: ebd., S. 1802
[77] Großherzog Friedrich I., Bd. 3, S. 636
[78] H. Blum, Fürst Bismarck und seine Zeit, S. 61
[79] Politisches Archiv des Auswärtigen Amtes Bonn, R 1106
[80] Telegramm E. von der Recke an Fürst C. zu Hohenlohe vom 19.11.1897, in: Politisches Archiv des Auswärtigen Amtes Bonn R 1106

[81] Graf A. von Waldersee, Denkwürdigkeiten, Bd. 2, S. 417 f. bzw. S. 415
[82] E. Schweninger, Blätter aus meiner Erinnerung, in: Bismarck-Erinnerungen, S. 182
[83] Ebd., S. 191
[84] Ebd., S. 218
[85] Zit. nach K. Quecke, Ernst Schweninger. Der Leibarzt Bismarcks, in: *Die Medizinische Welt*, 1951, S. 502 bzw. S. 504
[86] Vgl. die Erinnerungen von Bismarcks Anwalt vom 3.2.1884 in Friedrichsruh, in: *Süddeutsche Monatshefte*, 1926/27, S. 150
[87] G. Schwarz, Ernst Schweninger, Leipzig 1941, S. 108 f.
[88] So der Kaiser am 31.3.1890 gegenüber seinem Generaladjutanten Grafen C. von Wedel, in: Graf C. von Wedel, Zwischen Kaiser und Kanzler, S. 72
[89] A. Espach, Beiträge zur Biographie Ernst Schweningers, München 1979, S. 27
[90] Ebd., S. 75
[91] *Süddeutsche Monatshefte*, 1926/27, S. 308
[92] E. Schweninger, Blätter aus meiner Erinnerung, in: Bismarck-Erinnerungen, S. 221
[93] Tagebuch Patzke, Eintrag vom 4.10.1897, in: Bismarck-Archiv Friedrichsruh A 35a
[94] E. Ludwig, Geschenke des Lebens, Berlin 1931, S. 83 f.
[95] Vgl. J. Janocha, Im Dienste, S. 65 sowie Lena Schweninger, in: *Hamburger Abendblatt* vom 27./28.12.1952
[96] Bundesarchiv Koblenz R 43/I Nr. 2828
[97] Zit. nach E. von Wertheimer, Neues zur Geschichte, S. 256
[98] An Fürst C. zu Hohenlohe aus Bergen vom 31.7.1898, in: Bundesarchiv Koblenz R 43/I Nr. 2828
[99] Fürst P. zu Eulenburg, Aus 50 Jahren, S. 270 ff.
[100] Graf A. von Waldersee, Denkwürdigkeiten, Bd. 2, S. 417
[101] Brief vom 18.4.1899, in: Bundesarchiv Koblenz NL Harden Bd. 95
[102] E. Schweninger an M. Harden vom 10.8.1898, in: Bundesarchiv Koblenz NL Harden Bd. 96
[103] Brief vom 29.7.1898., in: Bundesarchiv Berlin NL 2281 Schweninger Nr. 75
[104] Fürst P. zu Eulenburg, Aus 50 Jahren, S. 273 f.; vgl. auch Politisches Archiv des Auswärtigen Amtes Bonn R 1113
[105] Fürst P. zu Eulenburg, Aus 50 Jahren, S. 273 f.
[106] Politisches Archiv des Auswärtigen Amtes Bonn R 1113
[107] H. Blum, Fürst Bismarck und seine Zeit, S. 139
[108] J. Penzler, Fürst Bismarck nach seiner Entlassung, Bd. 7, S. 492
[109] Politisches Archiv des Auswärtigen Amtes Bonn PA Bismarck Bd. 10

[110] Fürst P. zu Eulenburg an Fürst C. zu Hohenlohe vom 31.7.1898 um 12.46 Uhr aus Homburg, in: Bundesarchiv Koblenz R 43 I/2828
[111] *Vossische Zeitung*, Nr. 359 vom 4.8.1898
[112] *Frankfurter Zeitung*, Nr. 212 vom 3.8.1898
[113] Bundesarchiv Berlin R 1501 Nr. 16458
[114] Telegramm von Frau Begas aus Berlin an E. Schweninger in Friedrichsruh vom 31.7.1898, in: Bundesarchiv NL 2281 Schweninger Nr. 14; vgl. auch *Berliner Neueste Nachrichten* Nr. 85 vom 19. 2. 1899
[115] Bundesarchiv Koblenz R 43 I/2828 sowie Politisches Archiv des Auswärtigen Amtes Bonn R 1113
[116] Fürst B. von Bülow, Denkwürdigkeiten, Bd. 1, S. 229 f.
[117] *Vossische Zeitung*, Nr. 359 vom 4.8.1898; vgl. auch Fürst C. zu Hohenlohe, Denkwürdigkeiten, S. 457 f.
[118] A. von Brauer, Im Dienste Bismarcks, S. 403 bzw. S. 407
[119] Vgl. etwa die Gesandtschaftsberichte, in: Politisches Archiv des Auswärtigen Amtes Bonn R 1113
[120] Tagebuch Spitzemberg, Eintrag vom 2.8.1898, in: Bundesarchiv Koblenz NL 429 Spitzemberg-Tagebücher Nr. 47, S. 170
[121] Ebd., S. 175 f.
[122] Fürst B. von Bülow, Denkwürdigkeiten, Bd. 1, S. 229 f.
[123] M. Harden an K. Harden vom 3.8.1898, in: Bundesarchiv Koblenz NL Harden Bd. 149
[124] So die Tagebucheintragung der Gräfin M. von Keller (Hofdame der Kaiserin), in: Gräfin M. von Keller, Vierzig Jahre im Dienst der Kaiserin, Leipzig 1935, S. 190
[125] Nr. 366 vom 8.8.1898
[126] Zit. nach Fürst B. von Bülow, Denkwürdigkeiten, S. 233 f.
[127] Fürst P. zu Eulenburg, Politische Korrespondenz, Bd. 3, S. 1948

III. Bismarcks Paparazzi – die Geschichte eines Photos, das nicht gezeigt werden durfte

[1] Zitat aus dem Vorwort zur 1. Auflage, Berlin 1895, S. 5 f.
[2] Ebd.
[3] Am 26.8.1890 vor Tischgästen in Kissingen, in: J. Penzler, Fürst Bismarck nach seiner Entlassung, Bd. 1, S. 217
[4] H. Graf Kessler, Gesichter und Zeiten, S. 252 ff.
[5] Rechtsanwalt C. Dücker am 1.9.1898 vor dem Hamburger Landgericht, in: *Hamburgischer Correspondent*, Nr. 403 vom 1.9.1898
[6] E. Pegenau an R. Chrysander vom 21.3.1895, in: Bismarck-Archiv Friedrichsruh A 45

[7] Nach einer Mitteilung Ritter H. von Poschingers, der dieses am 16.8.1890 bei einem Besuch in Kissingen hörte, vgl. Lenbach's Verhältnis zu Bismarck, in: *Der Sammler,* 1901, S. 4
[8] Brief an R. Chrysander vom 22.2.1896, in: Bismarck-Archiv Friedrichsruh A 45
[9] *Norddeutsche Allgemeine Zeitung,* Nr. 390 vom 22.8.1890 unter Berufung auf die *Hamburger Nachrichten*
[10] J. Penzler, Fürst Bismarck nach seiner Entlassung, Bd. 5, S. 52, S. 64 f., S. 213, S. 232
[11] J. Janocha, Im Dienste, S. 117
[12] *Norddeutsche Allgemeine Zeitung,* Nr. 390 vom 22.8.1890
[13] Bismarck-Denkmal für das Deutsche Volk. Begonnen von Arthur Mennell (Seite 1 bis 105). Fortgeführt bis Schluß von Bruno Garlepp, Berlin 1896, S. 99
[14] A. Mennell, Bismarckbilder aus dem Sachsenwald, Leipzig 1892, Bildtext zu Nr. 14
[15] S. 8
[16] Bismarck-Denkmal, 1896, S.102
[17] Ebd.
[18] *Dresdener Nachrichten,* Nr. 246 vom 6.9.1898
[19] S. 91
[20] S. 102
[21] Bismarck-Archiv Friedrichsruh A 46
[22] Ebd.
[23] An das Hofmarschallamt Schwerin vom 6.11.1896, in: Landeshauptarchiv Schwerin Hofmarschallamt 5448
[24] Album in Privatbesitz D. Scheimann
[25] Vgl. M. Priester/J. Thiele an Graf K. von Rantzau vom 6.8.1895, in: Bismarck-Archiv Friedrichsruh A 45
[26] Brief-Konzept von R. Chrysander vom 31.3.1896, in: Bismarck-Archiv Friedrichsruh A 45
[27] Staatsarchiv Hamburg Politische Polizei S. 6744/Priester
[28] Brief an W. Wilcke vom 29.7.1898 nach der Abschrift, in: Staatsarchiv Hamburg Politische Polizei S 2219 Bd. 4
[29] Vgl. Tagebuch Spitzemberg, Eintrag vom 13.11.1898, in: Bundesarchiv Koblenz NL 1429 Spitzemberg-Tagebücher Nr. 48 sowie H. von Bismarck an Graf K. von Rantzau vom 8.2.1899, wo von »300 ganzen und 36 halben Flaschen Champagner« die Rede ist, die Pinnow noch nach dem 1. Juli 1898 geordert haben soll – »ein gewaltiger Verbrauch für einen Monat ohne Diners und mit wenigen Besuchen, ich möchte wohl wissen, wer das alles mitgetrunken hat!«, in: Bismarck-Archiv Friedrichsruh F 7

30 Prozeßberichte *Hamburgischer Correspondent*, Nr. 132 vom 18.3.1899 sowie *Hamburger Nachrichten*, Beilage zu Nr. 66 vom 18.3.1899; undatierte schriftliche Einlassung von A. Mennell aus Dresden, eingegangen beim Landgericht Hamburg am 7.9.1898, in: Staatsarchiv Hamburg Landgericht Rechtsprechung D 1930-30 sowie großenteils abgedruckt in *Dresdener Nachrichten* Nr. 246 vom 6.9.1898

31 Aussagen der Genannten nach dem Prozeßbericht in: *Hamburgischer Correspondent*, Nr. 132 bzw. Nr. 133 vom 18.3. bzw. 19.3.1899

32 Nach der Abschrift in: Staatsarchiv Hamburg Politische Polizei S 2219 Bd. 4

33 Prozeßbericht *Hamburgischer Correspondent*, Nr. 132 vom 18.7.1898; Prozeßbericht der *Kölnischen Zeitung*, Nr. 221 vom 20.3.1899; Prozeßbericht der *Hamburger Nachrichten*, Beilage zu Nr. 66 vom 18.3.1899, Forts. in Beilage zu Nr. 67 vom 19.3.1899; Staatsarchiv Hamburg Landgericht Rechtsprechung D 1930-30; spätere Aufzeichnung von W. Wilcke o. D. (ca. 1940), Privatbesitz D. Scheimann

34 Staatsarchiv Hamburg Landgericht Rechtsprechung D 1930-30

35 Aufzeichnung W. Wilcke, Privatbesitz D. Scheimann

36 Staatsarchiv Hamburg Politische Polizei S 2219 Bd. 4

37 H. von Bismarck zu A. Mennell am 31.7.1898, in: Staatsarchiv Hamburg Politische Polizei S 2219 Bd. 4

38 Aussage Pinnows vor dem Altonaer Landgericht am 18.3.1899, nach dem Prozeßbericht der *Neuen Hamburger Zeitung*, Nr. 132 vom 18.3.1894

39 Telegraphische Depesche an die Redaktion des *Berliner Lokal-Anzeigers* vom 31.7.1898, 20.15 Uhr, in: *Berliner Lokal-Anzeiger* vom 1.8.1898 sowie *Frankfurter Zeitung*, Nr. 210 vom 1.8.1898; *Vossische Zeitung*, Nr. 356 vom 2.8.1898; Prozeßbericht *Hamburgischer Correspondent*, Nr. 133 vom 19.3.1899

40 *Berliner Tageblatt* vom 4.8.1898

41 Nach dem Prozeßbericht in: *Hamburger Nachrichten*, Beilage zu Nr. 66 vom 18.3.1899

42 Aufzeichnungen W. Wilcke, Privatbesitz D. Scheimann

43 Erklärung von Rechtsanwalt Vielhaben bei den Prozeßverhandlungen am 14.11.1898, nach *Hamburgischer Correspondent*, Nr. 535 vom 15.11.1898

44 Nr. 178 vom 2.8.1898

45 Abschrift in: Staatsarchiv Hamburg Politische Polizei S 2219 Bd. 4; vgl. auch Landesarchiv Schleswig Abt. 352 Altona Nr. 568

46 Staatsarchiv Hamburg Landgericht Rechtsprechung D 1930-30

[47] Staatsarchiv Hamburg Landgericht Rechtsprechung D 1930-30 bzw. D 1930-31
[48] *Generalanzeiger,* Nr. 182 vom 6.8.1898
[49] Staatsarchiv Hamburg Landgericht Rechtsprechung D 1930-30; vgl. auch den Prozeßbericht der *Täglichen Rundschau,* Nr. 206 vom 3.9.1898
[50] Staatsarchiv Hamburg Landgericht Rechtsprechung D 1930-30
[51] Abschrift des entsprechenden Telegramms in: Staatsarchiv Hamburg Politische Polizei S 2219 Bd. 4
[52] Kündigungsschreiben vom 4.8.1898, in: Bismarck-Archiv Friedrichsruh Personalakte Nr. 25XIII1c13
[53] Schreiben vom 8.8.1898, in: Landeshauptarchiv Schwerin Hofmarschallamt 5448
[54] Landeshauptarchiv Schwerin Hofmarschallamt 5448
[55] H. von Bismarck an B. von Bismarck vom 22.8.1898, in: Bismarck-Archiv Friedrichsruh D 19 sowie Staatsarchiv Hamburg Landgericht Rechtsprechung D 1930-30
[56] Staatsarchiv Hamburg Landgericht Rechtsprechung D 1930-30 sowie Korrespondenz mit Rechtsanwalt C. Dücker, in: Bismarck-Archiv Friedrichsruh A 194
[57] Staatsarchiv Hamburg Landgericht Rechtsprechung D 1930-31
[58] Nach der Abschrift im Privatbesitz D. Scheimann; vgl. auch *Hamburger Nachrichten* Nr. 44 vom 21.2.1899
[59] Korrespondenz mit Rechtsanwalt C. Dücker, in: Bismarck-Archiv Friedrichsruh A 194
[60] Schreiben vom 10.5.1920, in: Staatsarchiv Hamburg Cl VII Lit. Rf. Nr. 411 Vol. 260
[61] Schreiben an das Amtsgericht Altona vom 10.10.1898, in: Staatsarchiv Hamburg Landgericht Rechtsprechung D 1930-30
[62] Brief vom 7.3.1899, in: Bundesarchiv Berlin NL 2281 Schweninger Nr. 8
[63] Brief vom 14.3.1899, in: Bismarck-Archiv Friedrichsruh A 194
[64] Brief an C. Dücker vom 6.3.1899, in: Bismarck-Archiv Friedrichsruh A 194
[65] Nach dem Prozeßbericht, in: *Hamburgischer Courier*, Nr. 133 vom 19.3.1899
[66] Nach dem Prozeßbericht, in: *Kölnische Zeitung*, Nr. 221 vom 20.3.1899
[67] Nach dem Prozeßbericht, in: *Hamburgischer Correspondent*, Nr. 133 vom 19.3.1899
[68] Landesarchiv Schleswig Abt. 352 Altona Nr. 568

IV. Bismarck-Trauer. Die Grablegung des Nationalhelden

1 S. Whitman, Persönliche Erinnerungen, S. 205

2 *Berliner Illustrierte Zeitung*, Nr. 32 vom 7.8.1898

3 *Daheim*, Nr. 47 vom 20.8.1898

4 H. von Bismarck an H. von Plessen vom 31.7.1898, in: Bismarck-Archiv Friedrichsruh D 35

5 *Berliner Lokal-Anzeiger*, Nr. 177 vom 1.8.1898; vgl. auch *Hamburger Nachrichten*, Nr. 177 vom 1.8.1898 sowie *Vossische Zeitung*, Nr. 356 vom 2.8.1898; außerdem Bundesarchiv Berlin NL 2281 Schweninger Nr. 14

6 S. Whitman, Persönliche Erinnerungen, S. 208 ff.

7 Nach dem Abdruck in: *Berliner Illustrierte Zeitung*, Nr. 23 vom 12.6.1932, S. 756

8 *Vossische Zeitung*, Nr. 360 vom 4.8.1898

9 Bericht des Korrespondenten der *Vossischen Zeitung* aus Friedrichsruh vom 1.8.1898, veröffentlicht in: Nr. 356 vom 2.8.1898

10 *Frankfurter Zeitung*, Nr. 212 vom 3.8.1898

11 *Vossische Zeitung*, Nr. 360 vom 4.8.1898 sowie *Berliner Tageblatt* vom 2.8.1898

12 Fürst C. zu Hohenlohe, Denkwürdigkeiten, S. 457

13 Zit. nach dem Original, in: Bundesarchiv Koblenz N 1429 Nr. 48

14 *Hamburger Nachrichten*, Nr. 178 vom 2.8.1898

15 S. Whitman, Persönliche Erinnerungen, S. 214 f.

16 Fürst P. zu Eulenburg, Aus 50 Jahren, S. 277 ff.

17 *Nationalzeitung*, Nr. 447 vom 4.8.1898; *Hamburger Nachrichten*, Nr. 178 vom 2.8.1898

18 Fürst B. von Bülow, Denkwürdigkeiten, Bd. 1, S. 229 f.

19 Telegramm von Fürst B. von Bülow an Fürst C. zu Hohenlohe vom 2.8.1898, in: Bundesarchiv Koblenz R 43 I/2828

20 H. Blum, Fürst Bismarck und seine Zeit, S. 136; *Berliner Neueste Nachrichten*, Nr. 85 vom 19.2.1899

21 Fürst P. zu Eulenburg, Aus 50 Jahren, S. 277 ff.

22 M. Harden an K. Harden vom 3.8.1898, in: Bundesarchiv Koblenz NL Harden Bd. 149

23 Tagebuch Spitzemberg, Eintrag vom 7.8.1898, in: Bundesarchiv Koblenz NL 429 Spitzemberg-Tagebücher Nr. 47, S. 194

24 Nr. 177 vom 31.7.1898

25 Nr. 212 vom 3.8.1898

26 Nach den detaillierten Beschreibungen in: *Vossische Zeitung*, Nr. 366 vom 8.8.1898 bzw. *Berliner Neueste Nachrichten*, Nr. 367 vom 8.8.1898

27 W. Kahl, Bismarck lebt, Freiburg 1898, S. 6 f.

[28] *Vossische Zeitung*, Nr. 366 vom 8.8.1898
[29] W. Kahl, Bismarck lebt, S. 15
[30] *Münchner Neueste Nachrichten*, Nr. 372 vom 13.8.1898
[31] Text von E. von Possart, Musik von T. Podbertsky, abgedruckt in: *Die Gartenlaube*, Nr. 35, 1898
[32] Zur Beschreibung der Dekoration und des Festverlaufes: *Die Gartenlaube,* Nr. 35, 1898; *Neue Preußische Zeitung* (*Kreuzzeitung*), Nr. 376 vom 13.8.1898; *Münchner Neueste Nachrichten*, Nr. 371 und 372 vom 13.8.1898; *Münchener Post und Augsburger Volkszeitung*, Nr. 183 vom 14.8.1898; Stadtarchiv München Pol. Dir. München Nr. 1081
[33] Nr. 52 vom 7.8.1898
[34] Nr. 187 vom 19.3.1899
[35] Nr. 178 vom 1.8.1898
[36] Nr. 178 vom 2.8.1898
[37] Nr. 18, 1898, S. 150
[38] Nr. 178 vom 2.8.1898
[39] Nach dem im Stadtarchiv Stendal aufbewahrten Flugblatt, das die ehemalige Bismarck-Gesellschaft erworben hat.

Personenregister

Bildnachweis

Altmärkisches Museum, Stendal: 217 unten

Bismarck-Archiv Friedrichsruh: 11, 48, 55, 193, 217 oben

Haus Doorn, Doorn, Niederlande (s.u. Hans Wilderotter)

Landesbildstelle Hamburg: 228

Lenbach-Nachlaß DuMont, Köln: 8, 23, 106

Museum für Kunst und Gewerbe, Hamburg: 148

Privatbesitz Lothar Machtan: 73

Privatbesitz Hans Joachim Priester, Bülkau: 166

Privatbesitz Scheimann, Barum: 31, 139, 155, 163, 200

Stadtarchiv Bad Kissingen: 82, 86

Sammlung Stehle, München: 208

Stadtarchiv Stendal: 222

Übernahme aus Zeitschriften:

Berliner Illustrirte Zeitung. 7. Jahrgang. Nr. 32, 7.8.1898: 197

Deutscher Michel. Nr. 32, 7.8.1898: 101, 136

Gartenlaube. Illustriertes Familienblatt. Nr.11, 1894 ; Nr. 35, 1898: 91, 221

Der Floh. 4.2.1898: 94

Illustrirte Zeitung. Leipzig und Berlin. Nr. 2876, 11.8.1898: 172 unten

Die Jugend. Nr. 30, Bismarck-Nummer, 1908, Seite 702: 223

Beiblatt zum Kladderadatsch. Nr. 32, 7.8.1898: 225

Le Petit Journal. Supplément illustré. Nr. 230, 14.4.1895: 39

Tägliche Rundschau. Nr. 178, 2.8.1898: 178

Ulk. Illustrirtes Wochenblatt für Humor und Satire. Nr. 32, 4.8.1893, Nr.13, 29.3.1895; Nr. 41 8.10.1897: 79, 109, 115 unten

Illustrirte Unterhaltungs-Beilage des Wahren Jakob. Nr. 316, 30.8.1898: 232

Übernahme aus Büchern:

Fürst Philipp zu Eulenburg: Mit dem Kaiser als Staatsmann und Freund auf Nordlandreisen. Erster Band. Dresden 1931, Seite 96: 131

Ed. Heyck: Bismarck. Bielefeld - Leipzig 1898. Abb. 197 (168); Abb. 229 (Seite 193): 121, 126

Johannes Penzler: Graf Wilhelm Bismarck. Ein Lebensbild. Stuttgart 1902. Seite 2: 53

Arthur Rehbein: Bismarck im Sachsenwald. Berlin 1925, Seite 98; Seite 111: 67, 172 oben

Georg Schwarz: Ernst Schweninger. Bismarcks Leibarzt. Leipzig 1941, Seite 160: 15

Yorck von Wartenburg (Hg.): Bismarcks äußere Erscheinung. Berlin 1900. Tafel 69, Nr. 419a: 19

Hans Wilderotter und Klaus-D. Pohl: Der letzte Kaiser. Wilhelm II. im Exil. Ausstellungskatalog. München - Berlin 1991, Kat. Nr. 389, Seite 252: 115 oben

GOLDMANN

Biographien der Gewalt

Guido Knopp,
Hitler – Eine Bilanz 12742

Guido Knopp,
Hitlers Helfer 12762

Alan Bullock,
Hitler und Stalin 12757

Goldmann • Der Taschenbuch-Verlag

GOLDMANN

Perspektiven für die Zukunft

Michael Rutz (Hrsg.),
Aufbruch in die Bildungspolitik 15001

Günter und Peer Ederer,
Das Erbe der Egoisten 12696

Nicholas Negroponte,
Total digital 12721

Michail Gorbatschow u. a.,
Das Neue Denken 12754

Goldmann • Der Taschenbuch-Verlag

GOLDMANN

SPIEGEL-Bücher bei Goldmann

Rudolf Augstein (Hrsg.),
Ein deutsches Jahrzehnt 12954

Tiziano Terzani,
Fliegen ohne Flügel 12952

Robert S. McNamara/
Brian VanDeMark, Vietnam 12956

John Douglas/Mark Olshaker,
Die Seele des Mörders 12960

Goldmann • Der Taschenbuch-Verlag

GOLDMANN

Das Gesamtverzeichnis aller lieferbaren Titel erhalten Sie im Buchhandel oder direkt beim Verlag.

Taschenbuch-Bestseller zu Taschenbuchpreisen
– Monat für Monat interessante und fesselnde Titel –

*

Literatur deutschsprachiger und internationaler Autoren

*

Unterhaltung, Thriller, Historische Romane
und Anthologien

*

Aktuelle Sachbücher, Ratgeber, Handbücher
und Nachschlagewerke

*

Esoterik, Persönliches Wachstum und
Ganzheitliches Heilen

*

Krimis, Science-Fiction und Fantasy-Literatur

*

Klassiker mit Anmerkungen, Autoreneditionen
und Werkausgaben

*

Kalender, Kriminalhörspielkassetten und
Popbiographien

Die ganze Welt des Taschenbuchs

Goldmann Verlag · Neumarkter Str. 18 · 81673 München

Bitte senden Sie mir das neue kostenlose Gesamtverzeichnis

Name: ____________________

Straße: ____________________

PLZ / Ort: ____________________